KB266506

김경일의 마음 트래킹

김경일의 마음 트래킹

김경일의 마음 트래킹

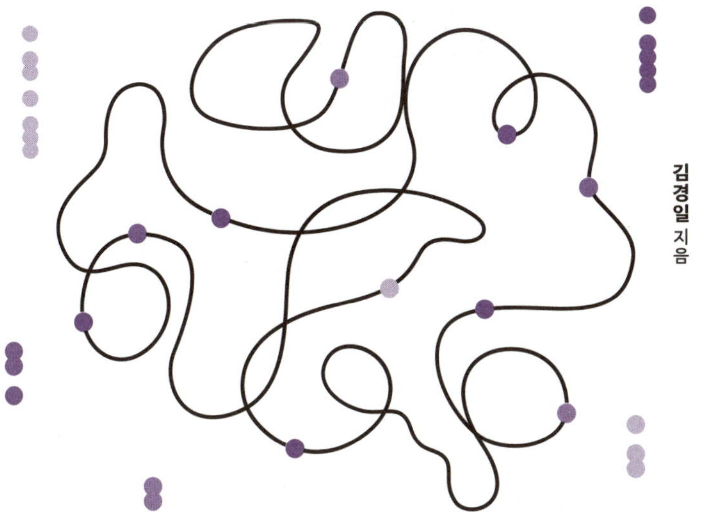

김경일 지음

모순덩어리 한국인을 이해하는 심리 열쇠

MIND TRACKING

21세기북스

감정 보호구역입니다,
서행하세요

"김 교수, 250세 생일을 축하해요!"

50세 생일날, 친한 유럽의 심리학자가 이런 문장으로 축하 메일을 보내왔다. 내 나이 앞에 숫자 하나가 더 붙어 있었다. 아무리 생각해도 무슨 의미인지 짐작할 수 없었다. 처음에는 오타라고 여겼다. 하지만 왠지 특별한 뜻이 있을 듯해 친구에게 자초지종을 물었다.

그는 나이 추론 방법에 관해 아주 상세하게 설명해주었다. 한국에서 1년을 산다는 것은 유럽에서 5년을 사는 것과 같은 의미라, 그 나라 기준으로 250세 생일을 맞은 셈이라는 것이다. 충분히 일리 있는 이야기였다. 한국처럼 극적인 변화와 치열한 경쟁, 수많은 비교와 강박에 시달리는 나라는 드물다. 그렇게 나는 2020년에 무려 250세 생일을 맞은 '산신령'이 되었다.

친구끼리 주고받은 농담이었지만 유럽인의 시선에서 보면 한국의 생활 속도는 누구보다 빠르고, 그에 따른 변화의 폭도 크고 양도 많다. '10년이면 강산도 변한다'라는 속담은 어쩌면 한국에서만 통하는 말일지 모른다. 이 문장을 다른 나라 심리학자들에게 열심히 번역해 설명했을 때 보여줬던 아리송한 표정은, 아마 그 의미를 이해할 수 없었기 때문일 테다.

그만큼 우리는 빠르게 살아가고, 빠르게 변화하며, 그 변화에 더 빠르게 반응한다. 문제는 그러는 동안 우리 마음에서 무슨 일이 벌어지고 있는지를 깊이 살펴볼 여유가 너무 부족했다는 점이다.

과속 방지턱이 없는 '고각성' 사회

우리가 이토록 급속과 과속에 매몰된 이유는 무엇일까? 나는 한국 사회를 특유의 정서와 구조를 반영해 '고각성 사회'라고 부른다. 이렇게 설명하면 사람들은 대개 고개를 끄덕인다. 한국은 지정학적 조건상 늘 높은 수준의 경계와 긴장 상태에 놓여 있다. 여기에 사회 전반에 만연한 병목 현상과 치열한 경쟁이 더해지면서 세대와 성별을 가리지 않고 지속적인 각성 상태를 요구받는다. 고각성 사회란 한마디로 긴장을 풀기 어려운 사회

다. 한순간이라도 방심하면 뒤처지거나 빼앗길 수 있다는 감각
이 일상을 지배한다.

　그 결과 사회 변화의 속도는 더욱 빨라지고, 상황은 복잡해
지며, 변수는 늘어난다. 잠시 한눈을 파는 순간 불이익을 겪기
쉽다. 휴가 중에도 업무 걱정에서 완전히 벗어나지 못하고, 언제
어디서나 휴대전화를 손에서 놓지 못하는 이유도 여기에 있다.

　속도에 갖는 강박과 그로 비롯된 긴장은 우리를 지치게 했
지만, 동시에 개인과 사회의 압축적 성장을 일궈낸 동력이기도
했다. 짧은 시간 안에 눈부신 발전을 이룬 배경에는 고각성의
에너지가 자리하고 있다. 문제는 그 구조가 지금까지도 여전히
지속된다는 점이다. 고각성 사회에서는 변수가 지나치게 많다.
그에 비례해 고민도 늘어난다. 이런 상황에서는 건강한 삶의 원
칙을 정하기도, 장기적으로 고수하기도 쉽지 않다.

　그래서일까. 쌓아둔 일이 파도처럼 밀려올 때면 집중력을 쉬
이 도둑맞고, 사회생활을 통해 길러둔 인내심은 소중히 대해야
할 가족 앞에서 바닥나버린다. 전화 통화나 대면은 끔찍하게 싫
다고 미루면서도 필요해서 보낸 메시지에는 상대가 빨리 답장
해주길 기대한다. 일의 진행률을 높이겠다고, 성적을 올리겠다
고 잠을 미루면서도 새벽까지 쇼트폼에 빠져드는 아이러니를
계속해서 반복한다.

　매번 다른 충동이 올라오고 매일 새로운 고민에 휩싸인다.

　　　　　　　　　　　　　　　　　　　　　　prologue

안타깝게도 이를 계속 반복한다. 왜일까? 아마 우리 대부분은 충동과 고민을 그저 '느끼기만' 했을 것이다. 그 감정이 왜 생겨났는지 진지하게 궁금해했던 적이 있는가? 예민, 불안, 우울, 분노와 같은 감정을 검색창에 입력했을 수는 있겠다. 왜 이렇게 쉽게 예민해지는지, 왜 작은 일에도 분노하거나 무력해지는지, 왜 비교가 습관이 되었는지는 찾아봤는가? 찾은 그 이유가 나를 설득했는가? 덮어놓고 버티거나 모른 척 흘려보내는 쪽을 택해왔을 것이다. 그렇게 우리는 긴장 속에서 사는 법에 점점 더 익숙해졌다. 이는 모두 자기 자신에게 먼저 묻지 않은 탓, 끈질기게 답을 추적하지 않은 탓이다.

꽤 오래전 뉴질랜드를 방문한 적이 있다. 푸른 초원이 끝없이 펼쳐진 그곳은 조금만 교외로 나가도 거리에 사람이 보이지 않을 정도로 조용했다. 정말 평화로웠다. 하지만 그 천국 같은 뉴질랜드에서 나는 딱 5일 만에 탈출을 시도했다. 내게 그곳은 너무 심심한 천국이었다.

일정보다 일찍 서울행 비행기에 몸을 싣고 12시간 남짓 하늘을 날아 김포공항에 도착했다. 건물 밖으로 나와보니 삼복더위에 숨이 턱턱 막혔다. 공항 근처를 가득 메운 차량 행렬과 디젤 버스가 내뿜는 매연, 바삐 움직이는 사람들…. 한국에 돌아왔음을 실감했다. 아이러니하게도 그 모습에서 안도감을 느꼈다. 나 역시 눈코 뜰 새 없이 바쁘고 늘 긴장하며 살아야 하는 고각성 사회에 익숙해진 것이다.

『한국인의 탄생』을 쓴 홍대선 작가는 오늘날 한국인을 만든 키워드로 세 가지를 든다. 생존, 전쟁, 혁명. 이는 끊임없는 외세의 침입과 간섭, 뚜렷한 사계절로 인한 극단적 날씨, 산악 지형으로 인한 농지 부족 등을 극복해낸 근간이라고 말한다. 오늘날은 어떠한가. 저출산과 고령화, 수도권 집중에서 오는 지방 소멸, 남북관계 등 위기가 아닌 적이 없었던 나라답게 여전히 악조건 속에서 깡다구 하나로 버텨내는 중이다. 이것이 한국이 고각성 사회일 수밖에 없는 이유다.

우회로가 보이지 않는 '괴로운' 사회

나는 한국 사회를 상징하는 또 하나의 키워드로 '괴로운 사회'를 든다. 날마다 좋은 일과 나쁜 일이 동시에 벌어지고, 시시각각 공유된다. 순간 적응력이 높아야 생존할 수 있으며 참견이 일상화되어 있다. 타인을 자주 의식해야 하는 구조이기에 감정은 요동치고 에너지는 금방 소진된다. 반면 앞서 말한 뉴질랜드나 이웃 나라 일본처럼 변화가 적은 나라는 '외로운 사회'에 가깝다. 내부 질서와 규율을 중시하며 서로 선을 넘지 않으려 애쓴다. 따라서 사건·사고가 비교적 적게 일어난다. 평화롭기도 하지만 단조롭고 쓸쓸하기도 하다. 이처럼 사회 구조가 다르면 그 안에서 살아가는 방식도 다르다.

겉으로 드러나는 양상은 제각각이지만 '괴로운 사회' 구조 안에 사는 우리는 저마다 마음속에 풀리지 않는 난제를 안고 사는 중이다. 누군가는 분노를, 누군가는 무력감을, 또 다른 누군가는 끝없는 비교와 불안을 짊어진다. 문제가 다르면 풀이도 달라야 한다. 그렇다면 무엇부터 해야 할까? 문제를 정확히 들여다보는 일에서 시작해야 한다. 무심히 지나간 일상을 돌아보고 고민의 실마리를 되짚어야 한다. 그래야 비로소 해독의 열쇠를 찾을 수 있다.

지난 세월 동안은 이런 고민 자체가 사치처럼 여겨졌다. 먹고사는 일이 급했고 생존을 위해 버티는 것이 우선이었기 때문이다. 그러나 지금은 다르다. 이 시대를 살며 어떤 고민을 했는지 탐색하고 기록으로 남겨야 할 때다. 그래야 우리가 붙들고 있던 생각이 여전히 유효한지, 아니면 이미 수명을 다했는지 분별할 수 있다. 나는 그 과정을 러닝보다 중요한 '언러닝unlearning'이라고 부른다.

언러닝이란 더 나은 방법을 찾기 위해 기존의 사고나 행동 방식을 의도적으로 잊거나 폐기하는 일이다. 과거에는 효과적이었지만 현재의 삶을 제약하거나 방해하는 사고방식과 행동 양식이라면 과감히 내려놓고 우회로를 찾아야 한다. 그래야 새로운 경로가 눈앞에 펼쳐질 수 있다.

"생각하는 대로 살지 않으면 사는 대로 생각하게 된다." 작가 폴 부르제Paul Bourget가 『정오의 악마』에서 남긴 말이다. 이 책에서 내가 말하고자 하는 바도 이와 같다. 사는 대로 생각하지 않기 위한 실마리를 찾아야 한다. 과거에는 사는 대로 생각해도 큰 문제가 없었다. 평균 수명이 짧았기에, 생존에 힘쓰느라 그럴 여지가 없었다. 그러나 지금은 100세 시대 아닌가. 앞으로 살아가야 할 짧지 않은 미래를 위해 과거를 돌아보고 그 속에서 답을 찾아야 한다.

과거의 데이터는 미래를 준비하기 위해 반드시 필요한 참고 자료다. 물론 그 데이터가 현재의 삶과 앞으로의 변화를 온전히 설명해주지는 못한다. 예컨대 2024년 우리나라 기대 수명은 80대 중반으로 알려져 있다. 이는 2023년까지의 데이터를 근거로 산출된 수치다. 같은 해 기사에서는 '한국인들의 빈번한 사망 시점이 90세를 돌파했다'고 말한다. 즉 1934년에 태어난 사람들이 90세에 가장 많이 사망한다는 것이다. 기대 수명은 80대 중반인데 왜 90세를 넘겨 사망하는 사람이 가장 많다고 하는가? 데이터끼리 충돌하면서 생긴 오류다.

이처럼 객관적 정보에만 의존하면 중요한 것을 놓칠 수 있다. 1970년대 대학 등록금이나 짜장면 가격, 아파트 시세는 쉽게 찾을 수 있다. 하지만 그 시절 사람들이 무엇을 가장 고민했는지는 기록 없이 알 수 없다. 주관적 고민의 흔적을 샅샅이 살펴보는 일은, 객관적 데이터를 살펴보는 일보다 더 정확히 미래를 예측하는 방법일 수 있다. 우리가 사는 현실은 보편성만으로 해석할 수 없는 복잡계 그 자체이며, 끊임없이 변하기 때문이다.

지금 드는 생각과 감정을 정리해두지 않고 통계나 숫자와 같은 결과에만 의존한다면 삶을 새롭게 이끌 동력을 찾기 힘들다. 우리가 반드시 생각하며 살아야 하는 이유다. 생각하지 않으면 단순한 고민을 쓸데없이 되풀이하게 된다. 정작 집중해야 할 중요한 것을 놓친다. 새로운 것을 수용할 여유도 사라진다. 미래의 우리를 위해 필요한 것은 현재의 흐름에 올라타는 팁이 아니라, 지나간 마음을 추적해보는 시간이다.

회복은 눈에 보이는 것보다 더 가까이 있음을

우리가 겪는 심리적 문제를 이해하기 위해 멀리서 답을 찾을 필요는 없다. 우리 마음속에서 무슨 일이 벌어지고 있는지, 그 마음이 어떤 방식으로 작동하는지를 차분히 들여다보면 그 안에 이미 회복의 단서가 있다. 우리가 왜 이렇게 예민해졌는지, 왜 늘 쫓기듯 살아가는지, 무엇이 우리를 끊임없이 각성 상태로 밀어넣는지 그 배경과 구조를 이해하는 일이 먼저다. 그래야 감정에 끌려다니는 삶이 아니라 감정을 이해한 뒤 선택하는 삶으로 나아갈 수 있다.

나는 오래전부터 일상 속 사람들의 모습을 유심히 관찰하며 그 이면의 심리를 탐구해왔다. 그러다 최근 우리 사회 곳곳에서 반복적으로 나타나는 현상들에 관해 설명을 덧붙이고 싶어졌다. 그 현상을 10가지 키워드로 정리했다. 서로 다른 문제처럼 보이지만 그 밑바닥에는 공통된 시대의 정서와 사고방식이 흐르고 있다. 나는 이 키워드들을 우리 마음을 이해하기 위한 '열쇠'라고 부르고 싶다. 이해할 수 없는 영역이라고 생각했던 마음의 문을 여는 단서가 되어줄 것이라 믿기 때문이다.

가까운 사람의 마음을 이해하지 못해 힘든 사람, 심지어 내 마음조차도 갈피를 잡지 못하겠는 사람을 생각하며 썼다. 우리는 대체로 우리가 속한 사회를 하루는 미워했다가 하루는 애틋해하고, 또 하루는 넌덜머리내다가, 애정을 과시하기도 한다. '알면 사랑한다'라는 최재천 교수의 말처럼 나와 우리를 알아가길, 끝내 사랑하길 바라며 이 책을 준비했다. 마음을 이해하지 못하면 우리는 그저 반응만 하는 일상을 반복하며 살아갈 수밖에 없지만, 마음을 이해하면 비로소 선택할 수 있다. 그리고 그 선택지는 우리가 예상하는 것보다 가까이 있다.

그 단서를 찾기 위해, 함께 마음 트래킹을 시작해보자.

contents

MIND TRACKING

1장

만성 울분

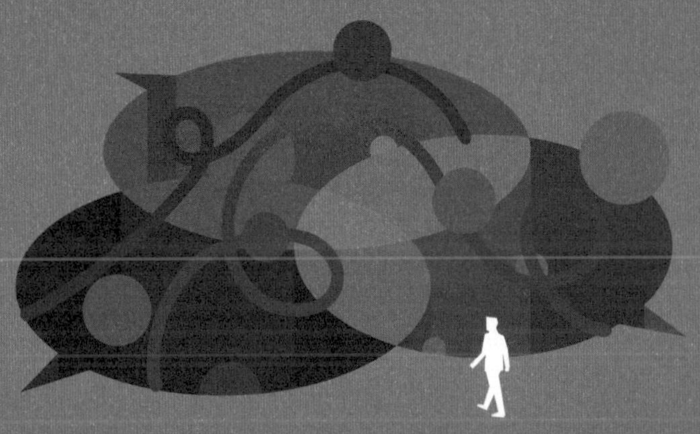

생존의 상처 PTSD,
존엄의 상처 PTED

"울분은 부당함을 인식하고 그것에 저항하려는,
인간의 능동적 감정이다."

"세상은 원래 불공정해."

이제는 구시대의 산물이 되어버린 단어, 국민학교에 다니던 시절의 이야기다. 당시 교실 한편에는 늘 한 인물의 얼굴이 액자에 걸려 있었다. 단호하면서도 비장한 그 표정 어딘가에는 설명하기 힘든 슬픔이 배어 있었다. 나는 그 얼굴을 바라볼 때마다 이유를 알 수 없는 감정에 휩싸였다. 그 인물은 다름 아닌 유관순 열사였다. 당시의 나는 그 감정이 무엇인지 알지 못했지만 지금 돌아보면 하나의 단어로 또렷하게 정리된다. 그 얼굴에 서린 것은 분명 '울분'이었다.

어느 날, 한 선생님이 수업 중에 이런 이야기를 해주셨다.

"얘들아, '나라 잃은 설움'이라는 말은 쓰지 말아라. 설움이

라는 말은 우리가 우리 스스로를 불쌍하게 만들어버리는 단어
란다. 나라를 잃었을 때 느끼는 감정은 설움이 아니라 울분이
맞아. 울분은 억울함을 아는 감정이고 가만히 있지 않겠다는
마음이지."

그때는 선생님이 하신 말의 의미를 온전히 이해하지 못했
다. 하지만 이상하게도 그 문장이 오래도록 마음에 남아 몇 번
이고 떠올랐다. 사람의 마음을 읽는 일을 업으로 삼고 난 뒤에
야 그 말에 담긴 무게를 조금씩 알아차릴 수 있었다. 선생님의
지적은 정확했다. 어떻게 나라 잃은 심정을 단순히 '설움'이라는
말로 설명할 수 있겠는가. 그것은 분노이자 저항의 감정이었다.

'나라 잃은 설움'이라고 표현하는 순간 그것은 개인적인 비
극, 감정적 반응으로 축소된다. 안중근 의사의 행동도, 유관순
열사의 선택도 대의보다는 개인의 의지로 치부되어 평가절하될
수 있다. 독립을 위해 헌신했던 수많은 이의 결단 역시 자칫 감
정에 휩쓸린 희생으로 왜곡될 위험이 생긴다. 그러나 '울분'이라
고 표현하면 전혀 다른 이야기가 된다. 울분에는 분명한 근거가
있다. 억울함의 이유와 분노의 정당성이 공존한다. 울분은 자신
을 불쌍하게 만드는 감정이 아니라 부당함을 인식하고 그것에
저항하려는 인간의 능동적 감정이다.

한이 서린 그 얼굴 덕분에, 나에게 '울분'은 막연한 분노가
아니라 분명한 근거가 있는 정당한 감정으로 인식되었다. 나라

를 잃은 당시 국민이 느낀 감정은 설움이 아니라 울분이었고, 바로 그 울분이 있었기에 많은 사람이 침묵하지 않고 행동할 수 있었다고 나는 생각한다.

◆ 가장 자주 절감하지만 직시한 적 없는

그런데 요즘에 와서는 '울분'이라는 말이 예전과는 조금 다른 의미로 쓰인다. 본래 분명한 근거와 정당성을 지녔던 울분이 이제는 극단적인 분노 전반을 포괄하는 말처럼 사용되곤 한다. 이때 말하는 울분을 영어로 옮기면 'embitterment'에 가깝다. 설움도, 분노도 아닌 이 감정과 그에 따른 행동을 우리는 유난히 자주 목격한다.

아주 사소한 일에서 갑작스러운 폭발이 일어나곤 한다. 이를테면 길에서 부주의로 부딪힌 어깨 때문에 순식간에 큰 싸움이 일어나는 장면은 전혀 낯설지 않다. 잊을 만하면 뉴스에 등장하는 주차 시비나 층간 소음 문제도 그렇다. 이런 갈등은 단순한 다툼을 넘어 때로는 폭력이나 심지어 범죄로까지 이어진다.

그렇다면 여기서 말하는 한국인만의 '울분'이란 도대체 무엇일까? 이때의 울분은 억울함과 분함이 뒤섞인 감정이다. 단순한 분노하고는 조금 다르다. 부당하다고 느끼는 상황에서 억울함과 분노가 점점 응축된 감정에 가깝다. 다만 오늘날 우리가 목격하는, 울분에 동반되는 수많은 극단적 행동은 나라를 잃었던 시기의 울분과는 전혀 다른 개념이다. 맥락이 다른 두 감정이 '울분'이라는 하나의 말로 묶여 사용되고 있다.

유관순 열사의 얼굴에서 보이는 울분은 일상에서 자주 목격하는 분노와 다르다. 그 얼굴에 담긴 감정은 사회적·문화적 배경이 다른 사람이 보아도 금세 알아차릴 수 있다. 대학원에서 공부하던 시절, 외국인 친구들에게 독립운동에 참여했던 이들의 사진을 보여준 적이 있다. 각기 다른 나라에서 온 그들은 놀랍게도 주저 없이 이렇게 말했다.

"이 사람 얼굴에서 조용한 울분이 느껴져."

그들이 사용한 표현이 흥미로웠다. 그들은 격렬한 분노라는 말 대신 '조용한 울분calm embitterment'이라는 표현을 썼다. 음성이 들리지 않아도, 과장된 표정을 짓지 않아도 그 감정의 결은 분명하게 전달되었던 것이다.

◆ 상흔의 원인이 부당함일 때

울분을 이루는 핵심 구성 요소 두 가지가 있다. 억울함과 분함이다. 이 두 감정이 결합하면 상황에 따라 강한 분노로 표출될 수 있다. 다만 두 감정의 결이 서로 다름에도 겉으로 드러나는 양상은 비슷해 보인다. 그 결과 분노와 억울함, 울분은 서로 다른 원인에서 파생된 감정임에도 자주 혼동된다. 과거 나라를 잃고 국민이 느낀 울분과 오늘날의 극단적 분노 표출이 '울분'이라는 단어로 묶여 혼용·오용되는 경우가 이에 해당한다.

이 혼란이 문제가 되는 지점은 울분이 제대로 다뤄지지 못할 때다. 우리는 울분이 적절한 통로를 찾지 못하는 과정에서 발생하는 수많은 사회적 문제를 이미 경험해왔다. 앞서 언급한 층간 소음 문제나 주차 시비 등이 모두 여기에 해당한다.

우리에게 익숙한 PTSD Post-Traumatic Stress Disorder, 즉 '외상 후 스트레스 장애'의 핵심은 스트레스다. 단어 그대로 두렵고 위협적인 경험 이후에 남는 강한 스트레스 반응을 설명하는 개념으로, 공포와 불안이 중심이 되는 외상 반응을 설명하는 정신건강의학과 용어다. 그러나 모든 외상이 두려움으로만 남는 것은 아니다. 어떤 경험은 공포보다 억울함과 분노, 다시 말해 울분으로 각인되기도 한다.

아직 임상적 구분과 진단 체계가 명확히 정립된 것은 아니다. 하지만 최근 이러한 증상들을 가리켜 심리학자들은 외상 후 울분 장애, 즉 'PTED Posttraumatic Embitterment Disorder'라는 개념을 언급하기 시작했다.

	PTSD(외상 후 스트레스 장애)	PTED(외상 후 울분 장애)
핵심	생존의 상처	존엄의 상처
중심 정서	공포, 불안, 위협감	억울함, 분함, 울분
유발 경험	생명이 위협받는 사건, 사고, 폭력	부당한 대우, 불공정한 처우, 모욕
감정의 성격	위협에 대한 방어 반응	부당함에 대한 저항 감정
대표 증상	회피, 과각성, 악몽, 플래시백	분노 고착, 피해의식, 반복적 원망
행동 양상	위축, 회피, 과도한 경계	공격성, 폭발, 극단적 반응
사회적 파장	개인의 고통에 머무는 경우가 많음	대인 갈등·사회적 충돌로 확장되기 쉬움
지배적 정서	'다시 그런 일이 생기면 어떡하지?'	'왜 나만 이런 일을 당해야 하지?'

이 두 개념의 차이는 분명하다. PTSD가 공포·불안·무력감에 초점을 맞춘다면 PTED는 분노·원망·억울함·복수심 같은 '부당함'에 관한 감정이 주된 요소다. 전자가 '나는 언제든 다시 위험에 처할 수 있다'는 공포감을 확산시킨다면, 후자는 '이 일은 부당했고 누군가는 반드시 책임져야 하며 강하게 처벌받아야 한다'는 생각을 강화한다.

문제는 부정적 감정이 어느 쪽으로든 충분히 다뤄지지 않을 때다. 객관적 판단이 개입되기 어려운 이러한 인식이 개인 안에서 반복·강화되면, 사회에서 벌어지는 거의 모든 사건과 사안을 부당한 것으로 일반화해 받아들인다. 개인의 경험에서 출발한 감정이 사회 전체를 해석하는 렌즈로 굳어지는 순간, 울분은 더 이상 사적인 문제가 아니라 집단의 정서가 된다.

그렇다면 왜 우리 사회에서는 다른 나라에 비해 특히 PTED, 즉 울분에 더 기민하게 반응할까? 다시 말해 공포보다 억울함에 대해 더 자주, 더 많이 이야기하는 이유는 무엇일까? 이를 문화심리학적 관점에서 살펴보면 꽤 흥미롭다. 나는 그 배경으로 한국인이 스스로를 '주인공'으로 인식하는 경향이 유독 강하다는 점을 든다.

생각해보자. 공포와 억울함 가운데 약자가 상대적으로 더 자주 느끼는 감정은 무엇일까? 공포다. 일반적으로 공포는 힘이 없는 위치에서 느끼는 감정이다. 반면 억울함은 반드시 약자만의 감정이라고 보기 어렵다. 오히려 어느 정도의 힘과 주체성이 있을 때, 다시 말해 '나는 이런 대우를 받아서는 안 된다'는 인식이 있을 때 더 강하게 느낀다.

이런 이유로 영화나 소설 같은 서사물에서 공포는 대체로 주변 인물이나 조연의 감정으로 그려지고, 억울함과 분노는 주인공의 자아를 격렬하게 흔드는 핵심 감정으로 등장한다. 많은 문화심리학자가 바로 이 지점을 포착해왔고, 우리가 흔히 사용하는 말로 이를 '주체성'이라 부른다. 주체성이란 자신을 서사 속 변두리의 인물이 아니라 '내가 속한 세계의 중심'에 있는 존재로 인식하는 태도를 뜻한다.

주체적 자아가 강한 사회일수록 공포보다 억울함에 먼저 반응하고, 그 억울함이 해소되지 않을 때 울분으로 굳어질 가능성 또한 커진다. 문화심리학자들은 이러한 사회를 주체적 자아가 차지하는 비율이 높은 사회라고 설명한다.

이와 관련해 한민 박사는 "이런 주인공의 감정을 가장 많이 가진 사람들이 바로 한국인"이라고 말한 적이 있다. 한마디로 한국 사회는 강한 주체적 자아를 토대로 형성된 사회이며, 그만큼 울분이라는 감정에 더 취약해질 수밖에 없는 조건을 안고 있다. 눈치가 빠르고 사회 전반의 시선을 의식하는 한국인의 주체성은 낮게 나타난다고 볼 수 있다. 이는 '자율성' 측면에서 봤을 때 타당한 내용이다. 하지만 '자기 중심적·자기 주도적 존재로 인식하고 자기 영향력과 존재감을 확인하고자 하는 욕구가 강하다'는 측면에 주목하면, 한국인의 주체성은 매우 높은 편이다. 그래서 문화심리학자들은 이를 더 쉽게 설명하기 위해 주체성을 '주인공' 의식이라고 말하기도 한다.

집단주의, 개인주의도 아닌 '내마음주의'

우리는 흔히 문화를 집단주의와 개인주의라는 두 축으로 구분한다. 그러나 이 두 범주만으로는 설명되지 않는 문화가 있다. 대표적인 사례가 한국이다. 한국 사람들은 과연 집단주의에 가까울까, 아니면 개인주의에 가까울까?

우리는 오랫동안 한국을 집단주의 사회로 여겨왔지만, 그렇게 보기에는 설명되지 않는 현상이 너무 많다. 집단주의 문화에서 가장 중요한 행동 덕목은 개인이 자신의 분노를 집단 앞에서 드러내지 않는 것이다. 개인의 감정은 공동체의 조화를 위해 절제돼야 한다는 전제가 깔려 있다. 이 기준으로 본다면 한국 사회는 집단주의라고 부르기 어려운 지점이 많다.

한국인들은 오히려 개인의 화를 집단 앞에서 드러내야 직성이 풀린다. 시골 동네 할아버지도 시장의 정책이 마음에 들지 않으면 이름을 부르며 나오라고 한다. 대기업 회장도 여론이 부정적으로 기울면 책임과 사퇴를 요구받는다. 심지어 국경을 넘어 다른 나라 대통령까지 비난의 대상이 된다. 이런 현실을 놓고 보면 한국을 단순히 집단주의 사회라고 단정하기는 어렵다.

그렇다고 한국을 온전히 개인주의 사회라고 단정할 수도 없다. 지극히 개인주의적으로 행동할 때도 있지만 상황에 따라 집단주의적으로 행동하는 순간 역시 존재한다. 이 모든 선택의 기준을 들여다보면 집단이나 규범보다는 오히려 '내 마음'에 가깝다. 바로 이 지점에서 중요한 키워드가 등장한다. 앞서 언급한 '주인공'이라는 인식이다.

문화심리학에서는 전통적으로 두 가지 자아 개념을 많이

이야기해왔다. 하나는 집단주의에서 강조되는 '대상적 자아'로, 상대방이나 관계의 요구에 맞추는 자아다. 다른 하나는 개인주의에서 강조되는 '자율적 자아'로, 타인의 통제보다는 자기 선택과 독립성을 중시하는 자아다.

그런데 이 두 가지 자아 유형 어디에도 속하지 않는 자아 개념이 하나 더 있다. 그것이 바로 '주체적 자아'다. 주체적 자아란 내가 상대방에게 영향을 미치는 존재임을 스스로 인식하는 자아다. 이 자아는 자율적 자아와는 분명히 구분된다. 자율적 자아가 '서로에게 영향 주지 말자'는 전제를 깔고 있다면, 주체적 자아는 '내가 움직이면 너는 영향을 받을 수밖에 없다'는 인식을 전제로 한다.

이런 맥락에서 보면 한국 사람들이 유난히 좋아하는 심리 이론 하나가 자연스럽게 떠오른다. 바로 카오스 이론이다. 나비나 벌의 작은 날갯짓이 만든 펄럭임이 지구를 한 바퀴 돌아 태평양 한가운데서 거대한 태풍으로 이어진다는 이야기. 한국 사람들은 이런 서사에 유독 강하게 반응해왔다.

그 이유는 비교적 명확하다. 비록 지금의 나는 작은 존재일지라도 앞으로 내 영향력은 얼마든지 커질 수 있다는 세계관을 공유하고 있기 때문이다. 이처럼 한국은 매우 강하고 뚜렷한 주체적 자아를 가진 구성원 대다수로 이루어진 사회다. 다시 말해 자신을 주변인이나 조연이 아닌 세상의 중심에 서 있는 존재로 인식하는 경향이 강한 사회인 셈이다.

분노하는 주인공일 수밖에 없는 이유

한국인의 주체적 자아가 유독 강할 수밖에 없는 데는 나름의 이유가 있다. 그중에서도 우리나라의 역사와 환경이 가장 큰 비중을 차지한다. 집단도, 개인도 모두 무력한 상태였던 일제강점기 시대가 대표적이다. 한반도는 지정학적으로 외세의 충돌 지점에 놓여 있어 늘 전쟁과 침략, 급격한 체제 변화를 반복해 겪어왔다. 그 과정에서 국가와 사회가 개인을 안정적으로 보호해주지 못하는 시기가 오래 이어졌고, 삶을 보전하기조차 어려운 긴장 상태에서 한국 사람들은 오랜 시간을 보내야 했다.

이런 조건 속에서 우리는 혼자서도, 집단으로도 버텨내기 어려운 시간을 살아왔다. 안정감을 얻기 위해 자연스레 주변의 많은 사람과 연대하고 연결되려 했고, 긴급한 상황이 닥치면 공식적인 소속이나 이름이 없어도 즉각 힘을 모았다. 혈연·지연·학연 같은 비공식적 관계망이 생존의 안전망으로 작동해온 이유도 여기에 있다.

이런 특성은 일상에서도 쉽게 발견된다. 30명이 타고 있는 버스를 생각해보자. 우리는 그저 버스 안에 있는 30명의 승객

가운데 한 명일 뿐이지만 사고나 위험 상황이 발생하는 순간, 그 30명은 즉각 하나의 집단이 된다. 여기서 주목해야 할 점이 하나 있다. 우리는 그 승객들의 이름을 전혀 모른다는 것이다.

이럴 때 우리는 한국인만 구현할 수 있는 독특한 언어를 사용한다. 가족의 언어를 사용하는 것이다. 나보다 나이가 꽤 많아 보이는 사람을 만나면 습관적으로 "어머니, 이쪽으로 와보세요", "삼촌, 여기 좀 봐주세요"라고 하지 않던가. 나이가 많이 어린 듯하면 "딸내미 여기로 와"라고 할 것이다. 가족이 아닌데도 가족처럼 칭하는 이유는 무엇일까? 생면부지의 타인이라는 관계보다 부모와 자식, 삼촌과 조카 같은 관계가 훨씬 더 강한 영향력을 행사할 수 있기 때문이다. 이것이 바로 한국인이 가지는 가장 강력한 특성, 주체적 자아가 작동하는 방식이다.

평온하고 여유로운 사회에서는 주체적 자아가 굳이 형성될 필요도, 적극적으로 발휘될 기회도 많지 않다. 그러나 위기와 시련이 반복되는 사회에서는 '나와 너는 연결돼 있고 서로에게 영향을 끼친다'는 인식이 곧 생존의 조건이 된다. 그래서 우리는 자연스럽게 '우리 모두 힘을 합쳐 이 상황을 헤쳐나가야 하며, 결국 주인공은 우리 자신이어야 한다'는 사고를 함양했다.

이와 관련해 자주 언급되는 흥미로운 이야기가 있다. 시선을 다른 나라로 돌려보자. 갑작스러운 위기의 순간에 그들 대부분은 "오, 신이시여!"라고 외친다. 그렇다면 한국은 어떤가. 길을 가다 넘어지는 사람의 입에서 튀어나오는 말은 대체로 "엄마!"
다. 우리는 신을 찾지 않는다. 한국은 전 세계에서 드물게, 무서
울 때 신보다 먼저 엄마를 찾는 나라다. 다시 말해 신은 못 해도
엄마는 해줄 것이라고 믿는 사회다.

우스갯말처럼 들릴지 모르지만 이는 단순한 농담이 아니다.
초월적인 존재의 힘을 빌리기보다 내 주변의 구체적인 사람들과
나 자신의 힘으로 문제를 해결해온 경험이 오랜 시간 축적된 결
과다.

이처럼 신의 힘조차 기대하기 어려운 위급한 상황 속에서
우리는 스스로 문제를 해결해야 했다. 나와 비슷한 처지에 놓인
사람들, 겉으로는 약해 보이지만 각자의 자리에서 분명 주인공
인 사람들을 모아야만 했다. 그런 사회에서는 주체적 자아가 강
하게 형성될 수밖에 없다. 그리고 바로 이 점이 한국인의 심리
구조를 이해하는 중요한 열쇠다.

자연스럽게 이런 주체적 자아를 가진 사람, 즉 한국인은 좌
절의 순간에도 공포를 먼저 느끼기보다 억울함과 분노를 더 강
하게 경험한다. 이는 한국 사회가 특별히 더 부조리해서라기보
다는 앞서 말했듯 비슷한 문제 상황에서도 자신을 중심에 두고
해석하는 사고회로를 지녀서다. 우리는 스스로를 조연이라 생
각하지 않는다. 언제나 문제의 한가운데, 즉 중심에 서 있다고
느낀다. 우리가 '분노하는 주인공'이 될 수밖에 없는 이유가 바

로 여기에 있다.

이런 특성은 문화 콘텐츠에서도 고스란히 드러난다. 일본처럼 주체적 자아의 비중이 상대적으로 낮은 사회에서는 개인이 세상을 바꾼다는 서사가 왠지 개연성이 부족하게 느껴진다. 그 결과 일본 문화에서는 아예 비현실적인 판타지 서사가 발달했다. 현실과 분리된 세계, 현실에 존재하지 않는 인물이 중심이 되는 이야기가 오히려 더 자연스럽게 받아들여지는 것이다.

반면 한국 사람들은 판타지를 상대적으로 덜 소비한다. 대신 우리가 열광하는 것은 막장 드라마다. 막장 드라마의 인물들은 모두 현실 안에 존재한다. 그 인물들이 좌절하면 우리는 함께 분노하고, 그 인물들이 권력을 뒤집고 세상을 바꾸면 함께 속이 시원해진다. 한국의 막장 드라마에서는 안 되는 것이 거의 없다. 그리고 그 서사 속에서 인물들이 반복해 표출하는 감정 가운데 하나가 바로 울분이다.

이렇게 보면 한국 사회가 종종 '분노 사회'로 불리는 이유도 조금 다르게 보인다. 그것은 우리가 문제의 중심에서 밀려났기 때문이 아니라 여전히 자신을 중심으로 인식하고 있어서일 가능성이 크다. 현실의 부조리와 불공정을 사회의 문제로 보기보다 개인의 문제이자 나 자신의 문제로 받아들이는 경향이 강한 것이다.

이런 맥락을 살피지 않은 채 우리가 겪는 모든 분노를 병적인 현상, 일시적 일탈로만 해석한다면 우리는 자신을 피해자로 단정 짓게 된다. 그 순간 분노가 지닌 힘과 방향성 역시 함께 사라진다. 이 사태만큼은 분명히 경계해야 한다.

◆ 틀린 것을 바로잡지 못하는 사회

주인공 의식, 다시 말해 강한 주체적 자아를 가진 시민으로 구성된 곳이 한국 사회이며, 이 특징이 생각보다 유서 깊다는 점까지 살펴봤다. 그렇다면 이런 주체적 자아를 오랫동안 지닌 채 살아왔음에도 울분에 기반한 분노 표출이 최근 들어 더 자주 더 강히게 나타나는 이유는 무엇일까?

이 문제를 가장 먼저 본격적으로 고민한 인물이 있다. PTED라는 개념을 최초로 체계화한 독일의 정신과 의사 미하엘 린덴Michael Linden 박사다. 그는 개인의 성격이나 병리보다 특정한 역사적 사건 이후 사회 전반에 퍼지는 집단적 감정의 변화에 주목하며 연구를 시작했다. 린덴 박사가 결정적인 계기로 삼은 사건은 1990년 독일 통일이었다.

통일 이후 구 동독 지역, 즉 공산권 체제 아래에 있던 많은 사람이 서독으로 이동하기 시작했다. 더 나은 일자리, 이전과는 다른 삶의 조건을 기대했기 때문이다. 그 결과 서독에서 동독으로 이동한 사람보다 동독에서 서독으로 넘어간 사람이 압도적으로 많아졌다.

언젠가 우리나라가 통일된다 해도 상황은 비슷할 것이다. 지금 당장 나에게 진남포에 가서 살라고 한다면 받아들이기 어려울 듯싶다. 사리원으로 가서 대학교수로 일하라는 제안 역시 선뜻 수락하기는 힘들다. 같은 나라라 해도 아직은 낯선 그곳에서 안정적으로 삶의 기틀을 마련할 수 있을 거라 장담하기 어렵다. 인프라 역시 지금 우리가 익숙한 수준과는 상당한 차이가 있을 테고, 그만큼 생활의 불편을 감수해야 할 가능성이 크다. 통일 이후의 선택 앞에서 이상이나 명분은 쉽게 힘을 잃는다. 우리는 결국 삶의 조건 앞에서 현실적으로 행동할 수밖에 없다.

독일도 마찬가지였다. 노동력이 부족했던 서독 사회로 구동독 출신 사람들이 대거 유입됐고, 이 과정에서 동독 출신 사람들의 마음에 울분이 형성됐다. 동독에서 서독으로 넘어온 이들은 더 나은 삶의 조건을 기대했으나 현실에서 마주한 것은 차별이었다. 그 과정에서 부당함과 억울함이 쌓여갔다. 같은 노동을 해도 동독 출신이라는 이유로 대우가 달랐고, 같은 시민임에도 사회에 온전히 받아들여지지 않는다는 느낌이 점점 강해졌다. 차별적 현실에 대한 불만은 그렇게 그들 마음속에 조금씩 축적돼 갔다.

이 억울함은 단기간에 폭발하지 않고 오히려 시간이 흐르면서 서서히 쌓인다. 린덴 박사는 바로 이 특징이 PTED의 핵심 조건이라고 설명한다. PTED의 주요 정서적 특징으로는 만성적인 불의감과 피해의식, 무력감과 절망, 자책, 공격성, 분노와 격노, 원망, 일상화된 분노 등이 꼽힌다. 중요한 점은 이러한 감정들이 한순간에 분노로 치솟아 표출되는 것이 아니라 해소되지 못하고 누적된 상태로 유지된다는 것이다.

통일 이후 약 10년이 지나자 이 감정은 '분노 범죄'라는 형태로 모습을 드러내기 시작했다. 1990년대에 대거 유입됐던 구동독 출신 인구를 중심으로 폭력과 공격적 행동이 점차 늘어났다. 표면적으로는 단순 범죄처럼 보였지만, 그 이면에는 오랫동안 설명되지 못한 감정의 축적이 자리하고 있었다.

바로 이때 린덴 박사는 이들이 공통으로 겪고 있던 심리 상태를 포착해냈다. 그것은 단순한 분노가 아니라 만성적인 불의감이었다. 세상이 정의롭게 돌아가지 않는다는 생각, 아무리 노력해도 공정한 대우를 받을 수 없다는 인식이 깊게 자리 잡고 있었다. 여기에 피해의식이 더해지면서 호의적인 응대조차도 '나를 얕잡아보고 하는 행동일지 모른다'는 해석으로 이어지곤 했다.

이런 심리 상태에 놓인 사람들은 자기 삶과 운명에 대한 통제력을 상실했다고 느낀다. 과거에 누렸던 평화롭고 안정된 삶으로는 더 이상 돌아갈 수 없다는 비관적 인식에 사로잡히기 쉽다. 그 결과 이후에 경험하는 긍정적인 사건들마저 색안경을 끼고 보듯 부정적으로 해석하게 된다. 이러한 상태가 지속되며 무력감과 절망감이 쌓였고 분노는 점차 누적됐다. 이 분노는 때로 '격노激怒'라는 형태로 표출된다. 격노란 필요 이상으로 갑작스럽게 폭발하는 분노를 말한다. 이 분노는 조절되지 않을 정도의 심각한 질환으로 전이될 수도 있다. 이를 가리켜 이른바 분노조절 장애, 즉 '간헐적 폭발 장애Intermittent explosive disorder'라고도 한다.

이 지점에서 앞서 살펴본 PTSD와 PTED의 차이가 분명하게 드러난다. PTSD를 겪는 사람들은 같은 사건 이후 '나는 다시는 안전해질 수 없을지도 모른다'는 두려움과 불안에 시달린다. 공포와 위협이 핵심 감정이다. 반면 동일하게 겪은 사건에 관해 PTED를 갖는 사람들은 전혀 다른 결론에 이른다. 이들은 '이 일은 부당했고, 누군가는 반드시 책임져야 한다', '정의는 이미 무너졌다'는 인식에 사로잡힌다. 전자가 공포의 일반화를 만든다면, 후자는 불공정 인식의 일반화를 만든다.

이 두 증상 가운데 파급력이 더 큰 것은 무엇일까? PTSD는 개인과 가족의 삶을 극도로 힘들게 만들지만 그 영향은 대체로 개인의 영역에 머무는 경우가 많다. 그러나 PTED는 다르다. '내'가 느낀 부당함이 '우리' 문제로 전환되고, 자기가 속한 사회 전체가 점점 망가져간다는 인식이 공유된다. 이 과정에서 '개인'

이라는 주어는 자연스럽게 소거되고 울분은 집단의 피해의식으로 확장된다. PTED가 특히 위험한 이유가 바로 여기에 있다. 그 결과 개인의 고통을 넘어 집단 전체가 피해자가 되는 구조가 만들어진다. 이런 과정을 거쳐 울분은 더 이상 개인의 감정에 머무르지 않고 사회 전체를 잠식하는 정서로까지 확대된다.

◆ 사회적 불의감의 감염성

실제로 이와 매우 비슷한 상황을 겪은 적이 있다. 내가 다니던 중학교에서 있었던 일이다. 옆 반 친구 한 명이 굉장히 억울하게 선생님께 혼이 났다. 당시 막 개봉한 영화, 19세 미만 청소년 관람 불가인 〈애마부인〉을 보러 간 것이 사태의 발단이었다. 문제는 그다음이었다. 영화를 보러 간 같은 반 친구들 다섯 명이 똑같은 잘못을 저질렀음에도 유독 그 아이가 선생님께 가장 많이 혼났고, 가장 많이 맞았다. 유일하게 근신 처분까지 받았다. 처벌의 강도는 행동의 무게와 전혀 비례하지 않았다. 모두에게 공정한 처벌이 주어지지도 않았다. 그 순간 그 친구는 자기가 저지른 잘못 때문에 혼이 나고 있는 게 아니라 자신만 찍혀서 부당한 일을 당한다고 느꼈을 것이 분명하다.

그 아이는 혼자만 받았던 유별난 처벌에 관한 억울함을 끝내 해소하지 못했다. 그 누구에게도 제대로 된 설명을 들을 수 없었고, 정식으로 사과도 받을 수 없었다. 그렇게 2학기가 시작되었다. 그 아이는 누구와 밥을 먹든 점심시간마다 같은 말을 반복했다. 세상은 정말 불공평하고, 우리 학교는 특히 더 형편없다는 이야기. 처음에는 단순한 푸념처럼 들리던 그 말이 아이들 사이로 퍼져나가자 이는 점차 진실에 가까운 이야기가 되어버렸다. 처음에는 '그럴 수도 있겠구나' 하고 넘겼다. 하지만 상황이 조금씩 달라졌다. 점차 반 전체의 공기도 변했다.

10월 무렵부터 그 아이가 속한 반 평균이 내려가기 시작하더니 결국 그 반의 성적은 학년 꼴찌로 마감했다. 이후 학기가 끝날 때까지, 정확히는 학년이 마무리될 때까지 2학기 내내 교과를 비롯한 거의 모든 평가에서 저조한 성적을 기록했다. 공부뿐 아니라 청소와 생활 태도까지 포함해 전반적인 영역에서 이른바 '문제반'이 되어버린 것이다.

나는 아마 심리학자가 될 팔자였던 모양이다. 이상하게도 그 반이 1학기 때는 전혀 문제가 없었는데 왜 2학기부터 문제반이 되었는지 계속 마음에 걸렸다. 해결되지 않은 억울함이 반복해서 공유되다가 결국 집단 전체의 세계관이 서서히 바뀌어버린 것 아닐까? 되짚어봤을 때 그것이 가장 유력한 계기라고 생각한다.

이처럼 불공정한 일련의 과정을 겪으면 사람들은 늘 손해를 보고 있다는 감각에 사로잡힌다. 같은 피해를 겪어도 '내가 더 손해다'라는 인식이 먼저 떠오른다. 이는 추상적인 이론이 아니라 실제 집단생활 속에서 반복적으로 관찰되어온 현상이다. 대한민국 남성에게 의무인 군대는 이런 구조가 가장 분명하게 드러나는 공간이기도 하다.

실제로 과거 군대에서 자주 볼 수 있었던 전형적인 사례가 있다. 군부대를 배경으로 한 드라마나 영화에서도 자주 등장하는 익숙한 장면이다. '새로운 소대장이 부임한다. 비교적 합리적인 사람인 그는 기존의 악습을 상당 부분 없애려 노력한다. 그 아래에 있던 병사들도 이런 악습은 없어져야 한다며 원칙적으로 그의 의견에 동의한다.'

군대를 다녀온 사람이라면 누구나 한 번쯤은 '내가 상병이나 병장이 되면 이런 악습은 반드시 없애야지'라고 마음먹은 적이 있을 것이다. 그런데 정작 소대장이 실제로 그 악습을 없애려 하면 입장이 바뀐다. 예전부터 그와는 다른 생각을 품고 있던 상병과 병장들이 반발하기 시작한다. 노골적으로 불만을 드러내고, 이전보다 더 예민해지며, 심지어는 몰래 그 행위를 이어가는 경우까지 생긴다. 군대에서 괴롭힘과 병영 부조리가 사라지지 않고 유지되는 이유를 보여주는 전형적인 사례다.

소대장이 이들을 불러 앉혀놓고 "너도 그 악습이 없어져야 한다고 말했던 것 같은데, 왜 그 행동을 계속하는 거지?"라고 물으면 돌아오는 대답은 대개 두 가지다. 하나는 "소대 전통입니다"라는 말이고, 다른 하나는 병사들 사이에서 은밀히 오가는 "본전 생각나서요"다. 이 답변은 많은 것을 설명해준다. 우리 사회에 수많은 부조리와 악습이 존재하며, 이를 고쳐야 한다는 데 모두가 동의하면서도 좀처럼 사라지지 않는 이유가 바로 이 두 문장에서 드러난다.

문제는 제도의 부재나 인식의 부족이 아니다. 해소되지 않은 억울함과 분노의 축적이다. 이를 해결하기란 현실적으로 쉽지 않다. 다만, 그 악습을 없애는 것에 반대하던 이른바 '본전 생각'을 하는 상병과 병장들에게 과거의 고참이 찾아와 진심으로 사과했다면 어땠을까? 혹은 최소한 그들에게 부조리를 가했던 고참이 실제로 처벌받았다면 어땠을까? 그로 인해 마음속 응어리가 완전히 풀릴 가능성은 크지 않다.

우리가 비합리적으로 행동해서 벌어진 일이 아니다. 이는 이미 치러버린 고통이 정당화되지 않았기 때문이다. 억울함이 남아 있는 한, 사람은 변화를 원하면서도 동시에 그 변화를 은근히 거부한다. 바로 이 지점에서 울분은 개인의 감정을 넘어 집단의 발목을 붙잡는 힘으로 작동한다.

◆ 공정에서부터 치유는 시작된다

울분이라는 감정의 핵심, 즉 '응어리'는 무엇일까? 우리는 각자 다른 환경에 놓여 있지만 비슷한 장면을 반복해서 목격해왔다. 이는 같은 잘못을 저질렀음에도 덜 이기적으로 행동한 사람이 더 크게 처벌받는 모습이다. 한국 사회에서 사람들은 같은 죄를 범했는데도 더 약한 사람이 더 높은 형량과 더 강한 징계를 받는 현실을 익숙하게 경험해왔다. 바로 이 불균형이 우리가 겪는 많은 심리적 긴장 문제의 출발점이다.

이 현상은 기업에서도 자주 목격된다. 내가 리더십에 관해 강의할 때마다 거의 빠지지 않고 강조하는 대목이 있다. 같은 잘못을 저질렀는데도 자기 입장만 주장하는 부하직원보다 조용히 수긍하는 부하직원이 오히려 더 많이 욕을 먹고, 더 자주 배제되며, 더 쉽게 징계받는 현실을 떠올려보라는 것이다. 이렇게 말하면 강연장을 채운 조직 구성원들은 고개를 끄덕인다. 낯설지 않은 이야기라서다.

이런 일이 반복되는 이유는 의외로 단순하다. 이타적인 사람들은 상대적으로 윤리적이고, 뒤탈을 만들지 않으려 하며, 죄의식과 양심을 갖고 있다. 그래서 처벌에 더 쉽게 동의하고 더 빨리 순응한다. 그들은 실수나 잘못을 저지르면 이내 "맞습니다", "제가 잘못했습니다" 하며 인정한다. 반대로 양심이 없고 죄책감을 느끼지 않는 사람들은 끝까지 저항한다. 책임을 회피하고, 문제를 흐리고, 시간을 끈다.

이처럼 한 사회와 조직, 나아가 국가에서 처벌과 징계의 강도가 객관적이지 않으면 이 문제는 완치되기 어렵다. 착하다는 이유로, 약하다는 이유로, 더 선하고 정의롭다는 이유로 같은 잘못을 저질렀음에도 더 세게, 더 집요하게 처벌받는 사회에서는 결코 울분이 해소될 수 없다.

이런 환경에서 사람들은 괜히 나섰다가 더 손해를 본다는 사실을 학습한다. 사람들은 실패가 두려워서가 아니라 정당하게 행동하고도 불이익을 받을 수 있다는 우려 앞에서 먼저 멈춘다. 그 순간부터 시도는 신중함으로, 신중함은 침묵으로 바뀐다. 이렇게 누적된 울분은 그 사회에서 건전하고 창의적인 아이디어가 나올 가능성을 급격히 낮춘다. 반복되고 패턴화된 일은 이미 AI가 가장 잘해내고 있다. 다시 말해 지금은 창의력과 통찰에 근거한 판단, 새로운 시도가 무엇보다 요구되는 시대다.

그런 시대에 들어섰음에도 왠지 모르게 멈춰 서 있다는 느낌을 받는다. 아마도 많은 사람이 이미 그 징후를 체감하고 있을 터다. 새로운 시도는 줄어들고 위험을 감수하려는 태도는 점점 사라진다. 그 흐름을 따라가다 보면 결국 하나의 지점에 닿는다. 불공정한 처벌, 불공정한 상벌과 징계, 불공정한 수사와 판단이다. 바로 이 지점에서 울분이 시작된다. 노력과 결과 사이의 연결이 끊어졌다고 느끼면 사람들은 더 이상 창의적으로 움직이지 않는다.

그때 억울하게 처벌받았던 그 친구는 가난한 형편에도 공부를 잘하던 아이였다. 그 사실은 친구들 대부분이 알고 있었다. 그는 성실했고 특별히 문제를 일으키는 학생도 아니었다. 그런데도 같은 영화를 보고 왔던 학생들 가운데 가장 크게 혼난 사람은 결국 그 아이였다. 이유에 관한 설명은 없었고 누구도 납득되지 못한 채 상황은 끝났다.

지금 돌이켜보면 당시 학교의 처벌과 대응에는 분명 문제가 있었다. 내가 다니던 중학교는 여러 면에서는 비교적 괜찮은 학교였고 시스템도 잘 갖춰진 곳이었다. 그렇기에 오히려 그 한 번의 불공정한 처벌이 더 강하게 각인되었을지 모른다. 공정해야 할 공간에서 벌어진 예외는 개인의 기억을 넘어 집단의 세계관을 바꿔놓는다. 그렇게 각인된 기억은 생각보다 오래 남는다.

◆ 파괴의 근원에서 성장의 무기로

울분과 분노를 전혀 느끼지 않는 사람은 사실상 살아 있는 사람이 아니다. 이 감정들은 우리가 살아 있음을 증명하는 신호다. 우리는 역사적으로 수많은 고난과 시련을 겪으면서 살아남기 위해 그 감정을 오히려 저항의 에너지로 사용해왔다. 그리고 그 과정에서 울분은 분명 긍정적인 무기로 기능해온 측면이 있다.

하지만 모든 무기는 언제든 긍정과 부정 사이를 넘나들 수 있다. 울분도 마찬가지다. 그 갈림길에 서 있는 것이 바로 공정과 불공정이다. 사회가 얼마나 공정한 신호를 보내고 있는지에 따라 울분이라는 감정이 저항의 에너지로 쓰일지, 사회를 갉아먹는 힘으로 변할지가 결정된다.

이런 문제들을 제대로 인지하기 위해 던져야 할 질문은 분명하다. 우리 사회는 두 사람이 같은 잘못을 저질렀을 때 차별 없이 징계하고 처벌하는가? 정당하고 타당한 주장이 얼마나 자주, 또 얼마나 부조리한 방식으로 거부되는가? 이 두 가지 측면에서 현행 제도와 삶의 방식을 다시 점검해야 한다.

돌아보면 멸망을 맞이한 문명에게는 공포가 아니라 억울함이 더 큰 영향을 끼쳤다. PTSD보다 PTED가 사회적 분노의 발화점이 낮다. 이 점은 결코 가볍게 넘길 문제가 아니다. 그렇다면 이런 문제를 완화할 수 있는 심리학적 해법은 없을까? 울분을 파괴적인 분노가 아니라 긍정적인 에너지나 저항의 힘으로 전환할 방법 말이다. 사실 이 지점에서 우리가 주목해야 할 현상이 있다.

울분에 오래 시달리다 보면 분노는 더 이상 저항의 에너지로 작동하지 못한다. 사람들은 어느 순간 '그래, 세상은 바뀌지 않아'라며 체념에 빠진다. 울분에 지친 나머지 아예 기대를 접어버리는 상태로 들어간다. 이 순간 분노는 행동을 낳지 않고 판단을 대신하기 시작한다. 이것이야말로 우리가 반드시 돌파해야 할 과제다. 울분을 어떻게 다룰 것이며, 그 울분에서 어떻게 빠져나올 것인가.

나를 소모하는 울분,
나를 고양하는 울분

지금까지 우리는 울분이 개인의 마음에서 출발해 특정한 조건을 만나 사회 전체로 확산하는 과정을 따라가 보았다. 울분은 일시적인 감정이 아니라, 해소되지 않은 경험이 반복되며 굳어진 결과에 가깝다. 울분을 더 이상 감정 소모의 원인이 아닌, 도리어 삶에 적절히 활용하는 분노로 치환하려면 어떻게 해야 할까?

감정이 판단을 대신하지 않게

울분이 가장 위험해지는 순간은 감정이 곧바로 판단으로 굳어질 때다. '억울하다'는 감정이 즉시 '이 사회는 끝났다'는 결론으로 이어지는 순간, 우리는 감정 자체가 아니라 그 감정이 만들어낸 해석에 휘둘리게 된다. 바로 이 지점에서 필요한 최소한의 기술이 있다. 감정과 판단을 분리하는 일이다.

울분과 관련된 문제는 정도의 차이만 있을 뿐 사실상 우리 모두에게 해당한다. 우리 안에는 언제나 일정 수준의 울분과 분노가 존재한다고 가정해야 한다. 이것이 현실이다. 문제는 이 감정들이 해소되지 않은 채 오래 쌓일 때 결국 하나의 공통된 방향으로 수렴된다는 점이다.

그 결과가 바로 '세상은 결코 변하지 않는다'는 믿음이다. 세상도 변하지 않고 사람도 변하지 않는다고 확신하는 순간, 바꾸려는 시도는 의미를 잃는다. 변화가 불가능하다고 믿는 사람에게는 성장이 일어닐 수 없다. 개인도, 사회도 그 지점에서 멈춰서게 된다. 이런 이유로 울분과 분노에 오래 사로잡힐수록 성장과 발전으로 가는 길을 보지 못할 위험이 커진다.

울분이 문제니까 존재 자체를 없애버려야 한다는 생각은 함정에 빠지는 길이다. 핵심은 감정이 판단을 대신하지 않도록 다루는 기술을 갖는 데 있다. 울분을 억누르거나 부정하는 것이 아니라 그 감정이 어떤 해석으로 넘어가고 있는지를 스스로 점검하는 것이다. 이 분리가 울분을 다시 긍정의 에너지로 전환하는 첫 번째 출발점이다.

조건을 깨부순 사람에게서 배워라

또 다른 방법은 실제로 변화를 겪어낸 사람을 직접 만나는 경험이다. 이를테면 태어날 때부터 부유했던 사람이 아니라 숱한 시행착오 끝에 스스로 부를 일군 사람을 만나는 것이다. 혹은 풍족한 한때를 누리다 몰락을 겪은 뒤 다시 삶의 방향을 새로 정한 사람일 수도 있다. 중요한 것은 출발선이 어디였느냐가 아니라 그 사람이 실제로 변화의 과정을 건너왔느냐다.

• **성공의 롤모델**: 성공한 사람들의 이야기에서 번듯한 성공담만 소비해서는 안 된다. 세상은 고정돼 있지 않으며 실제로 바뀔 수 있다는 확신을 얻어야 한다. 심리학에서는 이 확신을 '성장 마인드셋'이라고 부른다. 타고난 능력이나 환경이 모든 것을 결정한다는 믿음 대신 노력과 선택에 따라 삶의 경로가 달라질 수 있다고 이해하는 사고방식이다.

여기서 중요한 것은 결과 그 자체가 아니다. 그 사람이 어떤 변화를 겪었으며, 그 과정을 어떻게 통과해왔는지를 살펴보는 일이다. 이 차이는 우리가 세상을 해석하는 기준이 되고, 나아가 우리 가능성을 어디까지로 설정할지를 좌우한다.

성공의 롤모델과 실패의 롤모델을 모두 만나봐야 한다. 성공의 롤모델은 가난했지만 부를 일군 사람, 무지했지만 지혜를 쌓은 사람, 배움이 부족했지만 스스로 학습하며 성장한 사람들이다. 이들은 변화가 말이나 구호에 머물지 않고 현실에서 실제로 일어날 수 있는 일임을 몸소 보여준다.

- **실패의 롤모델:** 실패의 롤모델도 성장 마인드셋 함양을 위해 필요하다. 똑똑한 결정으로 성공했다가 어리석은 판단을 내린 사람, 뛰어난 결과를 보여줬으나 이를 믿고 금세 무능해진 사람, 한때 부자였으나 파산한 사람 등. 여기에 한 가지가 더해질 때 이들의 이야기는 힘을 갖는다. 그 몰락의 원인이 외부가 아니라 자기 자신에게 있었음을 인정하는 경우다. 이들은 변화하지 않을 때 어떤 결과가 뒤따르는지를 분명하게 보여준다.

그런데 이 두 부류를 만나는 경로가 일정하지 않다는 것이 문제다. 첫 번째 유형의 사람들은 대부분 책에서 만난다. 서점에 가서 보면 성공학, 자기 성장, 자기 계발 이야기가 중심을 이룬다. 전통적인 미디어 역시 대체로 성공적인 변화만을 기록한다.

반면 두 번째 유형의 사람들 이야기는 세간에 알려지지 않는다. 한때 성공했다가 몰락한 이야기, 뛰어난 능력을 지녔다가 무너진 이야기는 상품성이 낮다. 그래서 이들의 이야기는 책보다는 다른 형태의 미디어를 통해 등장한다. 더 자극적이고 시각적인 매체 속에서 참회와 후회, 넋두리의 형태로 소비된다.

거듭 말하지만 우리는 이 두 이야기를 모두 소비해야 한다.

성공담만 편식하면 결과가 조금만 나빠져도 쉽게 포기하고 싶어진다. 반대로 몰락과 실패의 이야기만 소비하면, 사람은 바뀌지 않는다고 믿으며 쉽게 안주하게 된다. 성공과 실패 사이에서 균형감을 익히는 게 중요하다.

울분을 성장의 에너지로 전환하는 법

분노와 울분이 가득하거나 넘치기 쉬운 사회일수록 우리는 스스로 변화를 만들어낸 사람들의 이야기를 의식적으로, 꾸준히 접할 필요가 있다. 그 과정에서 내 분노와 울분을 적정한 양의 에너지로 전환하고, 그 에너지를 자기 성장의 연료로 사용해야 한다. 그것이 울분을 다시 '무기'로 되돌리는 거의 유일한 방법이다.

그렇다고 모든 울분과 분노를 긍정적으로 전환할 수 있는 것은 아니다. 특별한 이유 없이 분노와 울분이 계속된다면, 그 감정은 이미 굳어져 있어 스스로 다루기 어려운 상태에 들어섰을 가능성이 크다. 상황은 달라지지 않는데 무의미한 생각만 들고 감정만 쌓인다면, 그 울분은 더 이상 경고가 아니라 사람을 지치게 하는 소모에 가깝다.

반대로 분노와 울분이 행동을 바꾸는 계기가 된다면 이야기는 달라진다. 생각을 정리해주고, 다시 고민하게 만들며, 다음 단계를 준비하도록 이끈다면 그 감정은 아직 기능하는 것이다.

이 경우 울분은 사람을 멈추게 하지 않고 오히려 깨어 있게 만든다.

감정을 단순히 좋은 감정과 나쁜 감정으로 나누는 방식은 현실적이지 못하다. 같은 울분이라도 어떤 사람에게는 감정 소모의 근원이지만, 어떤 사람에게는 변화의 계기가 된다. 차이는 감정의 크기에 있는 것이 아니라 그 감정이 동적 에너지를 가졌느냐에 있다. 즉 울분이 나를 움직이고 준비하게 만드는지, 아니면 체념하게 만드는지 주시해야 한다. 이 갈림길이 울분을 나를 갉아먹는 감정으로 남길지, 성장의 에너지로 바꿀지를 결정한다.

MIND TRACKING

도파민국

자극, 보상, 기대라는
무한 루프

"도파민 중독의 핵심은 인내의 붕괴다."

"너, 그거 도파민 중독이야."

약 4~5년 전 즈음 나는 테스토스테론testosterone과 성격의 관계, 에스트로겐estrogen과 성 역할을 주제로 논문을 쓰고 강의를 했다. 그때만 해도 이런 용어들은 학문적 맥락 안에서만 통용됐을 뿐 강의실과 학회 밖에서 쓰이는 일은 드물었다. 그런데 어느 순간부터 상황이 달라졌다. 이 단어들이 학술의 영역을 벗어나 일상으로 스며들었고, '테토남', '에겐녀' 같은 표현으로 변형되어 자연스럽게 쓰이기 시작했다.

학술적인 개념어들이 번역·축약되고 캐릭터화되어 생활 언어로 자리 잡는 데까지는 그리 오래 걸리지 않았다. 이는 한국 사회의 뚜렷한 특징 하나를 보여준다. 우리 사회는 학술 용어를 대중 언어로 유독 빠르게 흡수한다. 새로운 개념이 등장하고 몇 년 지나면 그 용어들이 일상 속에서 아무렇지 않게 쓰인다.

이런 현상을 두고 어떤 신문 기자는 '있어 보일리즘'이라고 표현하기도 했다. 전문 용어를 쓰면 왠지 더 그럴듯해 보인다는 의미가 담긴 말이다. 그중에서도 최근 몇 년 사이, 유난히 빠른 속도로 우리 일상에 스며든 단어가 있다. 바로 도파민dopamine이다. 우리는 '도파민 터진다', '도파민이 샘솟는다'라는 말을 아무렇지 않게 쓰고, 재미있는 사람을 두고는 '도파민 제너레이터'라 부른다. 반대로 재미없는 사람에게는 '도파민 킬러', 심지어 '도파민 학살자'라는 표현까지 붙이기도 한다.

우리 현주소가 담긴 신경전달물질

그렇다면 도파민은 정확히 무엇일까? 도파민은 본래 우리 뇌에서 작동하는 신경전달물질로 특정한 심리적·행동적 상태를 만들어내는 역할을 한다. 특히 보상이 예상되는 순간, 주의와 행동을 특정 대상에 강하게 묶어두는 기능을 수행한다. 도파민은 노르에피네프린norepinephrine, 가바 Gamma-Aminobutyric Acid, GABA, 세로토닌serotonin과 함께 우리 뇌에서 작동하는 대표적인 신경전달물질이다. 이러한 물질들은 뇌 안에서 끊임없이 상호작용하며 우리가 느끼는 분노와 불안, 편안함과 쾌감 같은 정서부터 집중과 이완, 수면 욕구까지 다양한 마음의 상태를 만들어 낸다.

인간이 살아가며 겪는 모든 과정에는 신경전달물질과 호르몬이라는 화학적 작용이 관여한다. 실제로 우리 몸은 전기 장치이자 화학 물질을 전달하는 유기체다. 따라서 전기적·화학적 관점에서 인간을 이해하지 못하면 결국 인간을 제대로 이해하기 어렵다.

이에 관한 전문적인 분석을 담당하는 사람들에게서만 통용되던 신경전달물질의 이름이 어느새 일상의 유행어가 되었다니, 놀랍지 않은가. 원래라면 학술서나 의학 교과서에서나 만났을 법한 용어가 지금은 사람들 사이에서 유난히 강렬하게 소비되고 있다. 일상에서 자주 쓸 이유가 없다가, 어느 순간을 기점으로 이토록 빠르게 퍼졌다는 사실은 우연이라 보기 어렵다.

특히 그 단어가 '도파민'이라는 점은 의미심장하다. 이는 지금 우리가 어떤 자극에 쉽게 끌리는지, 무엇에 반응하며 하루를 살아가고 있는지를 보여주는 하나의 신호다. 다시 말해 도파민의 유행은 단순한 언어적 유행이 아니라 자극과 보상에 민감해진 현재의 심리 상태를 드러내는 징후일 수 있다.

그럼 도파민을 조금 더 구체적으로 살펴보자. 도파민은 흔히 '쾌락 물질'로 알려져 있지만, 정확히 말하면 쾌감 그 자체라기보다 쾌감에 대한 기대에 가깝다. 우리 뇌는 어떤 보상이 예상되는 순간 주의와 행동을 그 대상에 집중시키기 위해 도파민을 분비한다. 다시 말해 도파민은 '느끼는 즐거움'보다 '다가올 가능성'에 더 민감하게 반응하는 물질이다.

도파민은 주로 중뇌에 위치한 특정 영역에서 생성된다. 대표적인 곳이 흑질substantia nigra이며, 특히 흑질의 치밀부substantia nigra pars compacta는 도파민을 생성하는 신경세포가 밀집된 영역으로 알려져 있다. 이 부위는 기저핵basal ganglia의 일부로, 도파민 분비의 중요한 중심 역할을 한다.

치밀부에서 생성된 도파민은 뇌의 여러 부위로 전달되며, 움직임의 조절뿐 아니라 행동의 반복, 학습, 동기 부여 같은 기능에 영향을 미친다. 인간을 포함한 영장류에서 이 영역은 도파민 신경계의 핵심으로 작동하며 '이 행동을 계속할 것인가'를 판단하고 실행하는 과정에 깊이 관여한다. 이 때문에 도파민의 작용은 단순한 쾌락의 느낌이라기보다 행동의 방향을 정하고 지속하게 만드는 신호에 가깝다.

이런 특성 때문에 도파민은 언제나 '지금 당장'의 자극과 강하게 결합한다. 우리 뇌가 '당장 기분이 좋아질 가능성' 앞에서 쉽게 유혹을 느끼는 이유도 여기에 있다. 그래서 우리는 '도파민이 터진다'는 표현을 쓰지, '도파민이 스멀스멀 기어 나온다'는 식의 표현을 사용하지는 않는다.

그런데 여기서 한 걸음 물러서서 생각해볼 것이 있다. 도파민이라는 물질의 생리학적 메커니즘을 이해하는 것도 중요하지만, 더 중요한 것은 왜 이 단어가 지금 이 시대 한국 사회에서 유독 자주 호출되느냐 하는 점이다. 도파민이라는 키워드에서 우리는 우리 삶과 마음 상태에 관해 무엇을 읽을 수 있을까?

첫 번째로 주목해야 할 것은 보상보다 '기대'가 인간의 감정과 행동을 더 강하게 움직인다는 사실이다. 방학 기간이 좋은가, 아니면 방학을 바로 앞둔 며칠 전이 더 좋은가? 대부분 후자를 고를 것이다. 휴가도 마찬가지다. 휴가 기간보다 휴가를 앞둔 시간이 더 즐겁다고 느끼는 경우가 많다.

우리는 어떤 일을 실제로 경험하는 순간보다 그 일을 기대하는 과정에서 오히려 더 큰 감정적 반응을 보인다. 행복이나 설렘, 즐거움 같은 긍정적 감정도 마찬가지다. 이 감정들은 대개 실현되기 직전에 가장 강력한 기대를 불러온다. 막상 원하던 일을 경험할 땐 자극과 그에 대한 반응을 보여야 하기에 몸과 뇌가 수행해야 할 일이 너무 많아진다. 결국 기대한 감정을 일정하게 유지하기가 어려워지고, 우리는 금세 상황에 휩쓸린다. 그토록 기대했던 이미지는 금방 사라지며, 현장의 정보에 맞춰 감정은 재정렬된다.

우리가 '도파민이 터진다'라고 말할 때의 핵심도 여기에 있다. 도파민은 결과 그 자체보다 기대를 만들어내는 과정에서 더 강하게 작동하는 경향이 있다. 기대보다 더 좋은 결과가 나오면 도파민 분비는 증가하고, 기대보다 좋지 않은 결과를 마주하면 수치는 급격히 낮아진다. 이 차이를 전문 용어로는 '보상 예측 오류reward prediction error'라고 한다. 이러한 과정을 반복적으로 학습한 뇌는, 보상이 더 크게 다가올 것이라 예측되는 자극에 점점 더 자주 몰입한다.

도파민을 가장 강력하게, 가장 오랫동안 자극해온 대상은 돈이었다. 돈은 인간에게서 엄청난 기대감을 생성해낸다. 예를 들어 누군가에게 100만 원을 준다고 해보자. 실체만 놓고 보면 그것은 1만 원짜리 지폐 100장일 뿐이다. 그 자체로 만들 수 있는 물리적인 행위의 수는 별로 없다. 더 극단적으로 말해 가진 화폐가 통용되지 않는 사회에서 돈은 그저 종이 묶음에 지나지 않는다.

이를 무인도에 빗대보면 더 분명해진다. 평생 무인도에서 살아야 하는 상황에서 1만 원짜리 지폐가 100장이든, 1만 장이든 무슨 의미가 있겠는가. 기껏해야 불을 피울 때 쓰일 종이 정도의 역할밖에 하지 못할 것이다. 즉 100만 원이 우리를 기분 좋게 만드는 것은 돈 그 자체가 아니라 그 돈으로 '내가 좋아하는 무엇인가를 할 수 있을 것'이라는 기대감 때문이다.

바로 여기에서 인간과 다른 동물의 차이가 드러난다. 다른 동물에게 기대감을 설계하는 일은 쉽지 않다. 먹이를 주고, 배를 채우고, 몸을 따뜻하게 해주는 수준의 순간적인 보상만 가능하다. 하지만 인간은 다르다. 인간의 뇌를 기능적 자기공명영상Functional Magnetic Resonance Imaging, fMRI으로 관찰해보면, 실제로 보상을 받을 때보다 바라는 것을 상상하는 짧은 시간이나 보상을 기대하는 순간에 도파민이 더 강하게 활성화된다. 그래서 돈을 실제로 '받는 순간'보다 돈을 '받을지도 모른다고 기대하는 순간'에 도파민이 더 크게 반응한다. 이는 인간의 뇌가 결과보다 기대와 가능성에 먼저 반응하는 방식으로 작동한다는 것을 보여준다.

슬롯머신 앞을 떠나지 못하는 이유

앞서 나는 '순간적'이라는 단서를 붙였다. 이유는 단순하다. 기대라는 감정은 아직 이루어지지 않은 일에 대한 것이고, 그중에서도 바로 직전의 순간에 가장 선명하게 작동하는 감정이다. 군인을 떠올려보자. 제대를 며칠 앞둔 시점에는 기분이 좋다. 몸도 마음도 한결 가볍다. 하지만 입대하는 날, 제대까지 남은 2년을 생각하며 미리부터 설레는 사람은 거의 없다.

이 말은 곧 우리 뇌가 즐거움을 느끼는 데는 조건이 있다는 뜻이다. '기대'라는 상태와 '바로 직전'이라는 시간, 이 두 가지 조건이 동시에 충족될 때만 뇌는 비로소 즐겁다고 판단한다. 다시 말해 인간은 본질적으로 오래 지속되는 기쁨을 안정적으로 누리도록 설계된 존재가 아니라는 것이다. 찰나의 순간, 가까운 미래에 민감하게 반응하는 쪽에 가깝다.

이런 이유로 우리 뇌는 꽤 그럴듯한 착각을 한다. '짧고 즉각적인 것은 좋은 것일 테고, 길고 지속되는 것은 재미없을 것이다'라고. 이미 이런 전제를 마음속에 깔아둔 채 세상을 바라보기에 자주 오해하곤 한다. 재미있는 일도 오래 이어진다 싶으면 어느새 지루하다고 느끼고, 본래는 재미없을 수 있는 일도 짧게 잘라 보여주면 생각보다 괜찮았다고 여긴다.

이 구조는 우리가 소비하는 콘텐츠 형식에도 그대로 드러난다. 긴 영화를 처음부터 끝까지 재미있게 만드는 일은 어렵다. 동시에 아주 짧은 무언가를 일부러 재미없게 만드는 일 역시 쉽지 않다. 문제는 여기서부터 시작된다. 짧은 형식에는 많은 메시지를 담기 어렵다. 반면 충분한 메시지와 깊이를 갖춘 내용은 대체로 길고 복잡할 수밖에 없다.

그런데 이 두 조건을 절묘하게 결합한 방식이 등장했다. 복잡한 내용을 아주 짧게 툭 던지듯 보여주고 넘어가는 형식의 영상 콘텐츠, 바로 쇼츠다. 우리가 쇼츠에 쉽게 끌리는 이유도 비슷한 맥락이다. 하얀 화면에 글자 두 개만 띄워놓은 쇼츠를 본 적 있는가? 빠르고 자극적인 장면이 연달아 튀어나오고, 마지막

2장 : 도파민국

에 메시지를 하나 던진 뒤 곧바로 사라진다. 요소가 매우 많고 복잡한데, 아주 짧은 시간 안에 끝난다.

그러면 우리 뇌는 이렇게 반응한다. '어라? 내용도 있고 재미도 있네. 이거 꽤 괜찮은걸.' 이미 일거양득일 것이라는 전제하에 영상을 소비한다. 이처럼 짧은 자극이 주는 매력에 쉬이 빠지는 것은 사실 새삼스러운 현상은 아니다. 이는 우리가 35만 년 넘게 살아오며 형성해온 행동 양식과 문화 그리고 환경의 결과다. 짧고 즉각적인 신호에 빠르게 반응하는 뇌가 오랫동안 생존에 유리했다는 것은 모두가 아는 사실이다.

"생존에 유리하다면 별문제 없는 것 아니야?" 누군가는 이렇게 물을지도 모른다. 하지만 그렇지 않다. 짧고 즉각적인 자극만을 반복적으로 소비하기 시작하면 우리 뇌는 점점 깊이 생각하는 습관을 멀리하게 된다. 빠른 판단에는 익숙해지지만 오래 붙들고 사유하는 능력은 서서히 약화된다. 짧은 것은 본질적으로 얕고 긴 것은 깊다. 이는 개인적 취향의 문제가 아니라 인지 구조의 문제다. 말을 천천히 할수록 생각 역시 더 깊어진다. 속도가 줄어들 때 비로소 맥락을 읽고, 의미를 곱씹고, 판단을 유예할 수 있다.

예를 들어보자. "나 너 사랑해"를 빠른 속도로 말한다고 해보자. 가볍게 들린다. 하지만 자세를 가다듬은 채 조금 느린 호흡으로 "나… 너… 사랑해"라고 한다면 어떨까? 잠깐의 멈춤만으로도 의미가 전혀 다르게 전달된다.

속도감 있는 표현은 메시지의 표면을 전달하는 데 유리하다. 그래서 "찍어라!" 같은 구호는 선거에서 강력한 카피가 되는 반면 "고민합시다"라는 말은 어딘가 어색하다. 고민이라는 행위 자체가 본래 느리고 깊은 사고를 요구해서다. 단순하고 명확한 행동은 짧고 빠른 어조에, 숙고가 필요한 문제는 느리고 깊은 어조에 반응하도록 우리 뇌는 설계돼 있다.

◆ 깊은 생각이 불가능한 사람들

여기까지 살펴보면 쇼츠 중독의 부작용은 분명해진다. 바로 깊은 생각을 하기 어려워진다는 점이다. 다시 이런 의문이 든다. '깊은 생각'이란 무엇일까? 우리는 언제, 어떤 상태를 두고 깊이 생각했다고 말할 수 있을까?

깊은 생각의 핵심은 상반된 가치들을 동시에 품을 수 있는 능력에 있다. 여기서 상반된다는 것은 단순히 서로 반대라는 뜻이 아니다. 더우면서도 차가울 수 있고, 슬픔을 느끼면서 동시에 기쁠 수 있다. 앞으로 나아가야 하지만, 동시에 한 걸음 물러서는 선택이 더 나을 때도 있다. 다수의 의견이 옳아 보이지만, 실제로는 소수의 판단이 더 타당한 경우도 많다. 이런 상반된 요소들이 함께 존재할수록 사안은 복잡해지고 사고는 자연히 깊어진다.

이 점을 가장 잘 보여주는 예가 민주주의다. 민주주의의 본질에는 두 가지 상반된 원리가 공존한다. 하나는 다양성의 존중이고, 다른 하나는 다수결의 원칙이다. 다수결을 따르다 보면 소수의 목소리는 묵인될 수밖에 없다. 그러나 소수의 목소리가 사라지는 순간 다양성 역시 무너진다. 민주주의는 다수의 의사로 움직이되, 그 과정에서 소수의 권리를 침해하지 않도록 스스로를 견제해야 하는 체제다. 이 상반성을 함께 사유하지 않으면 민주주의는 단순한 구호로 축소되기 쉽다.

우리가 살아가며 마주하는 선택들 역시 크게 다르지 않다. 직장 생활이란 무엇일까? 직업이란 무엇일까? 열심히 일해야 한다고 해서 가정을 포기해야 할까? 가정을 지키기 위해 일한다면 일에서의 성취는 어디에 두어야 할까? 우리 일상 속 선택과 결정의 상당수는 이처럼 상반된 가치들을 동시에 고려해야 하는 문제들이다.

이처럼 상반된 가치를 함께 사유해야 하는 상황이 증가함에도 이를 감당할 사고의 근력은 점점 약화되고 있는 게 현실이다. 그 결과 우리는 충분히 고민해야 할 결정 앞에서도 맥락을 단순화한 채 선택을 서두르기 쉽다. 깊이 따져보지 않은 판단은 대개 시간이 지난 뒤 더 큰 후회로 돌아온다.

실제로 얼마 전 이런 상담을 한 적이 있다.

"정말 고민이 많습니다. 어떤 일을 해야 할지 모르겠어요. 사업 아이템도 잘 안 잡히고요. 그 분야에서 아르바이트라도 해볼까 하고 생각했지만 그것마저 자꾸 망설여집니다."

상황을 묻자 그는 지난달 회사를 그만뒀다고 했다. 퇴사 이후 어떻게 살아가야 할지 고민 중이라는 말도 덧붙였다.

"그렇다면 지금 하시는 고민은 퇴사 이후 두 번째 삶을 어떻게 살아야 할지에 대한 것이군요."

"네, 맞습니다."

조심스럽게 나이를 묻자 마흔두 살이라고 했다.

"그럼 정년퇴임을 하신 건 아니네요."

"그렇죠."

그래서 이렇게 조언했다.

"그런 고민은 퇴사 후에 처음 하실 게 아니라, 사실은 퇴근 후에 매일매일 하셨어야 합니다."

잠시 망설이던 그에게서 이런 대답이 돌아왔다.

"퇴근 후에는 그런 생각을 할 엄두가 안 났어요."

"왜요?"

"머리가 너무 아파서요."

이 대화가 보여주는 것은 분명하다. 그는 고민을 회피하고 있었던 것이 아니다. 깊게 생각할 내면의 여유가 이미 고갈된 상태였던 것이다. 다시 말해 깊이 생각할 수 없는 상태였다.

이 예화는 하나의 주제를 깊게 생각하지 못하는 사람들에게서 반복해 나타나는 오해를 잘 보여준다. 많은 사람이 깊은 생각이란 모든 일을 내려놓고 아무것도 하지 않는 상태에서만 가능하다고 믿는다. 바쁘고 복잡한 일상을 모두 정리한 뒤에야 비로소 제대로 깊게 생각할 수 있을 거라 여긴다. 그러나 실제로는 그렇지 않다. 바쁘게 일을 처리하고 난 후에는 오히려 감정에 더 쉽게 휘둘릴 가능성이 크다. 깊은 생각은 쌓인 생각을 비운 공간에서부터 쌓아가는 것이 아니라 일상 속의 복잡함을 견디며 차근차근 축적한 것에 더 가깝다.

철학자들이 깊은 사유를 할 수 있었던 것도 이와 관계가 있다. 그들은 밥을 먹으면서도 생각했고, 화장실에서도 사유했으며, 개를 산책시키는 동안에도 사고의 끈을 놓지 않았다. 아무것도 하지 않을 여유가 있어서 깊은 사유가 가능했던 것이 아니라 삶의 가벼운 노동과 일상의 움직임 속에서도 생각을 이어갔기에 가능했다. 깊은 고민을 한다는 것과 아무것도 하지 않고 멍하니 있는 상태는 전혀 다르다. 유튜브, 쇼츠, 게임처럼 짧은 자극만을 반복적으로 소비하는 상태에 오래 놓일수록 깊은 고민을 지탱할 사고의 체력은 점점 약해진다.

그래서 우리는 스스로에게 '인생의 중요한 결정을 어떤 상태에서 고민하고 있는가'라고 물어봐야 한다. 혹시 깊게 생각할 여유와 힘이 이미 바닥난 상태에서, 다시 말해 피곤하거나 지쳐 사고의 깊이가 얕은 상태에서 결정을 서두르는 건 아닌지 돌아봐야 한다. 충분히 고민하지 못한 채 내린 결정은 결과가 어떻든 후회를 남길 가능성이 크다. 깊게 생각할 여력이 사라지면 가장 먼저 무너지는 것은 판단력이다. 이는 사고방식 자체에 구조적인 손상이 일어났다는 신호다. 나아가 불분명한 판단이 반복될수록 그 여파는 개인을 넘어 사회 전체로 번진다.

◆ 도파민과 헤어질 결심은 기다림에서부터

그렇다고 '쇼츠는 절대 보면 안 되는 거구나', '짧고 빠른 건 무조건 나쁜 거구나'로 귀결되어선 곤란하다. 시간이 부족하거나, 즉각적인 판단이 필요한 상황에서는 짧고 빠른 정보 전달 방식이 오히려 효과적일 때도 있다. '빠르다'는 특성 하나만으로 도파민과 쇼츠를 비롯한 모든 짧은 콘텐츠를 싸잡아 부정하는 태도 역시 경계해야 한다.

인류는 새로운 미디어가 등장할 때마다 늘 같은 실수를 반복해왔다. 많은 이가 독서의 중요성을 강조하며 책을 읽으라고 하지만 항상 독서가 권고되었던 건 아니다. 사실 500년 전에는 '책을 읽으면 바보가 된다'고 진지하게 조언하기도 했다. 이유는 단순하다. 당시 활자가 처음 등장했기 때문이다.

문자는 수천 년 전부터 존재했지만 활자는 약 500년 전이 되어서야 인류가 손에 넣은 기술이다. 활자의 등장은 지식의 전달 속도를 이전과 비교할 수 없을 만큼 끌어올렸다. 바로 이 '속도의 변화'가 문제의 핵심이었다. 알렉산더 대왕이 세상의 모든 책을 모으겠다고 했을 때의 일이다. 항구에 들어오는 배마다 책이 실려 있었는데, 그 책을 모두 필사할 때까지 왕이 그 배의 출항을 허락하지 않았다고 한다. 그만큼 당시 책은 생산하기 어려웠고, 한 권 한 권이 귀했으며, 시간을 들여야만 손에 넣을 수 있었다.

이런 시대를 살았던 사람들에게 인쇄된 책은 불안의 대상이었다. 손으로 직접 쓰지 않는데도 지식이 쌓일 수 있는가? 그처럼 빠르게 읽히는 글이 과연 사고를 깊게 만들 수 있는가? 각종 의문이 자연스럽게 뒤따랐다. '인쇄된 책을 읽으면 바보가 된다'는 식의 말까지 진지하게 오갔다.

지금에야 우습게 들릴지 모르지만 당시로서는 충분히 설득력 있는 걱정이었다. 이 일화가 보여주는 것은 분명하다. 인류는 새로운 매체의 등장으로 정보 전달 및 지식 숙달 속도가 빨라질 때마다 늘 같은 질문을 던져왔다는 점이다. 사실 문제는 속도가 아니라 그 속도를 감당해야 할 인간의 사고방식에 대한 불안이었다는 게 더 적확하다.

어쩌면 먼 훗날 후손들은 지금 우리가 쇼츠와 도파민을 두고 하는 이 고민을 보며 비슷한 반응을 보일지도 모른다. 그러니 빠른 속도를 문제 삼지 말아야 한다. 중요한 것은 도구가 아니라 그것에 집착하는 인간의 태도다.

우리는 수많은 것에 중독된다. 설탕, TV, 게임, 섹스, 도박 등 셀 수 없이 다양하다. 그러나 그들 중 대부분은 그 자체로 절대적인 악이라기보다 사용한 양과 맥락에 문제가 있다. 예를 들어 도박은 통제된 범위 안에서는 긴장감과 몰입이라는 자극을 제공할 수 있다. 마약으로 분류되는 물질 중 상당수가 진통제 또는 치료제로 개발된 것들이라는 점을 생각해보자. 적절한 용도와 용량을 지키면 실제로 생명을 살리는 역할을 한다. 핵심은 '무엇을 하느냐'가 아니라 '그것만 하는 상태'에 빠지느냐다. 중독은 대상 그 자체가 아니라 선택의 폭이 사라지는 순간부터 시작된다.

그렇다면 어디서부터, 어떤 상태를 중독이라고 부를 수 있을까? 스스로를 통제하지 못한 채 오로지 그것만을 원하게 되는 순간부터는 중독 상태에 들어선 것이라고 본다. 도파민 중독도 예외는 아니다. 쾌감 그 자체보다 즉각적인 보상과 기대감만을 좇게 되었다면 도파민 중독이다. 다시 말해 즐거움을 원하는 것보다 기다림을 견디지 못하는 데 핵심이 있다. 당장 보상이 오지 않을 때 생기는 불안과 불편함을 감당하지 못하는 것이다.

그래서 도파민 중독의 핵심은 욕망이 아니라 인내의 붕괴다. 우리가 도파민에 취약해진 이유도 여기에 있다. 너무 쉽게 즉각적인 만족을 얻었던 탓, 이에 너무 오랫동안 익숙해진 탓이다. 이 때문에 좀처럼 기다리지 못하는 마음 상태가 지속되면 중독의 악순환이 시작된다.

얼마 전에는 쇼츠만 보는 아이를 데리고 부모가 찾아온 적이 있다. 부모의 얼굴에는 걱정이 가득했다. 아이는 상담이 진행되는 동안 거의 아무 말도 하지 않은 채 손에 쥔 휴대전화 화면에서 눈을 떼지 못했다. 부모는 아이가 15분짜리 짧은 영상조차 끝까지 보지 못한다며 고민을 토로했다.

그런데 그 아이가 왜 '짧은 것' 외에는 아무것도 견디지 못하게 되었는지 상담을 하는 동안 자연스레 그 이유가 파악되었다. 아이가 "엄마, 목말라"라고 말하자마자 엄마는 물병에 빨대를 꽂아 곧바로 아이의 입에 물렸다. 잠시 뒤 아이가 다시 "엄마, 배고파"라며 칭얼대자 부모는 망설임 없이 자리를 떠났다. 아이의 욕구는 늘 즉각 충족됐다. 아이는 기다림이나 인내를 배울 기회를 전혀 갖지 못했다.

심리학에서는 이를 '즉각적 만족에 대한 지연 능력의 문제'라고 말한다. 이 능력이 길러지지 않으면 타인과의 공존이 어렵다. 내 욕구를 즉시 충족하려다 보면 타인의 욕구나 상황을 고려할 여유가 사라진다. 그 결과, 때로는 타인의 몫을 먼저 가져오는 선택을 한다. 기다리지 못하는 사람은 이처럼 안달과 충동 속에서 살아가게 되고 짧은 쾌감과 짧은 기대, 짧은 자극만을 점점 더 강하게 선호하는 방향으로 기운다.

◆ 속도를 생존 전략으로 선택한 사회

우리 사회가 즉각적 보상에 유독 취약한 이유는 비교적 단순하다. 기다려본 경험이 많지 않아서다. 이제는 거의 모든 산업이 기다림을 앗아가는 쪽으로 설계돼 있다. 오늘 책을 주문하면 내일 새벽에 도착하고, 클릭 몇 번이면 원하는 콘텐츠가 즉시 재생된다. 오랜 시간을 들이지 않도록 요약본으로 제공되는 콘텐츠도 적지 않다. 우리는 원하는 것을 빠르게 받는 데 익숙해진 나머지 기다림에는 서툰 사람들이 되었다.

이 현상을 개인의 성향, 성격으로만 설명하기는 어렵다. 한국 사회에 즉각적인 보상을 강하게 원하는 문화가 자리 잡은 데는 근현대사의 발전 과정과 성장 중심주의의 영향도 크다. 실제로 지난 수십 년 동안 우리 사회에서는 '빨리빨리'와 '즉각적인 성과'를 반복해서 강조해왔다. 다만 이를 한국 문화의 보편적 특성으로 단정하기에는 무리가 있다. 역사 연구자들에게 물어

보면, 느린 속도로 세상을 바라보고 관조하던 시기도 과거에 분명히 존재했다고 대답한다.

이런 변화는 어디에서 비롯된 것일까? 한국전쟁과 그 이후의 시간을 꼽고 싶다. 우리는 1953년에 전쟁을 끝냈다. 당시 우리나라와 비슷한 수준의 국가로 종종 언급되는 우간다의 사례를 놓고 보면, 같은 출발선에서 시작해 지금의 격차를 설명하는 일은 결코 간단하지 않다. 그 차이를 가르는 핵심은 속도다. 우리는 전쟁 이후 70여 년 만에 지금의 나라를 만들었다. 충분한 시간이나 여유는 물론이고 제대로 잠을 잘 시간조차 허락되지 않은 상태에서 말이다. 멈출 수 없이 속도를 내야 했던 경험 속에서 즉각 요구하고 바로 반응하는 방식은 문화라기보다 생존 전략에 가까운 선택이었다.

이 문제를 어떤 방식으로 풀어야 할까? 느리게 진행하려는 의도, 따라서 느리게 경험한 일들의 축적이 필요하다. "남들은 다 빠른데 나만 느려지면 어떡하죠?"라고 반문하는 사람도 있을 터다. 하지만 속도를 늦춘다고 해서 반드시 뒤처지는 것은 아니다. 오히려 속도를 늦추는 만큼 생각의 깊이를 회복할 수 있다.

얼마 전 부산에 가야 할 일정이 생겼는데 일부러 KTX 대신 새마을호를 이용했다. 그 경험 이후로 지금도 여유가 있을 때면 시간이 두 배 가까이 더 걸리는 새마을호를 타고, 더 여유로운 날에는 무궁화호를 타보기도 한다. 부산까지 두 시간 반 남짓 걸리는 KTX 안에서는 사실 어떤 생각을 할 겨를이 없다. 반면 느린 속도로 운행하며 완만하게 펼쳐지는 창밖 풍경을 선사하는 새마을호에서는 새로운 아이디어가 많이 떠오른다. 얼마전 무궁화호를 탔을 때는 아이디어가 무려 네 개나 떠올랐다. 지금 쓰고 있는 이 글 역시 그때 떠올린 생각에서 출발했다.

여기서 중요한 점이 하나 드러난다. 삶에 중요한 영향을 미치는 많은 것은 대체로 저속에서 나온다는 점이다. 긴급한 상황을 돌파해야 할 때 빠른 속도만큼 강력한 건 없다. 반면 축적과 통찰이 필요한 영역에서는 빠른 속도가 오히려 방해가 된다. 큰 부를 이룬 사람들이 속도에 집착하지 말라고 이야기하는 데는 분명 이유가 있다. 시속 300킬로미터를 낼 수 있는 차를 갖고 있어도 그 속도로 운행하지 않는 것은 속도 자체가 목적이 아니라서다.

내가 일부러 새마을호를 이용하는 것도 사고의 속도를 되찾기 위한 나만의 노력이다. 늘 쓰던 속도의 70퍼센트, 때로는 절반의 속도로 움직여보는 경험에는 생각보다 분명한 효과가 있다. 속도가 느려질수록 생각은 다시 이어지고, 그 생각이 돌아오는 자리에서 비로소 판단력도 회복된다.

속도를 바꿔보는 일은 실제로 심리적 효과가 크다. 말이 거칠어지고 자극적인 표현을 자꾸 쓰게 된다는 사람들에게 나는 말하는 속도를 늦춰보라고 권한다. 겉보기에는 사소해 보이지만, 이 조언을 실천한 사람들 대부분은 분명한 변화를 경험한다. 말이 느려지고 문장이 길어지면서 자신도 모르게 섞여 있던 거칠고 공격적인 표현들이 크게 줄어들었다고 말한다.

이 결과는 우연이 아니다. 심리학 연구에서도 확인된 사실이다. 욕을 천천히 해본 적 있는가? 생각보다 굉장히 어려운 일이다. 말의 속도가 느려지는 순간 감정은 한 번 걸러지고 표현은 자연스럽게 정제되기에, 욕을 뱉을 만큼의 감정적 고양이 일어나기 힘들다. 반대로 빠른 속도로 친절하게 말하는 것은 거의 불가능에 가깝다. 듣는 이의 이해를 고려하지 않은 말하기라서 그렇다. 이처럼 속도가 태도를 결정하고 태도가 관계를 바꾼다.

빠른 것이 무조건 나쁘고 느린 것이 절대적으로 좋다는 말이 아니다. 우리 삶에서 빠른 속도와 느린 속도는 각기 다른 방식으로 기능한다. 어느 하나의 속도만 고집하며 살아가는 것은 결코 바람직하지 않다. 필요할 때는 속도를 올릴 수 있어야 하며, 멈춰야 할 때는 기꺼이 속도를 낮출 수 있어야 한다. 가속과 감속을 스스로 조절할 수 있는 능력, 그것이 결국 삶의 리듬을 결정한다.

◆ 빠름과 느림의 충돌, 작용과 반작용의 정반합

여기서 주목할 점이 하나 더 있다. 한국 사회는 단순히 빠르기만 한 사회가 아니다. 작용과 반작용을 주체적으로, 그것도 매우 짧은 주기로 반복해온 사회라는 점이 중요하다. 속도가 극단으로 치달을수록 그에 상응하는 반작용이 거의 동시에 나타난다는 뜻이다.

실제로 최근 들어 '느려지고 싶다'는 욕망이 이전보다 훨씬 빠르게 표면으로 떠오르고 있다. 이를 잘 보여주는 사례도 있다. 사진을 찍은 후 3일이 지나야만 해당 데이터를 볼 수 있도록 설계된, 예전 필름 카메라의 감성을 담은 카메라 앱이 그 한 예다. 인구 10만 명당 다운로드 수 기준으로 살펴보면, 이 앱을 가장 많이 내려받은 나라 순위권에 한국이 들어가 있다. 즉 우리는 즉각적 확인이 가능한 기술 환경 속에 살면서 오히려 기다림을 가장 적극적으로 선택하는 사회에 속한다는 뜻이다.

따라서 한국 사회를 단순히 '빠르다' 혹은 '느리다'는 이분법적 잣대로 판단하는 것은 적절하지 않다. 한국 사회는 그보다 훨씬 더 역동적인 구조로 이해해야 할 대상이다. 실제로 한국 사회는 다른 어떤 사회보다도 작용과 반작용이 능동적으로, 강하게 반복되는 특성을 지닌다. 역동성이 유독 강한 사회라고 이해하는 편이 더 정확하다.

이 흐름을 개인의 일상으로 옮겨오면 더욱 분명해진다. 직장인들은 힘들고 고된 하루를 보낸 뒤, 그 반작용으로 강한 쾌락 자극을 찾는 경향을 보인다. 술을 마시거나 집에 돌아와 밤새 쇼츠나 릴스를 보는 행위가 대표적이다. 이는 단순한 취향의 문제가 아니다. 고통과 쾌락이 서로 맞물려 작동하는 구조로 이해할 필요가 있다.

그렇다면 왜 사람들은 도파민처럼 짧은 시간 안에 충족될 수 있는 것들, 다시 말해 즉각적인 보상에 이토록 끌릴 수밖에 없을까? 우선 중요한 요인으로 수면 부족을 꼽을 수 있다. 여기에 운동과 레저의 결핍이 함께 맞물리며 이 경향은 더욱 강화된다.

수면이 부족해지면 뇌는 장기적 판단과 자기조절을 담당하는 영역보다 당장의 보상을 빠르게 평가하는 체계에 더 의존하게 된다. 이 상태에서는 '나중에 불리해질 수 있다'는 판단보다 '지금 당장 덜 힘든 선택'이 우선된다. 그 결과 수면이 부족한 사람일수록 즉각적인 만족을 더 강하게 선호하는 경향을 보인다. 심지어 그 선택이 장기적으로 자신에게 불리하다는 사실을 알고 있음에도 그렇다. 수면에 관해서는 이후에 더 본격적으로 다룰 예정이므로, 운동과 레저라는 또 다른 축을 먼저 짚어보자.

사회심리학자 로이 바우마이스터Roy F. Baumeister는 저서 『의지력의 재발견』에서 인간의 자기조절을 떠받치는 기본 욕구들을 설명한다. 수면과 식욕, 성욕, 일에서 벗어나 회복할 수 있는 시간, 즉 여가(레저)가 그것이다. 그는 이 욕구들 가운데 특히 레저가 가장 중요하면서도 동시에 사람들이 가장 쉽게 포기하는 영역임을 지적한다.

문제는 이 기본 욕구들 가운데 하나라도 결핍된 상태가 지속되면, 인간의 의지력과 판단력이 빠르게 약화된다는 점이다. 그 결과 사람들은 긴 호흡의 만족보다 짧고 즉각적인 보상에 훨씬 더 쉽게 끌린다.

사람들은 본래 중요하지 않다고 여겼던 것, '충족하지 않아도 되는 욕구'로 취급한 것부터 먼저 희생시키는 경향이 있다. 그 결과 레저는 중요함에도 불구하고 우선순위에서 밀려났다. 대신 우리는 알코올, 게임, 흡연, 도박 같은 즉각적 자극에 과몰입하는 중이다. 이 지점에서 즉각적 보상에 대한 집착이 생겨난다. 충분히 쉬지 못하고, 레저를 즐기지 못하며, 몸을 제대로 움직이지 못할수록 사람은 그 빈자리를 빠르고 강한 자극으로 메우려 한다.

한국 사회에는 이 영역에 속한 사람이 매우 많다. 그런데 여기서 흔히 나타나는 오해가 하나 있다. '일을 많이 하니까 결과적으로 운동도 많이 하는 것 아니냐'는 생각이다. 그러나 연구 결과는 전혀 다르다. 곡괭이질이나 삽질처럼 신체 활동이 수반되는 노동은 뇌에 운동이나 레저로 인식되지 않는다. 행위의 형태는 비슷해 보일 수 있지만, 노동은 고통스럽고 따분한 행위로 처리되기에 행복감이나 회복 효과가 발생하지 않는 것이다.

이제 다시 반작용으로 돌아가 보자. 요즘 한국 사회에는 '집중하고 싶다'는 욕망 역시 강하게 나타나고 있다. 집중력이나 몰입을 다룬 책들이 꾸준히 읽히는 현상도 이와 무관하지 않다. 스포츠와 레저 영역에서도 비슷한 흐름이 관찰된다. 최근 러닝에 유독 많은 사람이 몰리는 현상 역시 속도와 자극에 대한 과잉의 반대편에서 나타난 하나의 반작용으로 볼 수 있다. 이들의 공통점은 분명하다. 여러 곳으로 흩어진 시선을 거두고, 본질적인 한 가지에 깊이 몰입하고 싶다는 욕구다.

사실 인간의 욕구는 본래 모순적이다. 한편으로는 A를 원하다가도 어느 순간 B를 갈망한다. 한가함을 꿈꾸다가도 막상 여유가 주어지면 불안을 느끼고, 사람들 속에서 웃다가도 문득 혼자만의 고독을 즐긴다. 그래서 인간에게는 늘 작용과 반작용의 욕구가 동시에 존재한다. 문제는 그 빈도와 강도인데, 유독 이 두 욕구가 도드라지게 나타나는 사회가 바로 한국이다. 최근 몇 년간의 흐름 역시 바로 직전에 나타났던 움직임에 대한 반작용으로 읽을 수 있다.

더 흥미로운 점은 그 간격이 매우 짧다는 사실이다. 대부분의 문화권에서는 세대 간 작용과 반작용이 10년, 15년 단위로 나타난다. 반면 한국에서는 2~3년 차이만 나도 갈등이 발생한다. 실제로 대학 현장에서는 학년 간 긴장이 낯설지 않다.

한번은 우연찮게 1980년에 방송된 KBS 다큐멘터리 〈요즘 대학가〉를 본 적이 있다. 그 안에서 77학번은 79학번을 향해 대학의 낭만이 사라졌고 이기주의가 극에 달했으며 기존의 관습과 룰을 전면 부정한다고 개탄했다. 마치 디스토피아가 도래한 듯한 어조였다. 그들이 개탄한 내용은 지금의 한국 사회를 설명하고 있다고 해도 전혀 낯설지 않다. 한국은 그만큼 작용과 반작용이 빠르고 강하며 촘촘하게 반복되는 사회다.

나는 한국을 단순히 '빠른 나라'로 규정하고 싶지 않다. 그보다는 속도의 조절을 끊임없이 실험하는 나라로 이해하는 편이 더 적절할 듯하다.

욕구의 경로를
재탐색합니다

앞서 언급한 중독에 대한 이야기를 조금 더 자세히 들여다보자. '왜 인간은 그렇게 다양한 중독에 시달리는가?'라는 질문은 결국 '인간의 욕구는 어떻게 채워지는가?'라는 질문으로 이어진다. 중독을 이해하려면 먼저 욕구가 작동하는 방식부터 살펴봐야 한다. 오래전 바뤼흐 스피노자Baruch Spinoza가 한 말에서 그 힌트를 얻을 수 있다. 스피노자는 다소 어렵게 표현했지만 한 문장으로 정리하면 다음과 같다.

'인간은 자기 욕구가 얼마나 강한지는 잘 알지만, 그 욕구가 어떻게 충족되는지는 제대로 보지 못한다.'

욕구, 일단 출처 파악부터

스피노자의 말은 곧 욕구가 생겨난 출처와 욕구가 실제로 충족되는 방식이 서로 다를 수 있음을 뜻한다. 예를 들어 내 욕구의 종류와 충족 방식까지 정확히 알고 있다고 가정해보자. 사귀던 여자친구가 나를 떠난 상황이라면 나는 그 여자친구가 돌아오기 전까지 다른 연애를 하지 못한다. 왜냐하면 그 여자친구만이 내 욕구를 해결해줄 수 있는 유일한 대상이라서다. 실제로 개나 다른 동물들은 대체로 이런 방식으로 살아간다. 주인이 떠나면 유일한 충족 경로가 사라지므로, 사실상 다시 충족되기 어려운 욕구가 된다.

그러나 인간은 다르다. 인간은 각기 다른 방식으로 결핍을 메운다. 다시 말해 욕구의 출처와는 전혀 다른 곳에서 욕구를 해결하기도 한다. 더 극단적인 예도 있다. 연인을 잃은 뒤 그 빈자리를 알코올로 채우거나, 사랑하는 가족을 잃은 뒤 일을 통해 결핍을 메우는 경우가 그렇다.

이는 생물학적으로도 중요한 의미를 지닌다. 욕구 충족 경로가 다양할수록 생존 시스템은 더욱 강화되기 때문이다. 다른 동물이 인간보다 상대적으로 오래 살아남기 어려운 이유가 바로 여기에 있다. 어떤 욕구는 충족 경로가 한번 끊기면 회복이 거의 불가능하다. 하지만 적응의 동물인 인간은 이 단절에 다른 동물보다 훨씬 유연하게 대처할 수 있다.

그런데 여기서 문제가 발생한다.

제거는 해결책이 아니다

문제는 우리가 욕구를 '대상' 중심으로만 이해한다는 것이다. 즉 다양한 충족 경로를 마련하지 못한 채 특정 대상 하나에만 집착하려 한다는 뜻이다. 그러다 보면 문제를 해결하겠다며 엉뚱한 선택지를 고른다. 문제가 되는 대상을 없애려 드는 것이다.

소거법은 해결책이 아니다. 알코올 중독이 문제라고 알코올을 없애면 문제가 해결될까? 게임에 중독되어 시간을 뺏긴다고 게임 자체를 제거하자는 주장도 마찬가지다. 이런 방식은 문제를 해결하기는커녕 오히려 사람을 더 비상식적인 방향으로 몰아간다.

자신의 욕구를 충족할 수 있는 다양한 대안을 갖지 못한 사람은, 적합한 선택지들이 하나둘 차단되는 과정에서 점점 더 기이한 대안을 찾는다. 그 결과 신체 일부에 가학을 반복하는 중독적 행동이나, 이상한 물건에 집착하는 수집 강박, 일상적으로 구할 수 있는 약물이 아니라 훨씬 더 큰 대가를 치러야 하는 물질에 집착하는 행동들이 나타난다.

중요한 것은 무조건 금기시하는 것이 아니라 적절한 대안을 마련할 수 있게 기회를 주는 일이다. 욕구를 막는다고 해서 욕구가 사라지지는 않으므로, 그 욕구를 어디로 돌릴 것이냐에 초점을 맞춰야 한다. 한 사람의 삶에 문화와 예술, 취미와 레저처럼 욕구를 충족시킬 수 있는 여러 통로가 존재하는지 여부가 결정적인 차이를 만든다. 중독은 인격 수양 문제가 아니다. 한 사람이 삶에서 기쁨을 느낄 수 있는 통로를 얼마나 다양하게 갖고 있느냐의 문제다.

"우리 애는 공부 말고는 하는 게 없어요."

"얘는 일밖에 할 줄 몰라요."

이런 말들이 종종 자랑처럼 전시되지만, 사실 매우 위험한 신호다. 선택지가 하나뿐인 삶의 구조가 중독을 만들어낸다.

몰입과 중독을 착각하는 사람들

이 지점에서 분명히 짚고 넘어갈 것이 있다. 중독의 반대말은 절제가 아니라 '대안'이라는 점이다. 그리고 이 논의는 몰입과 중독을 구분할 때 비로소 또렷해진다. 우리는 흔히 중독과 몰입을 뒤섞어 이야기하지만 이 둘은 본질적으로 다르다. 몰입은 머리를 적극적으로 사용하는 상태고, 중독은 머리를 거의 사용하지 않는 상태에 가깝다. 그래서 '게임 과몰입'이라는 표현은 가능하지만 '도박 과몰입'이라는 말은 적절하지 않다. '도박 중독'이라는 표현이 더 정확하다.

게임을 할 때 뇌를 기능적 자기공명영상으로 촬영해보면 뇌가 매우 활발하게 움직인다. 일할 때와 거의 다르지 않다. 끊임없이 상황에 대응하고 전략을 세워야 하므로 전두엽이 매우 바빠진다. 이 과정에서 몰입이 발생하고 뇌는 이를 '재미있다'고 인식한다. 실제로는 에너지를 쓰는 인지 노동 중이지만, 몰입하는 상태이기에 즐거움으로 착각하는 것이다. 그래서 의외로 게임을 할 때는 도파민 분비가 크게 늘지 않는다. 대신 아세틸콜린acetylcholine과 노르에피네프린처럼 집중과 각성을 담당하는 신경 전달물질이 활성화된다. 내가 강연에서 게임하고 있는 사람은 일하고 있는 사람이라고 이야기하는 이유도 여기에 있다.

도박은 전혀 다르다. 도박은 룰이 단순하기에 깊은 사고를 필요로 하지 않는다. 대신 도파민이 간헐적으로 폭발한다. 잭팟이 터질 때, 운좋게 패가 먹힐 때, 예측 불가능한 보상이 주어질 때다. 도박에서는 인지적 개입은 적고 도파민 신호만 불규칙하게 튀는 구조가 반복된다. 이것이 중독을 만드는 전형적인 신경학적 조건이다.

이런 이유로 '게임을 많이 하면 치매 예방이 되느냐'는 질문에 대한 대답은 '그렇다'다. 실제로 관련 연구들도 이를 뒷받침한다. 반면 고스톱은 뇌를 거의 쓰지 않는 행위다. 고스톱을 열심히 치면 치매 예방이 되는 게 아니라, 그저 고스톱을 잘 치는 노인이 될 가능성이 크다.

거듭 강조하지만 몰입과 중독은 다르다. 몰입은 언제나 경계

위에 형성되는 상태다. 과제가 지나치게 쉬워도, 그렇다고 감당할 수 없을 만큼 어려워도 몰입은 유지되지 않는다. 그래서 게임은 끊임없이 난도를 조절한다. 사용자가 약간의 긴장을 유지한 채 사고를 계속 이어가도록 설계되는 것이다.

몰입은 일정한 긴장 구간 위에서 인지 자원이 지속적으로 동원되는 상태다. 그 과정에서 점진적인 성취감과 미세한 좌절이 반복된다. 바로 이 반복이 사고를 확장시키고 경험 축적으로 이어진다. 반면 도박은 결과가 극단적으로 갈리고, 그 사이에 개입되는 사고 과정이 거의 없다. 이 때문에 도박은 사고의 확장이 아니라 쾌감의 폭발로 작동하며, 구조적으로 중독에 훨씬 취약하다.

생리적 반응에서도 두 상태는 분명히 갈린다. 몰입은 전두엽과 주의 네트워크를 적극적으로 사용하는 상태이므로 일정 시간이 지나면 인지적 피로가 뒤따른다. 강한 몰입 이후에 찾아오는 일시적인 탈진감은 뇌가 실제로 에너지를 사용했다는 신호에 가깝다. 반대로 중독적 행동은 피로 신호를 거의 남기지 않는다. 사고를 깊이 하지 않은 채 보상 회로만 반복적으로 자극되는 구조다. 바로 이 점이 중독을 더욱 위험하게 만든다. 멈출 계기가 좀처럼 생기지 않기 때문이다.

여기까지 살펴보면 결론은 비교적 분명해진다. 중독을 줄이기 위해 대상을 제거하는 방식은 근본적인 해결책이 될 수 없

다는 것이다. 욕구의 방향을 차단하기보다 욕구를 충족하고 분
출할 수 있는 대안을 마련해야 한다. 그것이 중독을 다루는 가
장 현실적이면서 가장 인간적인 접근이다.

MIND TRACKING

충동성

참지 못하는 사람을
참아내는 방법

"충동적 성향이 강한 사람들이 위험한 것은,
그들이 개소리를 벗삼아 혐오를 도구로 쓰기 때문이다."

"아, 이건 못 참지."

오늘날 한국 사회에는 '충동'이라는 전염병이 곳곳에 퍼져 있다. 그 어느 때보다 절제심을 잃은 채 충동적으로 행동하고 분노하는 이들을 주변에서 자주 볼 수 있다. 사소한 대화를 나누다가도 감정을 주체하지 못해 상대에게 폭언하고, 길거리에서 일면식도 없는 사람에게 폭력을 가하기도 한다. 음주운전 단속에 화가 나 승용차에 경찰을 매달고 달리는 사람이 있는가 하면, 알코올과 도박 중독에 빠져 빚을 감당할 수 없어지자 가족 살해 후 자살하는 가장도 있다. 그뿐만이 아니다. 인터넷, 쇼핑, 마약 등에 중독된 10대들의 사건 사고가 뉴스에서 빠지지 않는다.

◆ 트럼프와 일론 머스크의 공통점

이러한 충동성은 세대와 성별, 인종에 관계없이 최근 주요한 정신건강 문제로 부상하고 있다. 특히 조직과 국가를 이끄는 리더들의 충동성은 기업의 성장 방향을 좌우하고, 전 세계의 지정학적 변화를 촉발하는 요인으로 작동한다. 이 때문에 리더의 충동성은 심리학자만의 관심사가 아니라 경제학자와 정치학자에게도 핵심적인 연구 주제로 다뤄진다. 이를 이해하기 위해 트럼프와 일론 머스크의 사례를 들여다보자.

트럼프 대통령과 일론 머스크는 복잡미묘한 관계에 놓여 있으면서도 분명한 공통점을 공유한다. 그중 가장 눈에 띄는 특징이 바로 '충동성'이다. 조금 더 구체적으로 말하자면, 두 사람 모두 의사결정 과정에서 즉흥성이 강하고 자아 중심적인 사고 성향을 보인다. 타인의 피드백보다는 자기 직관을 신뢰하는 의사소통 방식을 선호하며, 공개 발언이나 정책 제안 과정에서도 충분한 숙고 없이 즉각적인 결정을 내리곤 한다. 이러한 경향은 대중의 이목을 끄는 데는 효과적이지만 조직 내부의 갈등을 키운다. 또한 정책 실행이나 시스템 운영 전반에 불확실성을 남길 위험도 크다.

충동성이 언제나 부정적인 결과만을 낳는 것은 아니다. 때로는 빠른 적응력과 혁신적인 아이디어로 이어져 단기간 내 실현 가능성을 높이고, 독창적인 성과를 만들어내기도 한다. 일론 머스크의 충동성은 단기적으로는 투자자들의 신뢰와 주가를 흔들어놓았지만 장기적으로는 오히려 그의 '혁신가' 이미지를 강화했다. 그 덕분에 신뢰와 주가는 다시 회복되는 듯했다. 시장의 예상을 깨고 트위터(X)를 인수한 뒤 머스크의 과감한 발언으로 테슬라 주가가 급락했으나 이후 스페이스X의 연이은 성공으로 다시 한번 평가가 뒤집힌 사례가 이를 잘 보여준다.

트럼프 대통령 역시 유사한 성향을 드러낸다. 그는 트위터에서 도발적인 언어로 반대파를 공격하고 즉흥적인 연설을 즐기는 인물이다. 충분한 정보나 공감대가 형성되지 않은 상태에서 정책을 결정하거나, 국제 협약에서 탈퇴하며 외교적 파장을 일으켜 주변국을 당혹스럽게 만들기도 한다. 이 때문에 고위 관료들 사이에서는 트럼프의 충동성과 과도한 확신이 최악의 결단으로 이어지지 않도록 막기 위해 고군분투하고 있다는 증언이 꾸준히 나온다.

반면 트럼프의 충동성은 대중의 불만을 직설적으로 대변하며 소외된 지지층의 결집을 촉진한다. 즉흥적인 트윗과 발언은 미디어의 이목을 끌어 정치적 의제를 빠르게 확산시키는 동력으로 작용해 정책 추진 속도를 높이는 긍정적 효과를 낳기도 한다.

이처럼 충동성은 단순히 좋고 나쁨으로 나눌 수 없는 복합적인 성격을 지니며, 그 원인 또한 다양해 심리학자들에게 오랫동안 연구 대상이 되어왔다. 흥미로운 점은 대중이 이러한 충동적 성향을 지닌 인물에게 오히려 열광한다는 사실이다. 일종의 '대리 충동'으로, 일상에서 억눌린 심리적 욕구를 대신 해소하는 방식으로 해석할 수 있다. 이들이 위험을 감수하는 태도는 모험심과 자율성을 지녔다는 매력적인 서사로 받아들여진다. 동시에 규범과 억압에서 벗어나는 순간을 상징하는 장면으로 소비되기도 한다.

◆ 참을성 없는 사람들에게 매료되는 이유

충동적 성향을 지닌 인물에게 대중이 열광한다는 사실은 심리학자에게는 매우 흥미로운 주제다. 대중이 이들에게 환호하는 가장 큰 이유는 충동형 인간을 '솔직하고 용기 있는 사람'으로 오해하는 데 있다. 사람들은 자신이 실제로는 하지 못하는 위험한 선택이나 파괴적인 말과 행동을 대신해주는 인물을 통해 쾌감과 해방감을 느낀다. 나아가 그를 솔직한 사람, 좋은 사람으로까지 여기곤 한다.

우유부단한 성향을 지닌 사람을 겪다 보면, 오히려 충동적인 성향의 리더를 '빠른 결단과 과감한 실행'의 아이콘으로 인식하게 된다. 이 지점에서 매력은 더욱 증폭된다. 이들이 위험을 감수하며 성공을 쟁취한 서사를 가진 인물로 포장될수록 대중은 그 능력과 용기에 감동하며 맹목적인 지지를 보낸다. 그러나 바로 그 지점에 문제가 있다. 이들이 지닌 파괴적 매력은 생각보다 훨씬 위험하다.

지난 몇 년 동안 인간의 충동성을 밝히기 위해 수많은 논문을 읽어봤다. 이유는 단순하다. 현대 사회에서 충동적 성향을 지닌 인물이 리더로 등장할 가능성이 점차 커지고 있으며, 우리는 그들과 함께 일하며 살아가야 하기 때문이다. 충동적 성향을 지닌 사람이 점차 늘어나는 지금, 그들에 대처하는 법은 선택이 아니라 필수 요건이 되었다.

실제로 일상을 살아가다 보면 이런 부류의 사람들을 종종 마주한다. 이들은 미리 생각하지 않고 머릿속에 떠오르는 말을 그대로 내뱉는 사람, 지키지도 못할 약속을 반복하는 사람, 자신이 하는 말이 상대에게 어떤 악영향을 미칠지 전혀 고려하지 않는 사람들이다. 심지어 자신의 언행으로 상대가 상처받고 흔들리는 모습을 보며, 그것을 즐기거나 전략적으로 이용하는 사람도 있다.

이런 사람들의 공통점은 대체로 충동적 성격을 지니고 있다는 점이다. 그런데 그가 나와 수평적인 관계에 있거나 별다른 이해관계가 없는 인물이라면, 그나마 어느 정도는 감당 가능하다. 문제는 그가 직장 상사이거나 소위 말하는 '갑'의 위치에 있을 때다. 더 나아가 우리나라보다 훨씬 크고 강한 국가의 실권자라면 상황은 그야말로 골치 아프고 난감해진다. 그저 회피한다고 해결될 문제가 아니다. 이들의 돌발적인 언행 앞에서는 아무리 치밀한 전략을 세워도 무력해지는 경우가 적지 않다.

그렇다면 이런 충동적인 권력자에 우리는 어떻게 대응해야 할까? 본격적인 대응책을 논하기에 앞서 먼저 '충동성'에 대한 기본적인 이해가 필요하다. 우리는 흔히 충동적인 사람을 아무 생각 없이 즉흥적으로 행동하는 인물로 여기지만 실제로는 그렇지 않다. 충동성은 하나의 단일한 성격 특성이 아니라 서로 다른 양상으로 나타나는 여러 하위 유형의 집합에 가깝다.

이 차이는 심리학자 어니스트 배럿Ernest Barratt이 제시한 배럿 충동성 척도barratt impulsiveness scale, BIS에서 보다 분명하게 드러난다. 배럿의 충동성 척도에서는 주의적 충동성, 운동적 충동성, 비계획적 충동성의 순서로 제시되지만 여기서는 사회적 영향력과 의사결정 위험이 드러나는 순서에 따라 설명하고자 한다. 각각의 유형을 살펴보자.

첫 번째는 '비계획적 충동성non-planning impulsivity'을 지닌 유형이다. 이들은 먼 미래보다는 바로 눈앞에 놓인 시간, 즉 '지금'과 '곧 닥칠 일'에 훨씬 더 큰 가치를 둔다. 장기적인 손익이나 이후에 벌어질 파장보다는, 지금의 선택이 주는 즉각적인 보상과 만족에 민감하게 반응한다. 그래서 '조금만 기다리면 더 나은 결과를 얻을 수 있다'거나 '장기적으로 보면 손해다'와 같은 논리는 이들에게 거의 힘을 발휘하지 못한다. 아직 벌어지지 않은 미래를 가정해 고민하는 일에 에너지를 쓰지 않기 때문이다. 이들에게 미래는 '계획해야 할 대상'이 아니라 닥쳐서 처리하면 될 변수에 가깝다.

이러한 특성은 심리학의 고전적 실험인 '마시멜로 실험'에서도 잘 드러난다. 눈앞의 마시멜로를 당장 먹을지, 기다림을 통해 더 큰 보상을 받을지를 선택하게 했을 때 비계획적 충동성이 강한 사람들은 미래의 큰 보상보다 현재의 작은 만족을 선택하는 경향을 보였다. 이 실험은 이들이 '미래를 계산하지 못해서' 그런 선택을 한 것이 아니라 미래 가치에 상대적으로 덜 반응한다는 점을 보여준다.

이런 성향은 때로 빠른 결단력과 실행력으로 표출되기도 한다. 망설임 없이 선택하고, 즉각 행동에 옮기며, 주저함 없이 위험을 감수하는 태도는 위기 상황에서 강점으로 작용할 수 있다. 동시에 이 단순성은 장기적 사고를 가로막는 요인이 되기도 한다. 충분한 검토 없이 내려진 결정은 반복적인 방향 수정과 예측 불가능한 결과를 낳고, 결국에는 조직이나 주변 사람들에게 비용과 혼란을 전가하는 함정으로 이어지기 쉽다.

두 번째는 '주의적 충동성attentional impulsivity'을 보이는 유형이다. 이들은 일정 대상에 주의를 오래 유지하지 못하고, 상대의 말을 듣는 중에도 생각이 자주 다른 곳으로 향한다. 머릿속에서 사고가 끝나기 전에 다음 생각으로 넘어가다 보니, 성급한 결론을 내리거나 충분한 정보 없이 판단하는 경우가 잦다. 이 유형은 흔히 '집중력이 낮다'는 평가를 듣고, 주의력 저하가 심한 경우 ADHD 진단으로 이어지기도 한다. 중요한 점은 이들의 문제가 의지나 태도에 있는 것이 아니라 인지 처리 과정 자체가 쉽게 분산된다는 점에 있다.

세 번째는 '운동적 충동성motor impulsivity'을 지닌 유형이다. 말 그대로 생각보다 행동이 먼저 나가는 사람들이다. 이들은 판단과 숙고의 단계를 충분히 거치지 못한 채 행동으로 옮기고, 그 결과를 나중에 인식하는 경향이 강하다. 이러한 충동은 전전두엽의 행동 억제 기능이 충분히 작동하지 않을 때 두드러지며, 충동적 행동 이후 후회를 반복하면서도 비슷한 실수를 되풀이하는 특징을 보인다. 이들은 대인관계에서 주로 예측 불가능하고 신뢰하기 어렵다는 평가를 듣는다. 관계 불안정 및 사회적 고립 상태에 놓일 가능성도 크다.

앞서 살펴본 것들을 종합하면, 주의적 충동성 및 운동적 충동성을 지닌 인물은 권력을 잡거나 사회적 성공을 거두기 어려워 보인다. 실제로 사업적으로 성공하거나 권력을 취득한 충동적 인물들 가운데 상당수는 첫 번째 유형, 즉 비계획적 충동성

충동성 유형	핵심 특징	대표적 사고	행동 양상
비계획적 충동성 Non-planning impulsivity	미래 경시, 즉각 보상 선호	"기다릴 수 없어."	• 즉각 보상을 선택 • 빠른 결정, 단기 성과는 있으나 　장기적으로는 리스크 누적
주의적 충동성 Attentional impulsivity	집중 유지 어려움, 사고 분산	"몰입할 수 없어."	• 충분한 인지보다는 판단부터 • 성급한 결론, 정보 미처리 • 회의·소통 과정에서 오류 발생
운동적 충동성 Motor impulsivity	행동 억제 기능 저하	"멈출 수 없어."	• 즉각적 행동 후 후회 반복 • 전전두엽 억제 기능 약화와 　연관, 관계 불안정, 신뢰 저하

에 해당한다. 이들은 충동적이기는 하지만 무작정 행동하지는 않는다. 자신에게 불리하게 작용할 듯한 두 번째와 세 번째 유형의 단점은 교묘히 피해가면서 주변 사람들을 곤혹스럽게 만드는 방식으로 상황을 설계하고 움직인다. 그 결과 겉으로는 즉흥적으로 보이지만, 실제로는 상대를 압박하는 방향으로 충동을 활용하는 경우가 많다.

이들에게 '당신의 선택은 결국 모두에게 나쁜 결과를 가져올 것이다' 혹은 '지금은 손해처럼 보여도 장기적으로는 당신에게 더 이롭다'와 같은 장기적 관점의 논리는 거의 통하지 않는다. 이러다 보니 최대한 이성적이고 논리적인 태도로 설득과 협상을 시도하고 있던 사람이라면 무척 당황할 수밖에 없다. 자칫하면 상대의 페이스에 말려들어 내가 먼저 소진되거나 무너질 가능성도 크다.

◆ 진심으로 내뱉는 헛소리가 더 위험한 이유

여기까지 읽다 보면 아마 자연스럽게 떠오르는 인물들이 몇 명 있을 것이다. 이런 사람들의 충동성은 흔히 '불싯bullshit', 즉 진심으로 하는 개소리와도 깊은 연관을 지닌다. 단언컨대 거짓말을 하는 사람보다 진심으로 헛소리를 하는 사람이 훨씬 더 대응하기 어렵다. 거짓말하는 사람 중에는 거짓임이 드러나면 태도를 바꾸는 경우도 있지만, 개소리하는 사람은 진실 자체에 관심이 없다. 이들은 사이비 종교의 교주처럼 오로지 자신의 신념과 감정만을 기준으로 세계를 해석한다. 그 결과 기본적인 인식 능력과 공적 소양이 떨어진 상태에서 대화 자체가 성립되지 않는 병적 양상을 보이기도 한다.

이 지점에서 왜 이들이 그토록 설득 불가능한 존재가 되는지에 관한 정교한 설명이 필요하다. 이 문제를 날카롭게 파고든 인물은 바로 스탠퍼드대 철학과 교수 해리 프랭크퍼트Harry G. Frankfurt다. 그의 저서 『개소리에 대하여』를 보면, 진심으로 하는 개소리가 왜 거짓말보다 훨씬 더 위험한지를 단번에 느낄 수 있다. 그는 거짓말은 날카로운 초점을 지녀야만 가능한 행위라고 이야기한다. 뛰어난 거짓말쟁이는 그럴듯한 거짓말을 위해 무엇이 진실인지 자신이 알고 있다고 생각해야 하기 때문이다. 따라서 불가피하게 진릿값에 지대한 관심을 기울여야 하며, 자신의 허위를 진리라는 가면 아래 철저히 설계해야 한다고 덧붙인다.

여기서 말하는 '날카로운 초점'이란 거짓말이 언제나 참을 기준으로 설계되는 정교한 행위라는 뜻이다. 그렇다면 거짓말은 왜 정교할 수밖에 없을까? 항상 참에 기반을 두어야 하기 때문이다. 적어도 거짓말을 하는 사람은 참이 무엇인지 알고 있고, 진실에 두려움을 갖는다. 프랭크퍼트의 말처럼 '거짓말을 하는 사람은 진리에 대해 반응한다. 그리고 그는 그만큼 진리를 존중'하는 셈이다.

이 문장에서 '존중'을 '두려움'으로 치환해 살펴보자. 거짓말 하는 사람은 진리, 즉 참을 두려워하기 때문에 팩트 체크, 즉 반박 앞에서 무너진다. 그러나 개소리를 하는 사람들에게는 이 모든 것이 유효하지 않다.

바로 여기서 개소리는 전혀 다른 차원의 문제로 넘어간다. 개소리를 하는 사람은 진리의 편도 아니고 거짓의 편도 아니다. 오직 자기편일 뿐이다. 그래서 이들에게는 논리도, 사실 검증도, 반박도 아무런 효력을 발휘하지 못한다. 사태의 진상에는 무관심하기 때문이다. 심리학에서의 무관심은 단순한 무지가 아니라 부인과 부정의 상태를 뜻한다. 그 결과 개소리에는 정교함도 없고, 참도 없다. 그래서 위험하다. 프랭크퍼트 역시 개소리는 가볍고 덜 해로운 것으로 취급되는 지점을 주목한다. 거짓말은 거짓임이 드러날 때 힘을 잃지만, 개소리는 계속 떠돌기 때문이다.

그에 따르면 개소리는 진실에 대한 존중 자체를 무너뜨리고 '사실을 따져볼 필요가 없다'고 느끼게 만든다. 개소리가 거짓말보다 더 교활한 해악이 되는 이유가 여기에 있다. 거짓말은 옳고 그름, 진짜와 가짜를 가려내려는 개인과 사회의 노력을 전제로 하지만 개소리는 그런 구별에 무관심하다. 바로 이 무관심이 충동적 성향을 지닌 권력자들에게 가장 유리한 환경을 만들어준다. 더 큰 문제는 현대 사회 속 미디어와 정치, 학계 전반에 '그럴듯한 말'이 진실보다 더 중요하게 소비되면서 개소리가 구조적으로 장려된다는 사실이다.

AI의 발전으로 딥페이크deepfake와 가짜뉴스fake news가 범람하는 현실을 고려한다면, 개소리에 대한 경계를 결코 늦춰서는 안 된다. 문제는 이러한 개소리가 우발적으로 퍼지는 것이 아니라 비계획적 충동성을 지닌 인물들에 의해 의도적으로 활용될 가능성이 크다는 점이다. 즉각적인 반응과 파급력을 즐기는 이들은 종종 리더의 자리에 오르며, 그 영향력은 개인 차원을 넘어 사회 전체로 확장된다. 그렇기에 이들을 정확히 이해하는 일은 더 이상 학술적 관심사가 아니라 현실의 생존 문제에 가깝다. 현실적으로 실천할 수 있는 대처 방법을 마련하는 것은 선택이 아니라 필수다.

"너는 왜 그 친구를 유독 못살게 구는 거야?"

"그 녀석은 반응도 빠르고 재미있어서 괴롭히는 맛이 있어."

학교나 직장에서 남을 괴롭히기 좋아하는 사람들에게 물어보면 상당수가 이런 고약한 대답을 내놓는다. 이들은 대개 비계획적으로 충동적인 데다 악의적인 성향까지 지닌 경우가 많다. 자신의 공격적 언행에 상대방이 흔들리고, 그 결과 즉각적인 반응이 튀어나오는 순간 자체를 즐긴다. 반대로 반응이 느리거나 자신의 언행이 불러올 여파가 천천히 나타나는 대상에게는 좀처럼 흥미를 느끼지 못한다. 이런 유형의 사람이 즉각적인 반응에 집착하는 이유는 따로 있다. 충동적 인간의 뇌가 '내용'보다 '속도'에 훨씬 민감하게 반응하도록 설계되어 있어서다.

그럼 비계획적 충동 성향을 지닌 사람들은 어떻게 상대해야할까? 의외로 답은 단순하다. 문제의 핵심은 반응의 '내용'이 아니라 반응의 '속도'에 있다. 이들을 대할 때 협상이나 거래에서 마지막 상대가 되는 상황을 지나치게 두려워할 필요는 없다. 충동적인 권력자가 상대방을 흔들며 가장 매력적으로 느끼는 요소, 다시 말해 즉각적인 반응과 그에 따른 '엄포 효과'는 시간이 흐를수록 급격히 힘을 잃는다. 쉽게 말해 굳이 그들의 첫 시험대에 오를 필요는 없다는 뜻이다.

물론 여기에는 전제가 하나 붙는다. 일부러 뭉개고 있다는 인상을 주어서는 안 된다. 가능한 한 속도를 늦춰 긴장의 주도권을 내 쪽으로 가져오는 전략이 필요하다. 느리되 완전히 멈춘 상태는 아닌, 스스로 속도를 조절하며 중도를 걷는 것. 이것이 비계획적 충동성을 지닌 상대를 대할 현실적인 방법이다.

비계획적 충동성을 지닌 사람들은 늘 바로 다음 패만 본다. 그래서 그 패가 재미없는 사람에게는 관심을 두지 않는다. 자연히 다다음 패를 천천히 꺼내는 사람에게는 흥미를 느끼지 못한다. 느린 반응이 가장 효율적인 방어 전략인 이유다.

직장에서도 상황은 크게 다르지 않다. 비계획적 충동 성향을 지닌 상사의 말에 매번 즉각 반응하며 '죄송합니다'를 연발하는 순간, 그는 당신을 언제든 흔들 수 있는 대상으로 인식하기 쉽다. 그때부터 당신은 문제의 원인이 아니라 반응을 끌어낼 수 있는 타깃이 된다.

이와 관련해 실제 사례를 하나 살펴보자. 미국의 관세 협상 과정에서 도널드 트럼프 대통령에게 일본은 흔들기 쉬운 대상이었다. 일본 총리들은 그동안 미국 대통령의 한마디에도 즉각 반응을 해왔다. 지난 역사를 떠올리면 일본의 태도는 일면 이해가 되지만, 트럼프 정부 2기 관세 협상에서도 이시바 시게루 Ishiba Shigeru 총리는 비슷한 태도로 임했다. 관세 협상국 중 우선 협상 대상국이었음에도 뚜렷한 전략이 없었다는, 대화 속 발언의 진위조차 충분히 가려내지 못했다는 평을 받았다.

이 사례에서 보듯 비계획적 충동 성향의 사람을 상대할 때 관건은 결국 '속도 조절'이다. 대놓고 무시하거나 의도적으로 시간을 끄는 태도보다는 즉각적으로 반응하지 않되 상대가 '무시당했다'고 느끼며 분노하기 직전까지 기다려야 한다. 그 미묘한 균형을 지키는 것이 중요하다.

이 과정에서 상대는 나를 흥미가 떨어지는 대상으로 인식할 뿐 자신을 깔보고 있다고 여기지는 않는다. 그 결과 자연스럽게 우선순위에서 밀려난다. 특히 비계획적 충동성을 지닌 사람이 서열상 나보다 위에 있거나, 거래 관계에서 '갑'의 위치에 있을수록 이 전략의 중요성은 더욱 커진다.

그렇다면 충동적인 결정을 내리는 사람의 뇌는 일반인과 어떤 부분이 다를까? 충동은 뇌에서 이성적 판단을 담당하는 전두엽과 감정을 관장하는 변연계의 상호작용을 통해 조절된다. 평소 절제력이 부족한 사람은 이 통제 시스템이 원활하게 작동하지 않는다고 본다.

특히 비계획적 충동 성향을 지닌 권력자의 뇌는 심리적으로 불안정한 상태에 자주 놓인다. 독재자든 민주주의 사회에서 권력을 잡은 인물이든 권력을 위협하는 세력은 언제나 존재한다. 그래서 이들은 본질적으로 불안을 안고 살아갈 수밖에 없다. 이 불안을 잠재울 수 있는 거의 유일한 수단이 바로 부의 축적이다. 결국 부와 권력을 동시에 쥐었을 때만 불안에서 벗어날 수 있다는 말이다.

다만 여기에는 중요한 조건이 하나 있다. 이때의 부는 '사적인 영역의 부'여야만 한다. 독재 국가에서의 부는 권력을 잃는 순간 함께 사라진다. 그러나 민주주의 사회, 자본주의 사회에서 부는 권력과 구별되는 독립성을 지닌다. 예컨대 기업 회장이 시장 선거에 출마해 시장이 되었다가 재선에 실패하더라도 경제적 부는 그대로 유지되기에 실질적인 손실은 제한적이다. 부자가 권력을 가질 때 가장 충동적인 성향을 띠게 되는 것도 이런 이유다. 이것이 자본주의 사회가 지닌 한 단면이다.

그렇다면 지금까지 다룬 비계획적 충동 성향의 인간 외에, 주의적 충동성과 운동적 충동성을 지닌 사람들은 어떨까? 이들 역시 일반적인 사람들과는 분명 다른 특징을 보인다.

가장 대표적인 차이는 시간 감각이다. 이들은 시간에 유독 과민하게 반응한다. 예를 들어 맛집에서 밥을 먹기 위해 한 시간을 기다리기로 마음먹었다고 해보자. 대체로 사람들은 곧 들어갈 수 있을 것 같다는 생각에 참고 기다린다. 반면 충동성이 강한 사람은 같은 시간을 두고도 일반인보다 훨씬 길게 느낀다. 그래서 끝까지 버티지 못한다. 기다리는 동안 '곧 끝날 것'이라는 인식보다 '이 순간이 지나치게 길다'는 감각이 더 앞서기 때문이다.

참지 못하는 이유는 비교적 명확하다. 억제력 부족, 즉 뇌의 인지 조절 기능이 원활하지 않아서다. 뇌는 여러 신경회로와 신경전달물질 시스템을 통해 충동과 위험 행동을 억제한다. 특히 전전두엽 피질의 인지 조절 기능은 계획, 억제, 목표에 따른 행동 선택을 담당한다. 따라서 인지 조절이 잘되는 사람은 충동적 성향이 약하고, 반대로 이 억제 기제가 제대로 작동하지 않으면 충동성이 그대로 행동으로 튀어나온다. '조금만 더 참자'는 판단보다 '지금 당장 벗어나야 한다'는 감정에 더 쉽게 끌려간다.

◆ 혐오를 도구로 활용해 잇속을 챙기는 사람들

앞서 충동적 성향의 인물이 왜 매력적으로 소비되고, 어떤 조건에서 권력의 중심에 서게 되는지를 살펴봤다. 그러나 충동적 성향의 리더를 향한 대중의 환호가 항상 건전한 방향으로만 흘러가지는 않는다. 호감은 언제든 혐오로 전환될 수 있다. 실제로 특정 인물에 대한 근거 없는 긍정과 과도한 관심은 종종 혐오로 귀결되곤 한다. 사람은 내가 갖지 못한 능력과 성격을 지닌 대상에게 쉽게 매력을 느끼는 만큼 그 대상에게 실망했을 때 혐오의 감정에도 쉽게 빠진다.

게다가 혐오는 비슷한 감정을 지닌 이들과 결합하면서 증폭된다. 혐오만큼 전염이 잘 되는 감정도 없다. 인간의 생존을 위해 만들어진 감정이기 때문이다. 가령 길을 걷다 동물의 사체를 보면 누구나 본능적으로 혐오감을 느낀다. 그래야 가까이 가지 않을 테고, 병균과 거리를 둠으로써 몸을 지킬 수 있다. 범죄를 저지르거나 부정행위를 서슴지 않는 사람을 보며 혐오감이 드는 것 역시 사회 유지에 필요한 감정 반응이다.

혐오는 생존 본능 가운데서도 가장 강력하고 즉각적으로 작동하는 감정이다. 그만큼 대중의 반응 역시 빠르고 격렬해진다. 문제는 이 감정이 사고의 개입 없이 곧바로 작동한다는 점이다. 특히 사고 능력이 충분히 작동하지 않는 집단이나 개인에게 전달되면, 혐오는 대상과 맥락을 가리지 않은 채 증폭되고 만다.

충동적인 사람이 자주 활용하는 '혐오의 도구화'를 가볍게 볼 수 없는 이유가 바로 여기에 있다. 혐오의 도구화란 혐오 표현이나 감정이 단순한 정서적 반응을 넘어 정치적·사회적 전략이자 집단 간 갈등을 조장하는 수단으로 활용되는 현상이다. 이 과정에서 혐오는 집단 심리의 구조적 문제로 확장되며, 이성적 판단과 사회적 화합을 가로막는다. 그 결과 혐오가 폭력과 차별을 정당화하는 명분으로 작동하고, 사회 전체를 불안정하게 만드는 위험 요소로 기능한다.

이 지점에서 혐오는 개인의 감정에 머물지 않고 하나의 '비즈니스'로 전환된다. 정치 영역에서는 특히 그렇다. 정치는 본질적으로 사람들의 이목과 감정을 놓고 경쟁하는 영역이다. 사람들의 주의를 끌기 위해 가장 효율적으로 활용되는 도구는 언제나 감정이다. 그중에서도 혐오는 가장 빠르고 값싸게 동원할 수 있는 감정 자원이다.

그래서 일부 정치 세력은 의도적으로 충동적 성향을 지닌 인물을 전면에 내세운다. 이들은 자극적인 언어와 단순한 구도로 상대 진영을 적대시하고, 그 과정에서 지지층의 결속과 주목도를 동시에 끌어올린다. 상대를 향한 혐오 프레임이 강화될수록 정치적 이득이 커지는 구조, 다시 말해 혐오가 반복 재생되는 수익 모델로 기능하는 것이다.

그렇기에 혐오의 도구화는 개인 차원의 문제로 환원할 수 없다. 사회 구성원 모두가 긴장을 늦추지 않고 대응해야 한다. 이와 관련해 나는 종종 심리학자의 의견이 필요하다는 요청을 받는데, 그럴 때마다 이렇게 말하곤 한다. "국가적·사회적 차원에서 혐오는 캠페인으로 다룰 문제가 아니라 법으로 접근해야 할 중대 사안입니다."

모든 사회적 문제를 하나의 방식으로 해결할 수는 없다. 법으로 다룰 문제와 캠페인으로 접근해야 할 문제를 구분하는 태도가 필요하다. 예컨대 안전 운전은 캠페인의 대상이 아니라 강력한 법적 제재가 필요한 영역이다. 생명이 걸린 문제를 개인의 재량에 맡길 수는 없다. 반대로 금품 수수나 청탁과 같은 문제는 법적 처벌만으로는 해결되기 어렵다. 사회 구성원 모두가 윤리적 기준을 공유하지 않으면 반복될 수밖에 없으며, 무턱대고 처벌 수위만 높이면 오히려 음성화될 가능성도 커진다.

심리학자들이 법으로 다뤄야 한다고 강조하는 사안은 '지키면 좋은 것'이 아니라 지키지 않았을 때 사회적 피해가 압도적으로 커지는 문제들이다. 그런 차원에서 충동적 성향의 사람이 혐오라는 도구를 사용했다면, 매우 단호한 태도가 필요하다. 실제로 독일에서는 2021년부터 혐오 및 선동 범죄에 대한 처벌을 대폭 강화한 개정 법률이 시행되었다.

코로나19 이후 타인에 대한 증오는 더욱 공격적 양상을 띠고 있으며, 극단주의적·인종차별적·여성 혐오적 선동 역시 빈번해지고 있다. 물론 충동적인 사람이 사용하는 혐오 도구는 법률적 대응이 가능하다. 그러나 그들의 태도 자체를 법으로 교정하는 데는 분명한 한계가 있다. 가장 현실적인 대안은, 일상에서 마주치는 충동적인 사람을 어떻게 대할지에 대한 기준과 태도를 각자가 갖추는 것이다.

나는 오랫동안 이 문제와 관련해 대형 로펌 변호사들과 연구를 진행해왔다. 함께 일하는 조상욱 변호사는 이 분야에 각별한 문제의식을 지닌 인물이다. 그는 변호사가 되자마자 직장 내 괴롭힘을 전공으로 삼았고, 현재는 이 분야에서 손꼽히는 전문가로 활동하고 있다. '한국괴롭힘학회'에서도 활발히 활동 중이며, 『선 넘는 사람들』이라는 책을 통해 충동적 성향을 지닌 다양한 유형의 사람을 분석했다. 조 변호사는 저서에서 사람의 충동성은 태도로 다루되, 그들이 사용하는 도구는 반드시 법으로 대처해야 한다고 단호히 이야기한다.

물론 이 원칙은 이론적으로는 수긍이 가지만 현실적으로는 실현되기 어려워 보인다. 충동적인 사람의 욕구를 제지하면 오히려 더 큰 문제를 일으키지 않을까 걱정되기 때문이다. 그러나 실제로 충동적 행동에는 연속성이 없다. 이들은 욕구가 제지되면 순간적으로는 위축되지만, 다른 욕구가 충족되는 순간 이전의 좌절에는 크게 집착하지 않는다.

단, 예외가 있다. 바로 모욕감이다. 자존감이나 자아가 훼손되었다고 느끼는 순간, 충동성은 복수심으로 전환되며 훨씬 위험한 양상으로 증폭된다. 그렇기에 충동적인 사람의 행동을 제지할 때는 '경고하되 자존감을 긁는 표현'은 반드시 피해야 한다. "하지 마, 그렇게 행동하면 넌 정말 나쁜 인간이고 사람들이 너를 경멸할 거야."라는 말은 제지가 아니라 자극에 가깝다. 이들의 행위를 멈추고 싶을 때는 실망스럽다는 표현, 비난, 조롱의 언어를 지워야 한다. 주어를 생략한 명령형 문장이 효과적이다. 부정형 명령문에 주어를 붙이면 상대는 직접 지목당했다는 불쾌감에 강하게 반발할 수 있다. 그래서 "너, 그거 하지 마! 인간이 할 짓이 아니야"보다는 "그건 안 돼. 하지 마"라고 말해야 한다.

충동성을 제대로 이해하려면 그 반대 성향인 자제력에 대해서도 살펴봐야 한다. 아마 사람들 머릿속에는 가장 먼저 이 질문이 떠오를 것이다. "자제력은 타고난 능력일까, 후천적인 학습으로 얻는 기술일까?" 물론 이런 질문을 받으면 심리학자 대부분은 '타고날 수도 있고 후천적으로 길러질 수도 있다'는 모호한 의견을 내놓는다. 하지만 내 생각은 조금 다르다. 전체 인구의 약 90퍼센트는 학습을 통해 자제력을 충분히 키울 수 있지만 나머지 10퍼센트는 그렇지 않다. 이들의 충동성은 뇌의 선천적 특성, 기질의 영향이 커서 일반적인 학습만으로는 쉽게 조절되기 어렵다.

앞서 언급했듯 충동적 성향이 강한 사람들은 '기다림'이라는 행위 자체를 견디지 못한다. 이는 뇌의 통제 시스템이 원활하게 작동하지 않는 탓도 있지만, 다른 한편으로는 기다림을 연습할 기회 자체가 부족했을 가능성도 크다.

대개 충동성이 강한 사람 주변에는 그의 욕구와 리듬에 맞춰주는 데 익숙해진 사람들이 있다. 부모나 보호자, 혹은 가까운 주변인들이 갈등이나 돌발적인 분노 표출을 피하려 요구를 즉각 들어주는 쪽을 선택해왔을 것이다. 그러나 이런 방식의 대응은 단기적으로는 상황을 잠재울 수 있을지 몰라도 장기적으로는 충동성을 더욱 강화하는 결과로 이어진다.

그래서 아이가 무언가를 요구할 때 부모가 하던 일을 멈추고 즉각 들어주는 태도는 바람직하지 않다. 이런 반응이 일상적으로 반복되면 아이는 기다림을 견디는 일에 적응하기 어려워진다. 예를 들어 아이가 "엄마, 저 지금 배가 너무 고파요"라며 재촉하더라도 부모는 하던 일을 마친 뒤 요구를 들어주는 편이 낫다. "엄마가 지금 설거지하고 있으니까 조금만 기다려줄래? 이거 다 끝내고 밥 차려줄게." 이처럼 상황을 설명하며 대응하면 된다.

보통 충동은 본능적 욕구가 강해지거나, 이를 제어해야 할 자아의 방어 기능이 약화될 때 고조된다. 심리학적으로 표현하자면, 무의식적 욕구가 자아ego의 통제를 뚫고 이성과 도덕 규범을 상징하는 '초자아superego'를 반복적으로 침범하는 상태가 충동이다. 그리고 이러한 자아와 초자아의 약화는 아동기의 심리적 외상과 깊은 관련을 맺고 있는 경우가 많다. 그렇기에 양육 과정에서 기다리는 습관을 길러주는 일은 무엇보다 중요하다.

이 원칙은 아이에게만 해당하지 않는다. 어른 역시 마찬가지다. 조급하게 반응하기보다 한 박자 멈추고, 심호흡하며 기다리는 연습을 해야 자제력이 형성된다. 자제력은 결심이나 의지의 문제가 아니라 연습을 통해 몸에 배는 생활 기술에 가깝다.

우리는 자제력을 잃은 유명인들이 수십 년간 쌓아온 명성과 부를 한순간에 무너뜨리며 파멸로 치닫는 것을 자주 목격한다. 분노를 조절하지 못한 채 폭언을 쏟아낸 정치인의 녹취록, 상습적인 갑질과 폭력으로 나락에 떨어진 기업인, 금품 수수와 청탁에 연루된 고위공무원, 학폭·인성 논란과 마약 사건으로 몰락한 연예인들까지. 이들의 공통점은 하나다. 욕구 충족을 위해 순간의 기다림을 저버렸다는 점이다.

남들보다 더 많이 가진 사람이 자제력을 잃을 가능성이 더 커지는 이유는 무엇일까? 풍요로운 환경에서는 유혹과 선택지가 늘어나고, 그만큼 의사결정에 따른 피로도도 커진다. 자제력은 무한한 능력이 아니라 제한된 정신 자원이다. 이 자원이 과도하게 소모되면 판단력과 통제력은 함께 떨어진다. 그래서 평소 스스로에 대한 경계를 늦추지 않고, 일상에서 절제와 기다림을 습관화하는 태도를 익히는 것이 무엇보다 중요하다.

우리는 누구나 사회 속에서 갑이 되기도, 을이 되기도 한다. 그 과정에서 자제력을 잃기 쉬운 순간들이 자주 찾아온다. 이에 관해 심리학자들은 '모든 관계에서 권력자가 되려 하지 말라'고 조언한다. 세상의 모든 관계에서 갑이 될 수는 없으며, 그렇게 살아가는 태도는 균형을 무너뜨리기 쉽다. 설령 권력을 거머쥐었더라도 사회 어딘가에서는 의도적으로 저점에 머물고자 노력해야 한다.

문제는 한 사람이 여러 영역에서 동시에 권력을 쥐게 될 때

3장 : 충동성

다. 대기업의 회장이 정치권력까지 손에 넣는다면 상황은 훨씬 위험해진다. 사회, 가정을 포함한 자신과 연관된 거의 모든 영역에서 무소불위의 영향력을 행사할 가능성이 커진다. 이런 위치에 있는 사람이 충동을 제어할 기제마저 잃는다면, 그는 한순간의 언행으로 그동안 쌓아온 모든 것을 잃을 수도 있다. 수많은 시선 앞에서 혼자 있을 때나 할 법한 말을 그대로 내뱉는 순간이 찾아올 것이기 때문이다. 늘 시한폭탄을 안고 사는 것과 같다. 그래서 평소에 나를 낮추는 마음가짐을 잊지 말아야 한다.

그렇다면 겸양의 태도를 기르기 위해 무엇이 필요할까? 내가 권하는 방법은 나를 낮추는 삶의 태도를 배우게 해주는 선생님을 곁에 두는 것이다. 분야를 막론하고 나를 가르치는 사람은 누구라도 선생님이 될 수 있다. 주변 사람들이 쉽게 건네지 못하는 말을 사심 없이 해줄 수 있는 사람이라면 충분하다. 마음을 가다듬는 취미를 가르쳐줄 선생님도 좋다.

나이가 들수록 내게 불편한 말을 해주는 사람은 점점 줄어든다. 스승을 곁에 두기 어려워진다는 뜻이다. 이럴 때는 나보다 어린 세대의 '어린 스승'을 모시는 것도 현실적인 대안이다. 나와 다른 세대에게 조언을 구한다면 세상을 바라보는 시선 역시 자연스레 넓어지지 않을까.

빌런의 분노 조장을
밀어내는 법

옥스퍼드대 출판부가 선정한 2025년 올해의 단어는 '분노 미끼rage bait'다. 분노 미끼는 분노와 짜증 등을 유발하도록 설계된 온라인상의 미끼 콘텐츠를 뜻한다. 놀랍게도 지난 1년 동안 이 단어의 사용량이 세 배나 늘었다고 한다. 분노 미끼 콘텐츠는 온라인상에서 대중의 감정을 조작하거나 의도적으로 '긁'어서 클릭을 유도하며, 정신건강에 심각한 해를 끼칠 우려가 있다.

과거에도 '열받아', '돌겠네' 등 누군가의 분노를 유발하는 행위를 일컫는 말들이 있었다. 최근에는 '긁혔다', '긁었다'라는 표현이 자주 쓰이는데, MZ세대는 상대의 기분을 상하게 하거나 발끈하게 만든다는 의미로 '긁'이라는 줄임말을 쓴다. 칠판

긁는 소리를 들으면 순간 소름이 돋고 신경이 곤두서듯이 누군 가에게서 감정적으로 '긁'히면 화가 치밀고 자제력을 잃기 쉽다.

태도가 아니라 행동을 다뤄라

현대 사회는 서로를 '긁'는 일이 일상다반사다. 온라인상으로는 분노 미끼 콘텐츠가 넘쳐난다. 회사에 나가면 직장 상사와 동료가 분노 버튼을 누르고 집으로 돌아오면 가족도 나를 화나게 한다. 그렇다면 이렇게 곳곳에서 마주치는 분노 유발자, 특히 충동적 성향의 분노 유발자들은 어떻게 대응해야 할까?

첫째, 가장 중요한 핵심은 그 사람의 태도가 아닌 '행동'만 지적하는 것이다. 특정 행동만큼은 용납할 수 없다고 단호하게 말하되, 상대의 인격적 결함을 문제 삼거나 평가해서는 안 된다. 가령 "당신이 사람이라면 도저히 그런 행동은 할 수가 없어", "네가 제일 나빠, 어떻게 그럴 수 있니?" 등 태도의 부적절함을 지적하는 표현은 바람직하지 않다.

즉 의사소통의 초점을 감정이나 태도가 아니라 행동에 두어야 한다는 뜻이다. 반려견과 소통할 때를 떠올려보면 이해가 쉽다. 반려견에게는 "이리 와", "앉아", "가만히 있어"처럼 행동을 지시할 뿐 마음가짐이나 태도를 요구하지는 않는다. 그렇다고 해서 존중이 없는 것은 아니다. 마찬가지로 충동성이 강한 사람도 인격을 무시하지 말아야 하며, 요구는 오직 행동 수준에서만 분명하게 전달해야 한다.

다시 한번 강조하지만, 이때 중요한 것은 단호함이다. 우리는 감정을 참지 못하고 발산하는 충동적인 사람들을 곳곳에서 마주친다. 이해 불가인 그들의 일탈적 언행을 오랫동안 참고 넘기는 게 가장 큰 문제다. 사람은 무언가를 할 때보다 하고 싶은 것을 하지 못할 때 더 큰 스트레스를 받는다. 화를 내는 것보다 참는 일이 훨씬 더 어렵기 때문이다. 이런 상황의 반복은 결국 에너지 고갈, 정신적인 피해로까지 이어진다.

참는 것이 미덕은 아니다

문제는 한 사람의 충동성 때문에 우리 모두 인내하고 화를 참아야 하는 상황이 너무 자주 반복된다는 점이다. 참지 않는 사람들을 우리도 더 이상 참아주어서는 안 된다. 일부러 '긁을' 필요는 없다. 다만 인내하느라 시간과 감정을 소모하지 말고, 적절한 대처와 대응으로 빨리 그 상황에서 벗어나야 한다.

가끔 사적인 자리에서 자제하지 못하는 사람들을 마주친다. 대부분 얼굴을 찌푸리면서도 선뜻 나서서 그를 제어하지 못한다. 그 이후에 벌어질 장면이 너무 선명하게 그려지기 때문이다. 하지만 언제까지 이들을 참아주며 속만 끓이고 있을 수는 없지 않은가. 이들에게 도덕적이고 정중한 태도를 기대할 수는 없지만, 결코 해서는 안 되는 행동이 무엇인지는 분명히 밝히고

중단을 요구해야 한다. 단호한 규제와 처벌도 적용되어야 할 것이다.

'눈치껏 살자'는 말은 원래 사회적 통념에 어긋난 행동을 하는 사람에게 그런 행동을 삼가라는 신호다. 그러나 현실에서는 오히려 평소 남에게 피해 주지 않고 비교적 합리적인 판단을 하는 사람들이 이 말을 더 자주 듣는다. 우리 사회는 충동적인 사람, 격노하는 사람을 문제 삼기보다는 역으로 그들을 피해 다니라고, 참고 견디라고 조언했다. 참으로 아이러니한 일이다.

이제는 구조를 바꿔야 한다. 충동적인 사람들을 인내하는 데 투입되는 사회적 비용은 해마다 커지고 있다. 개인과 사회 전반에 불필요한 에너지 소모가 반복되고 있으며, 그로 인한 생산성 저하 역시 가볍게 넘길 수준이 아니다. 건설적인 논의는 뒷전으로 밀리고, 감정적 대립만 커지면서 문제의 구조적 원인을 찾기보다는 혐오를 증폭시키는 방식으로 상황이 왜곡되는 중이다. 이 상황에서 대중은 해결책이 아닌 희생양 찾기에 몰두할 수밖에 없다.

이처럼 사회적 갈등과 피로감이 쌓여간다면 개인과 공동체 모두의 성장 에너지부터 소진될 것이다. 이제는 사회 속 충동성을 어떻게 관리하고 대처할 것인지를 개인과 사회가 진지하게 고민하고 구체적인 실천 방안 마련에 나서야 할 때다.

MIND TRACKING

'쉬었음' 청년

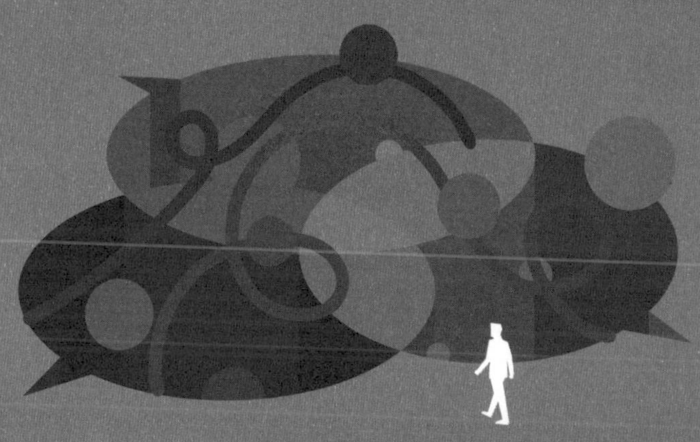

니트족과
문화 지능

"자신의 꿈과 적성을 찾지 못해 방황하는 이들은
낙오자나 포기자가 아니다."

"어차피 신입은 안 뽑잖아요."

"컴공 전공해서 뭐 먹고 살래?"

얼마 전 한 경제지의 기사 제목을 보고 문득 격세지감이 밀려왔다. AI 열풍이 몰고 온 변화의 속도가 그만큼 가팔라졌다는 뜻일 터다. 불과 몇 년 전까지만 해도 미국 빅테크 기업에서 서로 모셔가려 했던 귀한 인재들이 취업난을 겪고 있다니, 실감이 나지 않는다. 심지어 세계 최고 수준의 공과대학으로 꼽히는 MIT·카네기멜론·캘리포니아공과대학의 경우도 크게 다르지 않다. 컴퓨터사이언스학과를 졸업하고도 취업에 실패해 상담실을 찾는 학생들이 부쩍 늘었다고 한다.

2023년만 해도 이렇지 않았다. 해당 학과 교수들에게서 전해 들은 졸업생 취업률은 무려 500~600퍼센트에 이르렀다. 취업률 500퍼센트라는 말이 다소 실감 나지 않겠지만, 이는 한 졸업생이 평균 다섯 개 안팎의 기업에서 오퍼를 받았다는 의미다. 불과 1년 뒤인 2024년, 상황은 눈에 띄게 달라졌다. 취업률은 절반 이하인 200퍼센트 초반으로 내려앉고, AI가 본격적으로 현장에 도입된 2024년 하반기에는 30퍼센트 수준까지 떨어졌다. 이는 하나의 일자리에 졸업생 세 명이 뛰어들어 경쟁해야 한다는 뜻이다. 불과 1~2년 사이에 압축적으로 벌어진 변화라는 점이 더 놀랍다.

실리콘밸리 명문대 졸업생들의 실업 현실은 결코 남의 이야기가 아니다. 2021년 OECD 국가 청년(25~34세)의 고등교육 이수율과 고용 지표를 보면, 우리나라 대졸 청년의 고용률은 75.2퍼센트로 OECD 평균(82.9퍼센트)에 크게 못 미친다. 고등교육 이수율은 1위지만 대졸 취업률은 OECD 31위로 최하위권이다. 가장 오래 공부했지만, 그만큼의 기회를 보장받지 못하는 구조가 이미 고착되고 있다.

◆ 사람도 없고 일자리도 없고

최근의 취업·구직난은 IMF 외환위기 당시보다도 더 혼란

　　　　　　　　　　　　　　　　　　4장 : '쉬었음' 청년

스러운 양상을 보이는 중이다. AI가 기존 인력의 업무를 대체하고 있는 데다 빅테크 기업의 대규모 AI 투자 확대가 경영 환경과 전략 전반을 바꾸고 있기 때문이다. 글로벌 해고 트래킹 사이트 레이오프Layoffs.fyi의 분석에 따르면, 2025년 한 해 동안 전 세계 주요 테크 기업이 해고한 인원이 12만 명을 넘어섰다. 역대 최악의 고용 불안기로 평가됐던 2023년보다는 적은 수치지만, 2019년 이전의 호황기와 비교하면 이례적으로 높은 수준이다.

한편 해고가 비교적 자유로운 미국과 달리 노동 유연성이 낮은 우리나라의 경우 기업들은 기존 인력을 내보내는 대신 신규 채용을 최소화하는 전략을 택하고 있다. 한창 취업해야 할 청년층의 실업 문제가 좀처럼 해소되지 않는 이유다.

특히 IT 인력의 경우 경력직 선호 현상이 두드러지면서 취업 문이 한층 더 좁아지는 추세다. 그뿐만이 아니다. '바이브 코딩Vibe Coding'의 등장으로 개발자가 아닌 일반인도 프로그래밍 개발 업무에 참여할 수 있는 시대가 열렸다. 바이브 코딩은 사용자가 자기 아이디어나 의도를 자연어로 설명하면, AI가 이를 바탕으로 코드를 생성하고 사람과 함께 소프트웨어를 완성해 가는 새로운 개발 방식이다.

스웨덴 기업이 개발한 바이브 코딩 프로그램 '러버블Lovable'을 활용하면 초등학생도 프로그램을 만들 수 있다. 이 서비스는 출시 1년 만에 사용자 수 800만 명을 돌파했다. 나 역시 몇 가지 아이디어를 바탕으로 간단한 테트리스 게임을 직접 만들어본 경험이 있다. 코딩만 배우면 어디든 취업할 수 있던 호시절은 이제 지나간 영광이 되었다.

AI는 무인 기업의 등장을 실현하는 중이다. 영국에서는 세계 최초로 정부의 공식 인가를 받은 AI 로펌이 등장했다. 상위 10대 로펌에서 한 해 동안 20~30대 신규 변호사를 단 한 명도 채용하지 않았다는 충격적인 결과도 나왔다. AI를 활용하면 기본적인 법률 서비스 상당 부분을 대체할 수 있어서다.

우리나라도 사정은 크게 다르지 않다. 다만 한국은 고용 문제에 더해 출생률이라는 또 하나의 위기를 동시에 안고 있어 양상이 더 복합적이다. 국가데이터처 자료에 따르면 2025년 출생한 신생아 수는 22만 명이다. 내가 태어난 해인 1970년의 신생아 수가 106만 명이었던 점을 떠올리면 그 감소 폭은 가히 충격적이다. 이처럼 우리나라는 일자리가 줄어드는 속도보다 사람이 줄어드는 속도가 훨씬 빠른데도 대졸자의 취업률은 오히려 해마다 낮아지고 있다.

그런데 한국보다 먼저 초고령화 사회에 진입한 일본의 최근 사정은 조금 다른 흐름을 보인다. 아베 정권 후반기부터 고용 지표가 눈에 띄게 개선되었고, 이는 청년층의 아베에 대한 지지율을 끌어올리는 데도 영향을 미쳤다. 당시 일본 대학생들의 취업률은 거의 100퍼센트에 육박했다. 이렇게 취업률이 이례적인 수준까지 치솟은 이유는 무엇일까?

　그 배경에는 아베 정권의 경제 부양 정책도 있지만, 더 결정적인 요인은 생산가능인구 감소로 구직자 수 자체가 줄어들었다는 점이다. 인력 수요보다 공급이 적어지자 기업들은 우수한 인재를 선점하기 위해 경쟁에 나섰고, 학생들을 스카우트하려고 직접 발로 뛰기 시작했다. 심지어 채용이 확정된 학생이 다른 기업에 관심을 보이지 못하도록 압박하는 사례까지 등장했다고 한다.

　이처럼 출생률 자체가 떨어지면 머잖아 일할 사람이 부족한 시대가 도래한다. 생성형 AI가 젊은 사람들의 일자리를 점점 더 줄이고 있다고는 하지만 인구가 줄어드는 상황에서는 취업률도 다른 관점에서 살펴봐야 한다. 특히 아시아는 전체적으로 아이를 안 낳는 '인구 절벽'에 직면해 있다.

　이러한 상황을 고려하면 단기적으로는 경기 침체와 AI 확산의 영향으로 일자리가 줄어들고, 그 결과 청년 실업률이 당분간 높아질 가능성이 크다. 다만 장기적으로 봤을 땐 새로운 형태의 일자리가 다시 늘어날 여지도 충분하다. 더구나 지금은 AI 과도기라 할 수 있는 시점으로, 사람이 맡아야 할 일과 AI·로봇이 담당해야 할 일의 경계가 아직 뚜렷하게 정리되지 않았다. 이 구분이 명확하지 않은 과도기에는 노동시장에 눈에 띄는 변화가 나타나기 어렵다. 그러나 이 과제가 정리되면 그때부터 노동

시장은 어떤 방식으로든 방향성을 갖게 될 것이다. 대략 4년 뒤쯤에는 그 윤곽이 분명해질 가능성이 크다.

다만 한 가지는 비교적 명확하게 예측할 수 있다. 출생률이 반전하지 않는 한 일할 사람은 점점 더 줄어들 수밖에 없고, 노령층을 부양할 인구 역시 함께 감소한다는 점이다. 이는 무엇을 의미할까? 결국 '더 오래 일해야 하는 사회'로 접어든다는 뜻이다. 이미 우리나라는 2022년, OECD가 매년 발표하는 65세 이상 인구의 노동시장 잔류율이 40퍼센트를 넘어섰다. 인류사적인 기록이라 해도 과언이 아닌데, 2025년 이후엔 이 수치가 50퍼센트에 근접할 것으로 보인다.

생산가능인구는 줄어드는데 수명은 늘어나는 사회, 디지털 플랫폼이 새로운 가치를 만들어내고 AI가 인간의 노동을 빠르게 대체해가는 신문명의 도래…. 우리 사회는 실업과 구직을 바라보는 기존의 패러다임 자체를 바꿔야 할 시점에 와 있다.

'쉰다'는 말에 왜 수치심이 담길까

20대 시절의 일이다. 대학원에서 석사학위를 받은 뒤 군 입대를 앞둔 시기였다. 입대일인 1995년 4월 8일까지는 대략 4개월 정도 남아 있었다. 입대는 1994년 12월에 결정됐기에 남은

4개월 동안 별다른 일 없이 지냈다. 나는 군대 가기 전에 논문 쓰느라 자주 만나지 못한 친구들도 만나고, 그동안 못 해봤던 일도 할 요량으로 나름의 계획을 세웠다. 그런데 당시 주위 사람들은 하나같이 나를 그저 '놀고 있는 사람' 취급했다.

"너, 요즘 뭐하니?"

"군대 가려고 이것저것 준비하고 있어."

"아… 놀고 있구나."

"아니, 준비하고 있다니까."

"그러니까, 그게 노는 거지."

도대체 왜 다들 나를 '놀고 있는 사람'으로 여겼을까? 학교에 다니지 않거나 직장을 다니지 않으면 곧바로 '논다'라고 단정 짓는 이유는 무엇일까? 그때 나는 비로소 '논다' 혹은 '쉰다'라는 말이 우리 사회에서 얼마나 쉽게 부정적인 의미로 사용되는지 실감했다. '쉰다'는 말에는 게으름, 책임 회피, 시간 낭비 등과 같은 평가와 부정적 뉘앙스가 은근히 섞여 있었다. 그전까지는 대수롭지 않게 여겨왔던 표현이었지만, 막상 그 말의 대상이 되고 보니 기분이 영 좋지 않았다. 이유 없이 위축되고, 왠지 내 상황을 설명해야 할 것 같은 압박까지 느껴졌다.

그래서 나는 그들에게 '지금 놀고 있는 게 아니라 뭔가를 준비하고 있다'는 사실을 굳이 설명하려 애썼다. 지금 돌아보면 왜 그리도 쓸데없는 곳에 에너지를 쏟았는지 모르겠다. 의미 없이 아무 말이나 던지는 사람들에게 일일이 신경을 곤두세우기보다 그동안 고마웠던 분들을 한 번이라도 더 찾아뵙고 인사를 드렸으면 좋았을 텐데 말이다.

살다 보면 잠시 멈춰 서야 할 시기가 찾아온다. 새로운 목표를 향해 나아가는 과정에서 재충전이 필요할 때도 있고, 한 걸음 더 나아가기 위해 잠시 몸을 움츠려야 할 때도 있다. 그런 시기에 주변 사람들에게서 '논다', '쉰다'라는 말을 듣게 되면 마음이 어떨까?

특히 생산적인 무언가를 하고 있지 않으면 불안해지는, '일중독'에 가까운 한국 사회에서는 일하지 않는 사람을 향한 편견이 유독 강하다. 이처럼 잠시도 쉬기 어려운 사회에서 쉬고 있는 청년들을 바라보는 시선은 과연 얼마나 왜곡되어 있을까? 더구나 자기 세대의 기준으로 청년의 삶과 가치관을 재단하려는 이른바 꼰대들의 눈에는 청년의 쉼이 이해하기 어려운 일일 터다.

그중에서도 '니트족'은 특히 비난의 대상이 된다. 니트NEET는 'Not in Education, Employment or Training'의 줄임말로, 학교를 다니지 않고, 일하지도 않으며, 직업훈련도 받지 않는 상태의 15~29세 청년층을 가리켜 니트족이라 한다. 한국은 OECD 주요국 가운데 유일하게 청년 니트족 비율이 증가하고 있는 나라다.

2014년부터 2024년까지 10년간의 추이를 살펴보면, 한국의 청년 니트족 문제는 좀처럼 개선되지 않고 있다. 2015년 17.4퍼센트에서 2017년에는 18.4퍼센트까지 상승한 뒤, 약간의 등락을 반복하며 여전히 높은 수준을 유지하는 중이다. 반면 다른 OECD 주요국들은 뚜렷한 개선 흐름을 보인다. 미국은 16.4퍼센트에서 12.8퍼센트로, 독일은 2014년 13퍼센트에서 2024년 10.6퍼센트로, 일본은 16.3퍼센트에서 9.6퍼센트로 니트족 비율이 눈에 띄게 감소했다.

이러한 현상이 일어나는 곳은 한국뿐만이 아니다. 중국에서도 가만히 누워서 아무것도 하지 않는 사람을 지칭하는 '탕핑족'이 사회 문제로 떠오른 지 오래다. 이들은 중국의 경제 성장세가 둔화하고 빈부 격차가 확대되면서 미래에 대한 전망이 불투명해지자 하나의 사회적 현상으로 모습을 드러냈다. 중국과 마찬가지로 한국의 청년 니트족 증가는 우리 사회가 안고 있는 다양한 문제의 집약체다.

청년층의 학력 수준은 날로 높아지고 있지만, 일자리 양극화가 극심해지면서 청년들은 점점 더 경제활동에 의지를 잃고 기약 없는 쉼의 상태에 머물러 있다. 일반적으로 건강한 사회라면 '쉬고 있는' 인구는 장년층에 국한되어야 한다. 하지만 2030을 중심으로 그 규모가 빠르게 늘어나고 있는 게 현실이다. 2025년 10월 기준으로 '쉬고 있는' 30대 인구는 33만

4000명으로, 관련 통계가 작성된 2003년 이후 역대 최고치를 기록했다.

그런데 오늘날 쉬고 있는 젊은이들을 무작정 기존의 잣대로만 바라봐서는 안 된다. 그들은 세상의 편견과 달리 훨씬 더 다양한 모습으로 존재하고 있기 때문이다. 일자리를 구하지 못해 어쩔 수 없이 쉬는 사람도 있지만, 스스로 일하지 않기로 선택한 이들도 있다. 또 기성세대의 시선에서는 일하지 않고 쉬는 듯 보이지만, 자기만의 방식으로 일하며 경제활동을 이어가는 청년들도 적지 않다. 즉 기성세대의 관점에서 '일하지 않는 청년'을 하나의 범주로 묶어 문제를 해결하려는 접근은 바람직하지 않다는 뜻이다. 청년층이 '쉬고 있는' 방식이 다양한 만큼 접근 방식 역시 다각적일 필요가 있다.

니트족이 느끼는 수치심은 '나는 무능하고 실패한 존재다', '사회 기준에서 벗어났다'는 왜곡된 평가와 자기 비하가 맞물려 점점 증폭된다. 개인의 성격이나 의지 부족으로 설명할 수 있는 문제가 아님에도 말이다. 이는 성과와 역할을 개인의 가치와 동일시해온 사회적 환경 속에서 형성된 일종의 문화적 정서 반응에 가깝다. 특히 집단의 기준과 타인의 시선을 강하게 내면화하도록 학습해온 한국 사회에서는, 일하지 않는 상태가 곧 '존재의 결함'으로 해석되기 쉽다.

이 수치심이 누적되면 문제는 한층 깊어진다. 감정은 점차 존재 자체를 부정하는 부끄러움으로 바뀐다. 그리고 그 여파는 우울 및 대인기피 같은 정신건강 문제로까지 확장될 수 있다. 더 심각한 점은 실패의 경험이 특정 사건에 머무르지 않고, '나라는 사람 전체가 문제'라는 전인적 자기 부정으로 이어진다는 점이다. 이런 인식이 굳어질수록 새롭게 도전하려는 동기는 약해지고 타인과 대면하기를 꺼린다. 패배 의식에 사로잡혀 사회로부터 스스로 고립되는 악순환에 빠질 가능성도 커진다.

이제는 '쉰다'의 반대말을 곧바로 '일한다'로 단정하는 통념에서 벗어나야 한다. 번듯한 직장에 다니며 매달 월급을 받아야만 '일하고 있다'고 말할 수 있는 시대는 이미 지나갔다. 일의 정의가 달라진 만큼 자기만의 의미 있는 일을 찾기 위해 고민하고 방황하는 청년들에게 '아무것도 하지 않고 쉰다'며 쉽사리 낙인 찍는 문화 역시 사라져야 한다.

◆ '필요'를 가치로 착각하는 사회

"교수님, 정의로운 삶이란 무엇인가요?"

숭실대 철학과 김선욱 교수님께 이런 질문을 한 적이 있다. 마이클 샌델Michael J. Sandel의 책은 모두 교수님의 감수를 거쳤기에 교수님을 뵈면 정의에 관해 한 번쯤은 꼭 여쭤보고 싶었다.

"자신이 살아가고자 하는 세상에 필요한 사람으로 살아가는 것이 아닐까요?"

교수님의 답에는 두 가지 화두가 있다. 하나는 '내가 살아가고자 하는 세상이 무엇인가'이며, 또 다른 하나는 '과연 나는 필요한 사람인가'다. 사람들은 대개 타인의 인정을 통해 존재감을 확인한다. 하지만 그에 앞서 내가 어떤 세상을 지향하는지에 대한 정의가 먼저 정립돼 있어야 한다. 그래야만 지금의 내가 그 세상에 필요한 방식으로 살아가고 있는지를 돌아볼 수 있다.

그런데 '필요하다'는 말과 '일하고 있다'는 말은 같은 의미일까? 여기서 말하는 '일하는 사람'은 '필요한 사람'에 비해 훨씬 좁은 개념이다. 무엇보다 '일하고 있다'는 말에 대한 우리 사회의 통념은 지나치게 협소하다. 어쩌면 이런 이유로 우리는 그 좁은 범주의 일을 하기 위해 거쳐야 하는 모든 준비 과정마저 '쉬고 있다'고 간주하는 것인지도 모른다. 하지만 쉬고 있는 사람들은 결코 아무것도 하지 않는 사람들이 아니다. 다만 속도를 늦추거나, 지켜보거나, 보이지 않는 곳에서 움직일 뿐이다.

초등학생 시절 매듭 묶기를 배운 적이 있다. 다른 친구들은 스스로 이리저리 해보다가 금세 매듭 묶는 법을 깨쳤는데 어쩐지 나는 쉽지 않았다. 빨리 해결하고 싶은 마음에 차분히 나만의 방법을 터득하는 대신 친구들을 곁눈질하며 흉내 내기 바빴다. 그래서인지 지금도 아내가 혀를 내두를 만큼 매듭 묶는 데

　　　　　　　　　　　　　　

서투르다. 만약 그때 오래 걸리더라도 매듭 묶는 원리를 제대로 익혔다면 풀린 운동화 끈을 방치하고 다닐 일은 없었을 것이다.

이처럼 사소한 일조차도 천천히, 내 속도로 이해하고 배워야 내 것이 된다. 천천히 배워야 할 때는 남들의 속도를 의식하지 않고 나만의 속도를 지켜야 하는데, 우리는 대개 남들처럼, 혹은 남들보다 빨리 결과를 내려고 흉내 내는 데 급급하다. 그러다 보니 새로운 일을 하거나 문제를 풀어가는 과정에서 난관을 만나면 '멘붕'에 빠진다. 나만의 방식을 찾아 체화해본 경험이 부족하기 때문이다.

'쉬었음' 청년들을 천천히 가는 사람들이라고 봐주면 어떨까. 구직 포기자, 휴직자는 그저 놀고 있는 사람이 아니다. 그들은 절망보다는 분노에 더 가까운 상태에 놓여 있다. 자기 삶과 생각이 외면당하고 곡해되는 상황을 반복해 겪다보면 분노가 쌓일 수밖에 없다. 불안은 사실을 정확히 인식하는 과정에서 누그러질 수 있고, 분노는 누군가 진실을 이해해줄 때 비로소 잦아든다. 그렇기에 우리 사회는 이들을 둘러싼 현실을 보다 정직하게 들여다볼 필요가 있다.

여전히 많은 사람이 청년 실업자나 구직자를 색안경을 낀 채 바라본다. 더 열심히 살아야 한다고 훈계하고 인내심이 부족하다고 핀잔을 준다. 하지만 그들이 살아가는 세상에 대한 이해 없이 던지는 조언은, 결국 조언이 아니라 비난에 가깝다. 더 빠르게 변화하고 더 좁아진 세상을 살아가는 지금의 청년들과, 조금은 설렁설렁 걸어도 멈추지만 않으면 안정적인 삶이 가능했던 이전 세대가 처한 현실의 조건은 분명히 다르다. 기성세대는 출산율이 높고 경제가 빠르게 성장하던 팽창 사회에서 20대와 30대를 보냈다. 오늘날의 청년들은 수축 사회 한가운데에서 삶을 시작하고 있다. 일자리는 줄어들고 부의 양극화는 극단으로 치닫는다. 기성세대가 만들어놓은 울타리 안으로 들어가고자 애써봐도 그 문은 좀처럼 쉽게 열리지 않는다.

얼마 전 한 회사의 인사 담당자에게서 젊은 직원들에 대한 불만을 들었다. 입사 20년 차인 그는 요즘 젊은 직원들의 심리를 도무지 이해할 수 없다고 토로했다. 남들은 들어가고 싶어서 안달인 이 좋은 회사에 어렵사리 입사해놓고, 불과 1년 만에 퇴사하겠다는 심리를 도무지 알 수 없다는 것이다.

"요즘 MZ는 인내력이 없어요. 고생을 안 해봤거든요."

기성세대의 돌림노래 같은 말이다. 나는 그의 말에 이렇게 대꾸했다.

"맞는 말씀입니다. 예전에 비해 고생을 안 했죠. 그런데요, 그들이 우리보다 고민은 더 많이 합니다. 고생은 몸이 불편한 것이지만 고민은 생각이 복잡한 일이에요. 그러면 고생이 우리를 더 지치게 할까요, 고민이 더 지치게 할까요?"

인사 담당자는 말문이 막힌 듯 아무 말도 하지 못했다.

4장 : '쉬었음' 청년

◆ "멈추지 않았습니다. 준비하고 있습니다."

지금의 4050보다 2030이 덜 고생했을 수 있다. 사회 간접자본이 잘 갖추어진 시대를 사는 그들에게는 우리 때보다 결핍이 상대적으로 적은 게 사실이다. 하지만 그만큼 고민할 것은 더 많아졌다. 그래서 외롭다. 대개 몸이 힘들면 서로 잘 뭉치지만 마음이 힘들면 살갑게 어울리지 못한다. 고민이 늘어날수록 외로워지고 결국 고립으로 기울 수밖에 없는 이유다. 청년들의 불안과 우울, 높은 자살 지수의 배경 역시 이 지점과 맞닿아 있다.

심리학에서는 사람이 처리해야 할 정보와 판단이 많아질수록 '인지적 부하'가 커진다고 본다. 선택지가 많고 기준이 불명확하면 '무엇을 할지'보다 '무엇을 포기할지'를 결정하는 것에 더 큰 에너지가 든다. 이때 나타나는 대표적 현상이 '결정 피로'다. 몸이 덜 고생해도 더 잘 지치는 것은, 삶이 '노동의 양'보다 '판단의 양'으로 무거워졌기 때문이다.

고생은 '고생길이 열렸다'는 말처럼 적어도 갈 방향이 정해져 있다. 반면 고민은 이러지도 저러지도 못한 채 매일매일 갈팡질팡하게 만든다. 그래서 고생은 공격수의 고난에, 고민은 수비수의 고난에 비견된다. 축구 경기장에서 똑같이 200미터를 뛰어도 공격수보다 수비수가 훨씬 더 빨리 지친다. 공격수는 스스로 판단한 방향으로 달리지만, 수비수는 상대의 움직임만을 바라보며 끊임없이 방향을 바꿔야 하기 때문이다. 그 결과 달린 거리는 비슷해도 수비수는 공격수보다 30퍼센트 이상 더 빠르게 지친다.

오늘날 청년들이 마주한 현실은 이 비유보다 더 가혹하다. 어렸을 때부터 경쟁 구도 속에서 목표를 향해 달려왔지만, 정작 그 목표에 도달할 즈음에는 이미 세상의 규칙이 바뀐 후다. 한때 최고의 직업으로 꼽히며 수많은 학생이 몰려들었던 분야가 불과 몇 년 만에 포화 상태가 되거나, 목표했던 영역이나 역할을 AI가 대체하는 등 시장은 빠르게 재편되고 있다. 앞서 영국 사례를 언급했듯이 AI의 가속적인 발전과 함께 가장 먼저 사라질 직업군으로 법조인이 거론되면서 로스쿨 졸업생들의 불안은 커지고 있다. 그뿐인가. 회계사나 의사 직업군 역시 더 이상 안전지대로 남아 있기 어렵다는 전망도 잇따른다.

평생을 걸고 선택한 길이 기술 발전의 속도 앞에서 순식간에 흔들리는 경험을 반복해서 겪으면, 유연하게 방향을 전환할 힘은커녕 좌절감만 깊어진다. 이런 조건 속에서 누적되는 무기력과 우울은 개인의 나약함이 아니라, 현대 사회의 무한 경쟁과 속도전이 만들어낸 구조적 결과에 가깝다.

그러다 보니 오늘날 젊은이들은 수비수에 가까운 삶을 살 수밖에 없다. 많게는 서너 번의 대입을 치러 대학에 입학하지만, 기쁨은 잠시고 방황과 고민은 좀처럼 끝나지 않는다. 갈팡질팡하는 시간이 길어져 마음이 금세 지쳐버린다. 사회에 첫발을 내딛는 과정 역시 대학 입시 못지않은 경쟁을 요구한다. 그뿐만이 아니다. 이 시기까지도 내가 원하는 삶이 무엇인지, 그 삶을 살기 위해 어떤 자격을 갖춰야 하는지 알지 못한 채 헤맨다. 어쩌면 출전도 해보지 못한 수비수에 가까울 수도 있다.

복잡한 세상에서 수많은 선택을 강요당하며 사는 그들에게는 기성세대에 비해 선택지 자체도 너무 많다. 그만큼 해내야 할 것도 많고 그에 대한 평가도 감당해내야 한다. 세상은 끝없이 변모하는데 기성세대가 그들을 평가하는 잣대는 지나치게 단순하다. 사람을 다양한 기준으로 바라볼 때는 우회할 길이 생기지만, 특정한 잣대로 규정해 가둬버리면 새로운 길을 찾거나 나다운 삶을 모색할 기회 자체가 사라진다.

내가 좋아하는 김소영 작가의 책 『어린이라는 세계』에는 버스를 타고 내리는, 문을 여닫는 상황에서 어린이를 보며 조급해하는 어른들을 다정하고 따끔하게 어른다. 작가는 간단한 일 앞에서도 아이들이 꾸물대는 듯 보이는 것이, 우리가 다만 기다려주는 어른을 많이 만나지 못해 그런 것이 아닐까 추측한다. 더불어 어린이를 다만 기다려주자고 말한다. 그들이 좀 더 느긋한 어른이 되는 것이 세상을 좋게 변화시키는 것이라고, 어른이 아이를 기다려주는 일은 어른과 아이가 함께 자라는 '성장'의 과정이라고 덧붙이면서 말이다.

오늘날 청년들도 마찬가지다. 기성세대의 잣대로 바라보면 한없이 느리고, 성장하지 않는 것처럼 보일 수 있다. 그러나 그 느림은 멈춤이 아니라 자신이 원하는 세상이 무엇인지 가늠해 보는 시간일지도 모른다. 그렇다면 그들은 지금, 그 세상에 필요한 존재가 되기 위해 나름의 방식으로 부단히 노력하고 있는 것은 아닐까.

‘왜 그만두느냐’는 말 그만두기

오래전 〈TV 손자병법〉이라는 드라마가 있었다. KBS에서 1987년에 첫 방영되어 1993년에 종영한 한국 최초의 오피스 드라마로 당시 상당한 인기를 누렸다. 요즘의 드라마 〈미생〉과 비견할 만한 작품이다. 무역회사가 배경인 이 드라마에는 자재과 이장수 과장이 등장한다. 1990년대의 전형적인 만년 과장인 그의 나이는 41세로 설정되어 있다. 당시에는 설정상 45세를 넘기면 중역급으로 분류되던 시대였다. 이 과장은 인사 발표가 있는 날이면 늘 조마조마해한다. 언제 구조조정 대상이 될지 모른다는 불안감 때문이다.

사내에서 이 과장은 윗사람에게는 지나치게 굽실대고, 부하 직원에게는 권위적인 꼰대 기질을 거리낌 없이 드러낸다. 심지

4장 : ‘쉬었음’ 청년

어 자기 잘못을 부하직원에게 떠넘겨 결재를 맡기고, 부하의 공은 늘 자신의 성과인 것처럼 떠벌리는 전형적인 밉상 상사다. 그 시절에는 상사가 부하직원들에게 "까불고들 있어!"라는 말을 서슴지 않고 내뱉는 것이 가능했다.

하지만 오늘날 직장의 풍경은 확연히 달라졌다. 이제는 스무 살 이상의 나이 차가 있는 사람들이 한 팀에서 일하는 일도 드물지 않다. 과거에는 신입사원이 연장자의 의중을 파악하고 맞춰가는 것이 당연한 규칙처럼 여겨졌다. 그러나 지금의 조직은 다른 질문을 던진다. 누가 누구에게 맞춰야 하는가? 조직의 미래가 젊은 세대에게 달려 있다면, 변화의 방향 역시 그들을 기준으로 설정될 수밖에 없다.

젊은 세대가 소수라는 이유로 기존의 틀에 그들을 억지로 꿰맞추려는 조직은 빠른 속도로 생명력을 소진하게 된다. 결국 중요한 것은 누가 옳으냐의 문제가 아니라 무엇이 조직을 지속 가능하게 만드느냐다. 새로 유입되는 구성원들을 변화의 자원으로 받아들이지 못하는 조직은 미래를 장담하기 어렵다.

이런 시대에 중요한 것이 바로 CQ, '문화지능Cultural Quotient'이다. 다름이 예외가 아니라 일상이 된 사회에서 CQ는 더 이상 선택적 역량이 아니라 조직과 개인의 생존을 좌우하는 기본 능력에 가깝다. IQIntelligence Quotient와 EQEmotional Quotient가 개인의 능력을 설명하는 개념이라면, CQ는 타인과 함께 일하는 환경에서 개인이 어떻게 작동하는지를 가늠하는 지표다.

CQ란 단순히 상대를 존중하거나 배려하는 태도를 뜻하지 않는다. 서로 다른 세대와 문화적 경험, 상이한 가치 체계를 지닌 사람들과 어떤 지점에서 충돌이 발생하는지를 인식하고, 그 차이를 조정할 수 있는 능력을 말한다. 다시 말해 내가 옳다는 확신을 잠시 내려놓고, 상대의 기준이 형성된 맥락을 이해하려는 사고의 유연성까지 포함하는 개념이다.

조직은 새로운 세대가 유입될 때마다 자신들이 오랫동안 당연하게 여겨온 문화가 여전히 유효한지 시험대에 오른다. 이때 CQ가 부족한 조직은 이를 불만이나 태도 문제로 해석하지만, CQ가 작동하는 조직은 그 신호를 환경 변화에 대한 데이터로 읽어낸다. 관점 자체가 다르다. 이처럼 변화의 실마리는 거창한 혁신 전략이 아니라 새롭게 합류한 사람들과 맺는 관계 속에서 서서히 드러난다.

이쯤에서 궁금증이 생긴다. 왜 다들 변화를 받아들이지 못하는 걸까? 과거에는 어딜 가나 젊은 사람들이 다수였지만 오늘날 조직에서는 젊은이들이 소수인 경우가 많다. 소수는 언제나 소외당하기 쉽다. 하지만 아무리 소수라 하더라도 언젠가는 그 소수가 다수가 될 세상이 온다는 점을 간과해서는 안 된다. 무엇보다 인구는 계속 줄어들고, 수명은 길어지고 있다. 1970년대에 태어난 세대는 정년을 훨씬 지난 80세까지 일해야 할 가능성도 크다. 그렇다면 70세 이후에는, 지금은 소수에 불과한 후배 세대와 함께 일할 수밖에 없다는 결론이 나온다. 그때 우리는 그들에게 '함께 일하면 AI도 하지 못하는 일이 해결된다'는 평가를 듣는 선배가 되어야 한다.

또 한 가지 관점을 달리해서 볼 필요가 있는 젊은 세대의 문화가 있다. 바로 각자도생과 개인주의다. MZ세대의 경우 태어날 때부터 또래가 많지 않은 환경에 익숙하다. 1970년생인 내가 초등학생일 때는 한 학년에 32반까지 있었고 한 반 정원이 80명 정도였다. 이는 무엇을 말할까? 마음이 맞는 친구를 비교적 쉽게 만날 수 있었다는 뜻이다. 80명이나 있으면 아무리 취향이 까다로워도 그중 서너 명쯤은 자연스럽게 맞는 친구가 생길 수밖에 없다.

하지만 요즘은 어떤가. 초등학교 한 반에 학생 수가 20명 남짓이고, 대기업에서도 신입사원을 수십 명만 선발한다. 그 안에서 나와 코드가 맞는 동료를 찾기란 상대적으로 훨씬 어렵다. 내가 대학에 다닐 때는 대기업들이 그룹 공채로 수천 명을 뽑았기 때문에 '동기'라는 개념이 강했으나 지금은 그런 의식 자체가 옅어졌다. 요즘 대학에서 MT 문화가 사라진 이유도 여기에 있다.

한번은 학생들에게 "너희는 왜 동기랑 친하지 않니?"라고 물었더니 한 학생이 이렇게 답했다. "동기도 많지 않은 데다 저랑 안 맞는 애들이 대부분이에요. 교수님은 안 맞는 사람이랑 친구 할 수 있으세요?" 나는 그 질문에 아무 말도 할 수 없었다. 오늘날의 젊은 세대는 우리와 전혀 다른 환경과 조건 속에서 살아간다는 사실을 그 순간 또렷이 실감했기 때문이다. 지금 필요한 것은 옳고 그름의 판단이 아니라 다름을 전제로 한 이해다. 그 출발점에서 우리는 다른 잣대와 관점으로 그들에게 다가가야 한다.

일하지 않는 청년들을 색안경을 끼고 볼 게 아니라, 청년들이 '무슨 생각을 하고 있는지' 묻고 기회를 줄 필요가 있다. 퇴사하는 이들에게도 '왜 그만두느냐'는 추궁 대신 '우리 조직에 어떤 문제가 있는지 알려달라'고 조언을 구하는 것이 먼저여야 한다. 무엇을 바꿔야 하는지 그들의 관점에서 이해하고 파악하지 못한다면, 그 조직은 미래 세대에게 외면받을 수밖에 없다. 다음 세대의 관점을 수용하는 것이 우리도 살고 그들도 사는 방법이다. 돌아보면 끝까지 살아남은 조직은 언제나 변화를 멈추지 않았던 곳들이었다.

가뜩이나 좁은 땅에서 세대와 남녀가 끊임없이 충돌하는 우리나라 문화 속에서는 이런 인식 없이는 발전을 기대하기 어렵다. 역사 속에서 다수가 늘 소수를 이겨온 듯하지만, 소수가 유입될 때마다 변화를 받아들이며 진화한 집단만이 멸망하지 않았다는 사실을 잊지 말아야 한다.

『90년생이 온다』와 『2000년생이 온다』의 저자 임홍택은 종종 내게 흥미로운 화두를 던진다. 최근에도 그와 대화를 나누다가 나는 흠칫 놀라고 말았다.

"형, 요즘 2030이 가장 감명 깊게 본 영화가 뭔지 아세요?"

"그게 뭔데?"

"〈건축학 개론〉이래요. 도대체 왜 그 영화가 와닿았냐고 물었더니 자기들 마음을 대변해주는 캐릭터가 있다던데요."

"누구? 이제훈?"

"아뇨, 납득이래요. 납득이 안 되는 일들이 너무 많다는데요."

순간 정신이 번뜩 들었다. 그들이 쉽게 사표를 내고 중도 포기하는 모습을 나약함이나 의지 부족으로만 여겼던 상황들이 기성세대의 지친 모습과 맞물려 왠지 이해가 됐다. 납득할 수 없는 일이 너무 많은데도 무조건 해내야 했기에, 4050은 번아웃에 빠졌고 2030은 속울음을 삼켜야 했다.

돌이켜 보면 1970년대생이 대학에 입학하고 직장에 막 들어갔을 때는 납득하기 어려워 괴로운 일은 많지 않았다. 내가 고민하기 전에 동료와 선배가 차근차근 다 알려주었기 때문이다. 선후배들과의 나이 차도 많지 않아서 소통이 어렵지도 않았고, 늘 몰려다니다 보니 외로울 새도 없었다. 다만 힘들었을 뿐이다.

〈건축학개론〉 속 납득이는 세상에 뭐 하나 내 뜻대로 되는 게 없고, 언제나 세상의 관심에서 500미터쯤 떨어져 있었다고 하소연한다. 또한 두려운 건 힘든 순간에 맞닥뜨렸을 때보다 문득 돌아보곤 옆에 의지할 사람 하나 없음을 알았을 때라고 털어놓는다. 이 대사들이 20대들에게 깊은 공감을 준 이유도 여기에 있을 것이다. 그들은 납득할 수 없는 일들만큼이나 외로움을 견디는 일이 더 버거웠을지 모른다.

외롭다는 것은 나에게 말해주거나 알려주는 사람이 적다는 뜻이고, 괴롭다는 것은 너무 많은 말에 둘러싸여 숨이 막힌다는 뜻이다. 내가 대학을 다니던 시절에는 매뉴얼이 필요 없을 정도로 선배들이 모든 것을 세세히 알려주었다. 지금의 20대와 30대는 이전 세대의 20대, 30대와는 사뭇 다르다. 대학이든 회사든 소수만 관계를 맺어야 하기에 그만큼 소통도 쉽지 않다. 사회 구조 자체가 그들을 외롭게 만들고 있는 셈이다. 그 과정에서 우리 세대가 비교적 쉽게 납득하며 넘겼던 일들을 이들은 이유도 모른 채 감당해야만 한다.

게다가 우리 젊은이들은 경기장에 들어서기도 전에 이미 지쳐 있다. 학창 시절 내내 입시 경쟁에 내몰리며 자기 주도적인 삶을 살아볼 기회를 충분히 얻지 못했고, 새로운 경험을 쌓을 여유도 없었던 탓이다. 이미 탈진한 상태로 사회에 나온 이들은 납득되지 않는 조직 문화와 맞지 않는 일을 견디며 버텨온 기성세대와는 다른 선택을 한다.

얼마 전 방문한 한 중견기업에서도 비슷한 이야기를 들었다. 내가 만난 직원은 1978년생이었는데, 조직 내에서 오랫동안 막내로 지내다가 최근 2000년생 신입이 입사하면서 비로소 막내 꼬리표를 떼었다고 했다. 그러나 몇 달 안 돼 그는 다시 막내가 되었다. 새로 입사한 직원이 근무한 지 얼마 지나지 않아 퇴사했기 때문이다.

두 사람의 나이 차는 무려 스물두 살로, 예전 같으면 부모와 자식이라 해도 이상하지 않을 간극이다. 그런 환경에서 2000년생 직원에게 1978년생 직속 선배와의 관계는 쉽지 않았을 터다. 물론 퇴사의 직접적인 원인을 소통 부재로 단정할 수는 없다. 다만 짐작건대 그에게는 '왜?'라고 물을 기회조차 주어지지 않았을 가능성이 있다. 질문할 수 없는 조직에서 그는 또 한 번 좌절을 경험했을지도 모른다.

이는 우리 사회의 한 단면이다. 학교든 직장이든 많은 조직은 젊은 세대가 품고 있는 근원적인 고민에는 별다른 관심을 두지 않는다. 그저 알아서 적응하고 열심히 해주기만을 바랄 뿐이다. 내가 그랬고 우리 선배들이 그랬다는 이유로, 그것을 당연한 기준으로 삼는다. 이 기대에 부응하지 못하면 곧바로 낙오자라는 꼬리표가 붙는다.

그러나 대학을 졸업하고도 자신의 꿈과 적성을 찾지 못해 방황하는 이들은 낙오자도 포기자도 아니다. 단지 기다림의 시간이 필요할 뿐이다. 기성세대는 그들이 스스로를 규정할 수 있을 때까지 기다려주고, 필요하다면 도와주어야 한다. 실제로 무엇이 필요한지 말할 기회를 주고, 질문이 돌아올 때는 납득할 수 있도록 설명해줄 책임도 있다. 그렇지 않다면 우리는 방관자가 되어 젊은 세대의 좌절과 포기를 그저 지켜보기만 하게 될 것이다. 그 끝은 이미 일본이 지나온 길과 크게 다르지 않으리라 본다.

과거 일본은 이른바 '사토리 세대'를 사실상 방치하면서 사회·경제 전반의 정체가 고착화되었다고 해도 과언이 아니다. 히토리 세대란 일본에서 1990년대 초중반에 태어나 버블 경제 붕괴 이후의 불황 속에서 성장한 젊은 층을 가리킨다. 이들 가운데 상당수는 안정적인 일자리를 얻지 못한 채 아르바이트나 단기 계약직으로 생계를 이어가는 프리타족이 되었다.

다만 최근 일본 사회에는 변화의 조짐도 보인다. 기업들이 고졸자에게까지 채용의 문을 열면서 거의 완전 고용에 가까운 상태로 나아가고 있기 때문이다. 인력 부족이라는 현실적 이유도 있지만, IT 기업을 중심으로 디지털 네이티브로 자란 고졸자들의 역량이 충분하다고 판단한 결과이기도 하다.

일본의 또 다른 변화는 젊은 세대의 해외 진출이다. 폐쇄적인 성향으로 알려졌던 일본의 청년들이 이제는 동남아와 유럽에 진출하고 있다. 자국 사회가 제공하는 기회의 양과 폭이 제한적이라는 사실을 인정하고, 다른 삶을 선택한 것이다.

이에 비하면 한국의 청년들은 도전할 기회를 얻기조차 쉽지 않은 환경에 놓여 있다. 기업은 경력직을 선호하고, 고졸과 대졸자의 선택지는 점점 줄어든다. 이를 뒷받침할 정부 차원의 뚜렷한 대안도 아직 부족하다. 다른 삶을 선택할 수 있는 기회도, 그 선택을 존중해주는 문화도 넉넉하지 않은 편이다.

여기서 잊어선 안 될 분명한 사실이 하나 있다. 젊은 세대를 외면한 사회는 결국 그 부담을 스스로 떠안게 된다는 점이다. 인류의 역사에서도 생물학적으로 멸종한 종이나 사라진 문명은 대개 변화를 받아들이지 못한 경우가 많았다. 그렇기에 지금 우리에게 필요한 것은 비난도 성급한 단정도 아닌, 관점을 바꿔보려는 태도일지 모른다. 새로운 세대를 어떻게 바라보느냐에 따라 현상을 이해하는 방식도, 선택할 수 있는 해법도 달라질 수 있으니 말이다.

이처럼 시선을 조정해야 비로소 우리 미래를 과장 없이 바라볼 수 있다. 이 사태를 개선하기 위한 현실적인 해결 방안의 실마리도 그때 보이기 시작할 것이다.

'쉬었음'이 아니라
'갈고닦았음'

'요즘 젊은 세대는 왜 이렇게 쉽게 포기하고 근성이 없을까?'

기성세대들은 젊은 세대를 두고 종종 이런 의문을 품는다. 그러나 이 질문은 전제 자체가 잘못돼 있다. 포기의 관점으로 접근하는 한, 젊은 세대가 겪는 문제의 본질에는 닿기 어렵다. 따라서 질문부터 바꿔야 한다. '왜 그들은 빨리 지칠까?'라는 의문이 이 문제의 현주소를 밝히고, 대안도 찾는 시작점이 될 것이다.

쉽게 포기한 게 아니라 빨리 지쳤을 뿐

고각성 사회에 사는 한국인들은 세대를 불문하고 번아웃을 경험한다. 다만 이 번아웃은 단순히 일을 많이 해서 생기는 현상만은 아니다. 번아웃이 오는 이유는 두 가지다.

첫째, 오로지 일만 해왔기 때문이다. 이는 주로 4050이 겪는 번아웃의 이유다. 인간은 일이 아닌 것에서 쌓는 경험을 통해 성장하고 그 에너지로 다시 일할 힘을 얻는다. 그러나 우리 사회의 중년층은 조직에서 요구받는 성과 수준이 높고, 은퇴 압박으로 재테크에 과몰입한다. 상황이 이렇다 보니 삶의 지향점을 점검할 여유도 새로운 경험을 할 기회도 부족하다.

둘째, 2030이 겪는 전혀 다른 형태의 번아웃이다. 이들은 지금 왜 공부해야 하는지, 왜 이 일을 해야 하는지에 대한 설명도 동기도 없이 과도한 경쟁에 뛰어들어야 했다. 과거보다 경쟁은 훨씬 치열해졌고, 입시 외의 경험을 쌓을 기회는 오히려 줄어들었다. 이런 상황에서 사회가 또다시 '눈치껏 알아서 해내라'고 요구하는 것은 지도도 주지 않고 무작정 정글로 등을 떠미는 것과 같다.

지킬 수 있는 행동을 약속할 것

이런 실수를 반복하지 않으려면 기업의 태도가 달라져야 한다. 채용 과정에서 우리 회사가 얼마나 좋은 곳인지 홍보하며 인재를 입도선매立稻先賣하듯 확보하는 방식은 오래 지속되기 어렵다. 서로의 능력을 증명하라고 압박하기보다 조직이 지향하는 가치와 기준을 분명히 제시한 뒤 그에 상응하는 구체적 행동을 약속하고 실천으로 보여줘야 한다.

니체는 다음과 같이 말했다. "행동은 약속할 수 있으나 감정은 약속할 수 없다. 감정은 의지대로 되는 것이 아니기 때문이다." 조직과 개인의 관계도 감정에의 호소가 아니라 행동을 약속하는 관계여야 한다. 각자가 할 수 있는 구체적인 역할을 분명히 할 때 신뢰는 쌓이고 관계는 예측 가능해진다.

다음 세대를 주인공으로 만드는 연습

그 외에도 우리는 많은 것을 다시 생각해봐야 한다. 일의 개념도 재정의해야 하고, 다수의 룰을 일방적으로 강요하는 방식의 조직 문화도 개선해야 한다. 1인 기업은 보편화된 지 오래고, AI의 발전으로 무인 기업까지 등장했다. 변화하는 현실 속에서 미래를 이끌어야 할 이들에게 과거의 규칙을 그대로 따르라고 요구하는 것은 자율성과 창의성을 억누르는 동시에 변화의 가능성을 스스로 차단하는 것과 같다.

듀크대 심리학 교수 마이클 토마셀로Michael Tomasello는 "모든 세대는 전 세대보다 복잡하고 다음 세대보다 단순하다"라고 말했다. 이를 달리 표현하면 '모든 세대는 자신이 가장 우월하다고 느끼기 쉽다'는 뜻일지도 모른다. 문제는 그 착각을 내려놓지 못한다는 데 있다. 다음 세대의 생각을 받아들이지 않는 그 순간부터 문명의 정체는 서서히 시작된다. 일본의 '잃어버린 30년' 역시 그런 경고로 읽을 수 있다.

시간이 지날수록 세대 간 차이는 더 복잡해진다. 그렇기에 지금 필요한 것은 비교나 평가가 아니라 이해와 인정이다. 이제라도 다음 세대를 조연이 아니라 주인공으로 세울 준비를 해야 한다. 그들은 우리보다 더 잘 해낼 것이고, 그 과정에서 개인과 사회는 함께 진화할 수 있다. 주인공 자리를 끝내 내주지 않으려 용을 쓰면, 무대에서 먼저 사라지는 쪽은 오히려 우리 자신일지도 모른다.

쉼을 휴지기가 아니라 탐색기로

마지막으로, 청년들에게 당부하고 싶다. 잠시 멈춘 시간을 '휴지기'가 아니라 '탐색기'로 인식해보길 권한다. 탐색기는 겉으로는 큰 변화가 없어 보이지만 내부에서는 방향을 재정렬하는 시간이다. 정중동의 시간인 셈이다. 결과가 아직 보이지 않더라도 자신만의 목표를 향해 나아가기 위해 회복력을 기르는 구체적인 행동은 필요하다.

독일 청년들처럼 대학 입학 전에 삶의 방향을 탐색하는 시간을 갖는 것도 한 방법이다. 작은 노동을 경험해보는 시간, '갭이어'를 가져보는 것이다. 일자리를 찾지 못해 방황할 때 그동안 접해보지 못한 분야의 일을 잠시 해보는 것은 생각보다 큰 삶의 동력이 된다. "잠깐이라도 쉬는 게 그렇게 싫으세요?"라며 반문할 수도 있다. 쉼을 거부하라는 뜻이 아니다. 작은 노동은 어떤 이에게는 존재를 확인하는 계기가 되고 또 다른 이에게는 다음 도전을 위한 에너지가 되기도 한다.

50대에 퇴임한 한 여성 임원은 내게 '아무 일 없이 지내는 하루가 더 힘들다'고 털어놓은 적이 있다. 30년 가까이 직장에 다녔으니 출근하지 않는 하루하루가 얼마나 어색했겠는가. 나는 그에게 별 계획이 없다면 커피숍 아르바이트를 해보라고 권했다. 그는 내 조언대로 바로 실천했으며, 3개월간의 아르바이트를 통해 무기력을 극복하고 새로운 일을 구상할 수 있었다고 했다.

무작정 기다리기보다 작은 노동을 하며 다음 단계를 준비하는 편이 정신적으로 훨씬 건강해질 수 있다. 물론 그 방식은 사람마다 다르다. 누구에게나 같은 해답이 적용될 수는 없다. 다만 분명한 사실이 하나 있다. 노동과 고민이 적절한 균형을 이뤄야만 인간은 가장 안정된 상태에 가까워진다는 점이다.

여기서 말하는 노동은 거창한 일을 뜻하지 않는다. 작은 노동이어도 괜찮다. 당장 성과로 이어지지 않더라도 자기 지향점에 맞는 일을 준비하는 과정은 큰 만족감을 준다. 중요한 것은 멈춰 있는 시간이 아니라, 그 시간을 어떻게 채우느냐다. 이 시간은 숨 가쁘게 사느라 잊고 지냈던 '사라진 욕망'을 다시 발견하는 계기가 될 수도 있다. 무엇을 좋아했는지, 무엇을 견디고 싶지 않았는지, 어떤 방식으로 살아가고 싶은지를 차분히 되짚는 시간 말이다.

무엇보다 중요한 점은 지금의 쉼을 낙오가 아니라 전략으로 만드는 것이다. 그리고 그 전략을 얻기 위해서는 선택의 주도권을 타인이 아니라 내가 쥐고 있어야 한다.

MIND TRACKING

5장

수면 경시

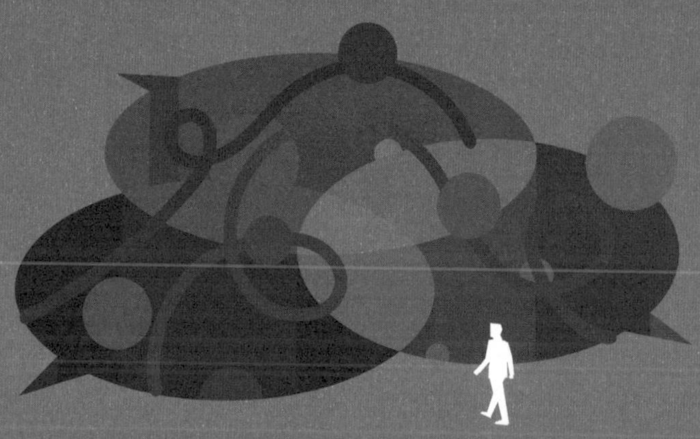

잠을 줄이면
인생이 늘어날까?

"잠은 게으름의 상징이 아니라
능력을 발휘하기 위한 최소한의 조건이다."

"잠은 죽어서 자라."

"너는 지금 잠이 오냐?"

"잠은 죽어서 자면 돼."

한국인이라면 한 번쯤은 들어봤을 말이다. 고등학교 교실에는 '10분 덜 자고 공부하면 인생이 바뀐다'라는 식의 급훈이 걸려 있을 정도다. 입시를 앞둔 수험생이든 직장인이든 잠이 많다고 하면 게으른 사람으로 낙인찍히기 쉽고, 으레 "잠을 좀 줄여", "그렇게 많이 자도 되겠어?"라는 말을 듣기 일쑤다.

이처럼 한국 사회에서는 잠을 부정적으로 인식하며, 심지어 잠자는 것을 죄악처럼 여기는 경향도 짙다. 더불어 남들보다 적게 자면서 공부하고 일해야만 성공할 수 있다는 믿음이 널리

퍼져 있다. 대한수면연구학회가 발표한 '2024년 한국인의 수면 실태' 보고서를 보면 평균 수면 시간은 6시간 58분으로 OECD 평균보다 18퍼센트나 적다. 수면의 질과 양에 만족하는 비율은 세계 평균의 75퍼센트 수준에 그쳤고, 숙면한다고 답한 비율은 세계 평균의 절반인 7퍼센트에 불과했다. 응답자의 60퍼센트는 수면 문제를 겪고 있다고 답했다.

이뿐만이 아니다. 평소 '깨어 있어야 한다'는 강박에 시달리는 우리 모습을 여실히 보여주는 상징적 지표가 있다. 바로 한국인 1인당 커피 소비량이다. 글로벌 데이터 분석기업 유로모니터에 따르면, 2024년 기준 한국인의 연간 커피 소비량은 416잔으로 세계 평균 150잔보다 두 배 이상 많은 수치다. 중·고등학생의 경우에도 주 3회 이상 고카페인 음료를 섭취하는 것으로 나타났다. 치열한 입시 경쟁 속에서 살아남기 위해 남들보다 덜 자야 한다는 압박을 느끼며 카페인 음료를 습관처럼 마시게 된 것이다.

한때 현대인의 낭만과 여유로운 시간을 상징하던 커피는 이제 수면 부족에서 오는 피로를 밀어내고, 더 오래 깨어 있으려는 각성제에 가깝다. 카페인으로 잠을 몰아내고 남들보다 더 오래 깨어 있으려는 인식이 고각성 사회인 우리 안에 자연스럽게 스며들다 못해 박혀버렸다. 그래서일까. 푹 자고 개운한 몸으로 일어났음에도 마음만은 어쩐지 편치 않다. 심지어 이런 말을 하는 지인도 있다.

"정말 오랜만에 잘 잤거든. 그런데 푹 자고 나니까 괜히 불안한 맘이 드네."

◆ 죄 없는 잠을 미워하는 이유

인간이 직면하는 수많은 문제 가운데 상당수가 잠에서 비롯한 것들이다. 그런데도 우리는 여전히 잠을 천덕꾸러기 취급하고 있다. 결론부터 말하자면 앞으로는 잘 자는 사람이 더 행복한 삶을 살고, 성공적인 결과를 만들며, 건강하게 오래 살 가능성이 크다. 만약 지금 불행하고 건강하지 못한 삶을 살고 있으며, 하는 일마다 어렵다고 느낀다면 그 원인은 멀리 있는 게 아닐 터다. 수면 시간과 수면 패턴을 먼저 점검해볼 필요가 있다. 평균 수면 시간보다 적게 자고 있을 가능성이 크고, 수면의 질 또한 좋지 않을 확률이 높기 때문이다.

관련 연구도 꾸준히 축적되는 중이다. 잠을 잘 자야 하는 이유와 그 방법을 체계적으로 설명하는 연구자들이 등장하고 있다는 점은 분명 고무적인 변화다. 그러나 그에 앞서 반드시 짚고 넘어가야 할 문제가 하나 있다. 바로 잠에 대한 우리의 인식이다. 이제부터는 '잠'을 성심성의껏 대할 필요가 있다. 어떤 대상을 성의 있게 대한다는 것은 그 문제를 가볍게 여기지 않고 진지하게 고민한다는 뜻이기도 하다.

한국은 전 세계적으로 불행 지수와 자살률이 높은 국가에 속한다. 이 역시 수면 부족과 무관하지 않다. 『왜 사람들은 자살하는가?』의 저자 토머스 조이너Thomas Joiner 교수는 책 마지막에 자살의 근본적인 원인 중 하나로 '잠'을 제시한다. 이 결론에 이르기까지 조이너 교수 연구진은 수백 편의 연구를 재분석했는데, 그 과정에서 하나의 공통된 패턴을 발견했다. 바로 '외로워서 잠을 이루지 못하고, 잠을 이루지 못해 다시 외로워지는' 악순환이 반복된다는 점이다. 결국 외로움이라는 감정을 증폭시키는 가장 강력한 매개 변인 가운데 하나가 수면 부족이다.

실제로 연구진은 잠을 푹 잔 사람이 다음 날 자신을 외롭게 만들 행동을 최소화한다는 사실을 발견했다. 숙면한 사람들은 임기응변에도 능했고 타인에게 더 친절한 태도를 보였다. 조언을 건넬 때도 '당신은 그래서 안 돼'보다는 '그 점에 집중하면 더 잘 해낼 수 있어'처럼 긍정적이면서도 실제 도움이 되는 방식으로 말하는 경향이 강했다. 이처럼 수면은 감정을 조절하고 삶의 동력을 좌우하는 중요한 매개 변인이다. 그런데도 우리나라 사람들은 유독 잠을 홀대하고 잠에 무관심한 편이다. 대체 왜 그런 것일까?

지난 70년 동안 대한민국은 인류사에서 유례를 찾을 수 없을 만큼 빠르게 성장했다. 그런데 아이러니하게도 인생사든 인류의 역사든, 한 시대의 성장 원동력이 다음 시대의 성장을 가로막는 경우가 종종 있다. 대표 사례가 일본이다. 집단주의 사회인 일본은 20세기 경제 성장 과정에서 개인을 하나의 부품처럼 여겼고, 맡은 역할을 충실히 수행한 사람을 성실한 인재로 간주했다. 조직과 기업이 요구한 인재상은 자신의 본분에만 충실하고, 다른 영역에는 관여하지 않으며, 선을 넘지 않은 채 묵묵히 일하는 개인이었다. 이는 분업화와 산업화 시대가 필요로 했던 전형적인 인재상이다.

그러나 21세기에 접어들면서 일본은 지난 세기 성장의 원동력이 오히려 현재의 변화 국면에서는 성장의 걸림돌로 작용하며 동력이 급격히 약화하고 있다. 지금 우리가 맞닥뜨린 변화는 한시 앞을 예측하기 어렵다. 중국의 딥시크DeepSeek 등장으로 미국 중심의 AI 판도가 하루아침에 흔들렸듯 말이다. 단순한 추격만으로는 성장할 수 없는 시대다. 그렇기에 미래를 예측하는 능력보다 불확실한 환경 속에서도 창조적이고 능동적으로 새로운 미래를 만들 수 있는 인재가 필요하다.

이러한 패러다임의 전환은 개인에게도 적용된다. 과거의 성공 요인이 다음 세대, 혹은 가까운 미래에 오히려 성장을 방해하는 요인이 되기도 한다. 고속 성장의 성공 공식에 익숙한 개인일수록 오늘날 경제·기술·인구 구조 변화에 적응하기조차 버겁다. 혁신 역량과 같은 새 조건을 갖추지 못하면 도태될 수밖에 없으니 말이다. 문제는 이 혁신 역량을 키우는 방법을 아는 이가 많지 않다는 데 있다. 이때 특히 간과되기 쉬운 것이 바로 충분한 수면이다.

우리는 20세기 중후반부터 '잠을 잊은 민족'으로 불려왔다. 이 동력으로 우리는 세계가 주목하는 한강의 기적을 이룰 수 있었다. 북미, 남미에서 유일하게 유대인들의 상권을 위협했던 민족이 한국인이라는 이야기가 있다. 이유는 단순하다. 일찍 일어나는 유대인들보다 한국인이 더 일찍 일어났기 때문이다. 한국인은 늦게까지 일하고, 새벽같이 일어나 도매시장으로 향했다. 우리는 오랫동안 이런 이야기를 훈장처럼 여기며 살아왔다. 부모 세대와 조부모 세대 그리고 우리 역시 잠을 줄여가며 일했고, 그 결과 오늘날의 경제적 성취와 국제적 영향력을 거머쥐었다는 자부심을 공유해왔다.

그러나 이제는 상황이 다르다. 생성형 AI가 등장했기 때문이다. 그동안 잠을 줄여가며 성실히 수행해왔던 많은 업무를 앞으로는 AI가 대신 처리할 것이다. 당연히 인간에게 요구되는 역량도 달라질 수밖에 없다. 인간은 단순 반복 업무에서 벗어나 더 복잡한 문제를 해석하고 통제하며 합리적인 결정을 내려야 한다. 그런데 여기에도 문제가 있다. 문명과 과학기술이 고도화될수록 시스템의 오작용으로 생기는 참사 역시 빈번해진다는 점이다. 인류는 이미 오래전부터 이러한 사례를 숱하게 경험해 왔다.

1986년 챌린저호 폭발 사고, 같은 해 발생한 체르노빌 원전 사고, 1989년 알래스카 엑슨 발데즈호 원유 유출 사고 그리고 2013년 뉴욕 메트로노스 통근 열차 탈선 사고까지. 놀랍게도 20세기 인류사의 비극으로 기록된 이 사건들에는 공통점이 있다. 모두 수면 부족과 깊은 관련이 있다는 점이다. 충분히 잠을 자지 못한 기관사, 항해사, 원자력 발전소 통제사들의 판단 착오가 참사를 불러온 것이다. 수많은 외교적 실수와 금융 시장의 치명적인 거래 오류 역시 수면이 부족한 개인의 판단 착오로 발생했다.

물론 앞으로는 이러한 일 상당 부분을 AI가 대신 처리할 것이다. 그러나 결정적인 순간의 최종 판단은 여전히 인간의 몫이다. 컴퓨터와 AI 시스템이 '이상 신호'를 보내고 있음에도 '괜찮아, 예전에도 그랬어'라며 이를 무시하는 판단이 내려진다면 참사는 피할 수 없다. 그런데 이러한 치명적인 오판은 왜 일어날까?

수면이 부족하고 피로가 축적된 상태에서는 위험 신호를 제대로 인지하지 못한다. 실제로 우리가 겪는 수많은 불행과 비극은 과하게 축적된 피로와 지나치게 부족한 잠에서 비롯한다.

으레 사람들은 잠을 보편적으로 열심히 공부하다가 혹은 땀 흘려 일하다가 지쳐 쓰러져 자는 혼절 상태로 생각한다. 그래서일까? 우리는 잠의 질적인 측면에 대해 별 관심이 없다. 먹는 것에 갖는 관심에 비하면 잠은 상당한 푸대접을 받는 편이다. 평소 좋아하는 음식, 선호하는 여행지, 돈이 많이 생기면 사고 싶은 차와 입고 싶은 옷의 브랜드는 무엇인지 등에 관해서는 주저하지 않고 답한다. 반면 몇 시에 자고 얼마나 자는지 혹은 침실 온도와 습도는 어느 정도로 유지하는지 등 수면 조건에 관해 질문하면 구체적으로 대답하는 사람이 매우 적다.

많은 이가 잠에 관해서는 별다른 생각을 하지 않는다. 그저 '꿀잠'을 자고 싶어 할 뿐이다. 문제는 우리가 꿀잠에 대한 정의를 제대로 내리지 못하고 있다는 것이다. 대개 평소보다 늦게 일어나거나 언제 잠들었는지 기억조차 못 하고 잠들어버린 상태를 꿀잠이라고 생각한다. 이는 숙면이 아니라 '블랙아웃'에 해당하며, 이는 만취 상태와 다르지 않다.

진짜 꿀잠이란 무엇일까? 다음 날 회의에서 내가 말하고 싶은 내용을 정확하고 설득력 있게 전달할 만큼의 컨디션을 제공하는 동력이다. 혹은 평소 욱하는 편이더라도 감정이 과도하게 치솟지 않는 상태를 만들어준다. 화를 내는 대신 타인의 말을 차분히 듣고, 어려움을 겪는 사람을 기꺼이 도울 여유도 마련해 준다.

수면을 단순히 '휴식'으로만 여겨서는 안 된다. 단 하루라도 잠을 제대로 자지 못하면 온종일 피로감에 시달리고, 그 결과 일의 능률이 떨어져 무의식에 신경이 날카로워진다. 수면 부족이 계속되면 사고력과 집중력이 저하되고 심리적으로도 불안정해져 일상생활의 리듬이 무너진다. 그뿐만 아니라 장기간 수면 부족 상태에 노출되면 만성질환이 생기는 것은 물론 우울증과 뇌 건강에도 악영향을 미쳐 삶의 질이 현저히 떨어진다.

특히 수면 부족이 유발하는 뇌 문제는 결코 간과해서는 안 될 일이다. 수면 부족은 편도체의 과도한 활성을 유발하고, 전전두엽의 감정 조절 기능을 약화해 감정 기복과 충동적 행동을 증가시킨다. 그러므로 하루 7시간 이상의 규칙적인 수면은 뇌의 긴장을 풀어주고 전전두엽의 조율 능력을 회복시키며, 편도체의 과잉 긴장을 완화하는 데 필수다.

잠이 부족하면 인지능력이 감소한다는 연구 결과는 널리 알려져 있다. 2021년 미국 워싱턴대 연구팀은 약 5년간 70대 중후반 노인 100명을 대상으로 수면 인지장애 여부를 분석했다. 그 결과 평균 수면 시간이 4.5시간 미만인 참가자들은 5.5~7.5시간인 참가자들에 비해 인지 기능 점수가 상대적으로 떨어졌다. 실제로 수면이 부족해지면 기억과 학습을 담당하는 해마의 기능이 약화된다. 그 결과 기억을 만들고 유지하는 능력이 전반적으로 저하된다.

수면 부족은 정서 불안을 야기한다. 잠을 제대로 자지 않으면 피로가 쌓이고 기분이 나빠진다. 이와 관련해서도 다양한 연구 결과가 있다. 미국 사우스 플로리다대학 연구팀은 약 2000여 명의 성인을 대상으로 수면 부족이 정서적 건강에 미치는 영향을 조사했다. 참가자들은 8일 내내 6시간 미만의 수면을 취하고, 매일 자신의 정신적·신체적 행동을 기록했다. 그 결과 참가자들은 분노와 긴장, 외로움과 짜증 등 부정적인 감정을 표출했다. 이러한 연구 결과가 아니더라도 수면이 심리에 미치는 영향은 누구나 즉각 느낄 수 있다.

이처럼 수면 부족은 우리 뇌와 뇌가 조종하는 마음에 치명적인 영향을 미친다. 뇌는 수면 상태에서도 쉬지 않는다. 우리가 자는 동안 도시 전체가 잠들지 않는 것과 마찬가지다. 아침에 일어나 현관문을 열면 아침에 먹을 샐러드가 배송되어 있고, 길을 나서면 깨끗하게 청소된 거리에 기분이 좋아진다. 우리가 일과를 마치고 잠을 자는 동안 밤새 청소한 누군가가, 배달한 누군가가 있기 때문이다. 수면 상태에 있을 때 바로 그런 일을 담당하는 것이 뇌다. 불필요한 것을 걷어내고 청소하면서 우리 몸을 재정비한다.

결국 잠을 잘 때 인간의 뇌에서는 노폐물 제거, 불필요한 연결 제거, 끊어진 연결 재설정, 순환 계통의 정상화 등이 이루어진다. 인류가 지금까지 생각해낸 수많은 창조적 아이디어가 자고 난 직후에 떠오른 것도 수면 덕분이다. 심장질환을 유발하는 가장 큰 위험 요인도 바로 수면 부족이다. 한마디로 수면은 인간이 삶을 유지해나가는 데 불필요한 것은 제거하고, 필요한 것은 공급해주는 필수 불가결한 요소다.

숙면하지 못한 채 일하거나 공부한다는 것은 정돈되지 않은 지저분한 상태로 손님을 맞는 식당 주인과 다를 바 없다. 어떤 손님이 더러운 식당에서 밥을 먹고 싶겠는가. 수면은 종합적인 사고에서부터 결정 능력까지 인간이 보여주어야 하는 능력을 재생시키는 가장 중요한 전제 조건이다. 즉 수면은 휴식이 아닌 생존을 위한 행위다.

◆ 능력 발휘를 위한 최소한의 투자

"여러분, 자야 합니다! 제발 좀 주무세요."

예전에 콘텐츠 영상을 찍으면서 진심으로 '잠 좀 주무시라'고 강조한 적이 있다. 나중에 그 영상의 댓글을 살펴보니 가장 많은 추천을 받은 글이 "잠을 자라는 이 강의를 새벽 2시 반에 보고 있습니다"였다. 요즘 말로 정말 '웃픈' 현실이다. 잠이 부족할 때 발생하는 수많은 사건 사고에 관해 그렇게 경고해도 다들 귓등으로 흘려듣는다.

그래서 나는 더욱 강경하게 말하고 싶다. '잠을 제대로 자지 않는 건 직무 윤리 위반을 넘어 개인의 윤리 문제'라고. 하지만 아무리 강조해도 대다수 사람이 이를 대수롭지 않게 생각한다. 도대체 우리는 왜 이렇게 수면을 경시할까? 그중 상당 부분이 사회 문화적으로 잠을 자지 않는 것을 미화해온 데 기인한다.

"저는 하루에 4시간만 잡니다." "잠을 줄여서 공부했어요." "밤새워 일하는 게 일상이었습니다."

사람들의 성공 배경을 듣다 보면 잠을 줄이면서 공부하고 일했다는 이야기가 참 많이 나온다. 대중은 이를 성공 법칙으로 여기고 자기 삶에 그대로 적용한다. 졸린 눈을 비벼가며 공부하고 일하는 걸 당연시하면서 잠을 덜 자는 것을 미덕으로 여긴다. 하지만 '열심히 사는 것'과 '잠을 안 자는 것'을 동일시해서는 안 된다. 주변 사람들만 살펴봐도 이 등식이 옳지 않음을 금방 깨달을 수 있다.

내가 학교에서 만나는 수많은 학생도 마찬가지다. 많은 학생이 잠을 줄여가면서 오히려 '불성실하게' 산다. 도서관에 가보면 열심히 공부하는 학생들 사이에서 불편한 자세로 쪽잠을 자는 이들의 모습을 어렵지 않게 볼 수 있다.

그러나 하루 15시간 넘게 도서관에 앉아 있으면서 잠깐잠깐

졸아본들 공부 능률이 오를 리 없다. 머릿속은 희뿌옇고 멍한데, 그런 상태로 책을 들여다본다고 해서 공부가 제대로 될 리 없다. 몸과 뇌가 회복할 수 있는 적정량의 수면을 취해야 짧은 시간에도 집중력이 살아나고 학습 효율이 높아진다. 그런데도 시험기간이 되면 학생들은 하루에 몇 시간이나 잤는지를 경쟁하듯 인증하느라 바쁘다. 마치 잠을 줄인 시간이 곧 노력의 증거라도 되는 것처럼 말이다.

우리는 왜 이렇게 잠을 지혜롭게 대하지 못하고, 망가진 수면시계를 방치한 채 살아가고 있을까? 그 이유 중 하나는 잠을 역동적인 활동이 없는 '정지 상태'로 인식하기 때문이다. 현대사회에서 잠자는 시간은 흔히 '일하지 않는 시간'으로 인식된다. '자고 있나'는 말은 사람에게도, 기계에도 제대로 작동하지 않는 상태를 가리킬 때 쓰인다. 생산성 없는 모든 상태를 통칭해 '자고 있다'라고 표현하다 보니 '잠을 많이 잔다'는 말 역시 성실하지 못한 태도로 받아들여진다.

하지만 수면 시간은 결코 죽어 있는 시간이 아니다. 회복과 재생의 시간이다. 자는 동안 생성되는 성장 호르몬은 신체를 재생시켜 새로운 에너지를 만들어냄으로써 깨어 있을 때 정확한 판단을 가능케 한다.

실제로 불의의 사고나 황당한 사건들 가운데 상당수는 수면 부족에서 비롯된다. 특히 목숨을 걸고 전투를 수행해야 하는 군인들에게 충분한 수면은 그 어떤 무기 못지않게 중요한 자원이다. 전쟁 상황에서는 아군과 적군을 구분하는 것조차 쉽지 않다. 이런 상태에서 수면마저 부족하면 판단력이 급격히 떨어져 아군을 공격하거나 민간인을 오인 사살하는 비극이 발생하기도 한다.

실제 전투 경험이 있는 지휘관들은 가장 중요한 전쟁 보급품은 무기가 아니라 '잠'이라고 말한다. 병사들의 최대 적은 적군이 아니라 수면 부족이라는 것이다. 이는 병법서에도 반복해서 등장하는 이야기다. 잠이 부족하면 아무리 뛰어난 무기와 정교한 전술도 제힘을 발휘하지 못한다.

걸프전에서도 이와 관련된 사례가 보고되었다. 당시 병사들은 하루 평균 3시간의 수면 시간을 채우지 못한 채 전투에 투입되었고, 이라크 전차를 효과적으로 섬멸하는 성과를 거두었다. 그러나 그 과정에서 성능이 뛰어난 미군 전차 두 대가 파괴되었다. 나중에 확인해보니 적군이 아닌 아군의 포탄에 의한 오인 사격이었다. 실제로 걸프전 당시 미군 사망자 네 명 중 한 명은 아군의 총탄과 포탄에 목숨을 잃었고, 조사 결과 주요 원인으로 병사들의 심각한 수면 부족이 지목되었다.

이런 문제는 비단 전쟁터에만 국한되지 않는다. 최근 일상 속 집중력 저하로 ADHD를 의심해 병원을 찾았다가 약 대신 '휴식'을 처방받고 돌아오는 직장인이 적지 않다. 이들 중 상당수는 특별한 질환을 앓는 게 아니라 과로와 스트레스 그리고 만성적인 수면 부족이 누적된 상태였다. 충분히 자지 못한 시간이 길어질수록 주의력은 흐트러지고 사고는 산만해질 수밖에 없다.

그러나 우리는 원인을 점검하기보다 증상에 이름을 붙이려는 쪽을 택한다. 이 과정에서 '패션 ADHD'나 'ADHD 호소인'이라는 말까지 등장했다. 집중력 저하를 개인의 결함이나 병리로 오해한 채 정작 근본적인 원인인 수면 부족은 방치하는 것이 문제다. 제대로 잠을 자지 않는 한 어떤 진단도 문제의 핵심을 해결해주지 못한다. 이런 사례들은 수면이 단순한 휴식이 아니라 신체와 정신을 재정비하기 위한 필수 조건임을 분명히 보여준다.

또한 수면은 인간이 타고난 기질의 장단점을 어떻게 드러내는지에도 큰 영향을 미친다. 잠을 충분히 잔 사람은 다음 날 본인 성격의 장점이 비교적 선명하게 발현되는 양상을 보인다. 반면 숙면하지 못한 사람은 단점이 도드라진다.

예를 들어 능동적이고 진취적인 사람이 있다고 하자. 이 유형의 장점은 높은 생산성이지만, 단점은 타인에 대한 배려와 관심이 다소 부족할 수 있다는 점이다. 충분히 잠을 잔 다음 날에는 생산성은 더욱 높아지고 단점은 비교적 억제된 모습으로 나타난다. 반대로 잠을 제대로 자지 못한 다음 날에는 생산성마저 떨어지는 데다 동료들에게 불친절하고 배려심 없는 태도를 보이며 팀워크를 해치는 경우가 잦다.

나처럼 말하기를 직업으로 삼은 사람에게도 수면은 결정적인 영향을 미친다. 푹 자고 나면 강의할 때 핵심을 더 명확하고 쉽게 전달할 수 있다. 그러나 잠이 부족한 상태에서는 이야기가 체계적으로 정리되지 않고 불필요한 말이 늘어나곤 한다. 잠은 게으름의 상징이 아니라 능력을 발휘하기 위한 최소한의 조건이다. 수면의 양과 질은 타고난 기질의 장점을 강화하거나 단점을 증폭시키는 중대한 변수가 된다.

'미라클 모닝'의 빛과 그림자

오랫동안 '미라클 모닝'이라는 단어가 우리를 압박해왔다. 아침형 인간에게는 더없이 잘 맞는 생활 패턴이겠지만, 그렇지 않은 사람에게는 불가능에 가까운 미션이다. 잠은 지극히 주관적인 영역이다. 사람마다 입맛이 다르듯 수면 리듬도 그렇다. 무라카미 하루키처럼 밤 9시에 잠자리에 들어 새벽 4시에 일어나 글을 쓰는 사람이 있는가 하면, 그와 정반대의 시간대에 최고의 컨디션을 발휘하는 사람도 있다.

세계적인 CEO 중에는 매일 새벽 같은 시간에 일어나 이메일을 확인하고 운동을 한 뒤 출근하는 이들이 많다. 업무가 시작되면 혼자만의 시간을 확보하기 어렵기 때문에 새벽만큼은 철저히 자신을 위해 비워두는 것이다. 애플의 CEO 팀 쿡이 새벽 3시 45분 기상 루틴으로 유명한 것도 같은 맥락이다. 벤저민 프랭클린, 빌 게이츠, 록펠러처럼 세계를 움직인 인물들 역시 대표적인 아침형 인간으로 자주 언급된다. 다만 이들은 해가 지기 시작한 이후에는 생산적인 활동을 거의 하지 않았을 가능성이 크다.

반면 저녁형 인간들은 전혀 다른 리듬으로 남다른 성취를 거둔다. 내 지인 중에도 그런 사람이 있다. 솔직히 말해 과거에 나는 그를 보며 '성공하기는 쉽지 않겠구나'라고 생각했다. 과연 지금 그는 어떻게 되어 있을까? 그는 국내에서 손꼽히는 게임 회사의 설립자가 되었고, 회사의 시가총액은 1조 원을 훌쩍 넘는다.

내가 그를 과소평가했던 이유는 단 하나였다. 30년 전 우리는 늘 아침 9시에 만났다. 우리는 군대에서 만난 사이로 늘 같은 시간에 함께 훈련받았다. 그때마다 친구는 간신히 눈만 떠 있는 상태였고 활력이라곤 눈곱만큼도 찾아볼 수 없었다. 게다가 군대에서는 저녁이 되면 일제히 정비를 마치고 잠을 자야 한다. 그러니 그 친구가 밤 9시 이후에 누구보다 총명하고 똑똑해진다는 사실을 알 턱이 없었다.

군번은 내가 더 빨랐다. 훈련 성적이 더 좋았기 때문이다. 그는 임관 동기 53명 가운데 53등으로 졸업했다. 우리끼리는 "임관한 것만 해도 기적이지"라고 말할 정도였다. 그 친구는 벌점을 자주 받았고 교과 성적도 좋지 않아 주말마다 외박 대신 보강 시험을 치르곤 했다. 그런 그가 밤 9시 이후에 가장 정확한 판단을 내리는 업계의 구루가 될 줄은 그때는 상상도 하지 못했다.

아침형 인간만이 성공의 표본일 수는 없다. 사람은 각자 다른 생체리듬을 타고난다. 9시간 이상 자야 에너지가 회복되는 롱 슬리퍼가 있는가 하면, 4~5시간 수면으로도 충분한 숏 슬리퍼도 있다. 실제로 아인슈타인은 하루 평균 11시간을 자는 롱 슬리퍼였다. 만약 그가 우리 사회에서 살았다면 '게으른 학자'라는 오해를 피하기 어려웠을지도 모른다.

사람마다 가진 생체리듬이 다른데도 우리 사회는 유독 아침형 인간과 숏 슬리퍼를 성공의 전제 조건처럼 여겨왔다. 일찍 일어나고 잠을 줄이는 삶이 성실함과 능력의 증거처럼 통용되어온 것이다. 하지만 최근 두드러진 변화가 나타나고 있다. 조찬 시간대가 주를 이뤘던 사회 유명 인사들의 모임 중 상당수가 저녁반으로 이동했으며, 그 비중은 6대 4 수준이다. 바쁜 일과를 마친 뒤 저녁 시간에 몰입하는 것이 더 효율적인 사람들도 적지 않다는 뜻이다.

이제 필요한 것은 '이상적인 수면 루틴'을 강요하는 태도가 아니다. 자기 생체리듬과 생활 방식에 맞는 수면 패턴을 찾고 존중하는 문화를 만드는 것이다. 언제 일어나느냐보다 더 중요한 것은 깨어 있는 시간에 얼마나 제대로 사고하고 판단하느냐다. 성공은 특정 시간대의 소유물이 아니다. 나만의 시계에 맞춰 살아갈 때 내 능력은 온전히 발휘될 수 있다.

그러기 위해 가장 먼저 할 일은 스스로 수면 스타일을 정확히 파악하는 것이다. 아침형 인간인지 저녁형 인간인지, 또 5~6시간 수면으로 충분한 숏 슬리퍼인지 9시간 이상 자야 회복되는 롱 슬리퍼인지를 말이다. 다만 분명한 점은 그 어떤 연구에서도 하루 3~4시간 수면이 충분하다고 말하지는 않는다는 사실이다.

◆ 생체 시계를 찾아야 하는 이유

아침형 인간과 저녁형 인간에 관한 연구도 다양하다. 그중 한 가지가 IQ 검사와 관련된 것이다. 사람들에게 자기 생체리듬에 맞는 시간대와 맞지 않는 시간대에 각각 IQ 검사를 받게 했더니, 점수가 10점 이상 차이 나는 경우가 적지 않았다. IQ 검사에서 10점은 매우 큰 편차다. IQ 검사는 심리학에서 가장 신뢰도가 높은 검사로, 개인의 지적 능력이 쉽게 변하지 않는다는 전제를 바탕으로 설계되었다. 다시 말해 원래는 크게 흔들리지 않아야 할 수치가 시간대에 따라 큰 편차를 보였다는 뜻이다.

이 결과가 시사하는 바는 분명하다. 수면과 각성 상태가 인간의 인지능력에 강력한 영향을 미친다는 것. 따라서 아침형 인간과 저녁형 인간, 롱 슬리퍼와 숏 슬리퍼 가운데 어떤 유형이 '옳다'라고 단정하는 것은 과학이 아니라 일종의 편향된 사고다.

직업을 선택할 때도 수면 패턴을 고려해야 한다. 아이들의 미래 진로를 고민할 때도 마찬가지다. 지금 하는 일이 자신의 생체리듬에 맞지 않는다면 극단적으로 불리한 환경에 처한 것이다. 이럴 경우 업무 효율뿐만 아니라 삶의 만족도도 떨어진다.

그러나 누구도 이런 고민을 하지 않는다. 인간관계를 맺고 직장을 선택할 때는 MBTI에 집착하면서, 그보다 더 현실적이고 정확한 기준인 수면 환경과 수면 패턴은 쉽게 무시한다. 저녁형 인간인 롱 슬리퍼가 공직 사회에 들어가면 버틸 수 있을까? 아침형 인간인 숏 슬리퍼가 올빼미형 인간들이 모여 있는 게임 스타트업에 취직하면 적응할 수 있을까? 오전에는 사무실에 본인 말고는 아무도 없고 핵심 업무는 밤 시간대에 진행될 것이다. 이런 식이라면 업무에서 소외되는 경우가 반복되고 상대적 고립감을 느끼기 쉬워질 수밖에 없다.

적성과 직장뿐 아니라 감당할 수 있는 일의 양도 수면 패턴으로 결정하면 어떨까? 심지어 서양에서는 주거 지역을 선택할 때도 수면 패턴을 활용한다. 내가 롱 슬리퍼라면 해가 상대적으로 늦게 뜨고 일찍 지는 서쪽 지역에 사는 게 바람직하다. 물론 우리나라처럼 동과 서의 거리가 300킬로미터도 되지 않는 좁은 나라에서는 굳이 고려하지 않아도 될 사항이지만, 만일 미국처럼 영토가 넓은 나라에 산다면 뉴욕보다는 LA가 좋지 않을까.

◆ 최고의 성장과 안정은 숙면으로부터

앞으로 인간의 수명은 점점 더 늘어날 것이다. 100세 시대가 아닌, 120세 시대도 미지않았다. 이런 세상에 살면서 인생의 3분의 1에 해당하는 수면 시간을 과소평가하는 것은 어불성설이다. 우리나라 국민의 수면 시간은 OECD 최하위 수준이고 직장인의 경우 평균보다 1시간이나 부족하다. 숙면에 관한 고민이 그 어느 때보다 절실하다. 이제 '잠보다 중요한 것은 없다'는 전제를 두고 생활 방식을 과감히 재정비할 때다.

배우자와의 수면 갈등으로 각방을 쓰는 이른바 '수면 이혼'도 그중 하나의 방법이 될 수 있다. 나 역시 수면 이혼을 한 지 10여 년이 되었는데, 그 덕분에 진짜 이혼을 면했(다고 생각한)다. 우리 부부는 수면 패턴이 너무 달라 밤마다 서로의 잠을 깨우기 일쑤였고, 아침이면 날 선 상태로 서로를 마주했다. 나는 새벽 1시에서 3시 사이에 집중적으로 코를 고는 편이고, 아내는 그 이후 시간대에 이를 가는 습관이 있다. 서로의 숙면을 방해하고 있다는 사실을 인식한 뒤 우리는 각방을 쓰기로 했다. 그 이후로는 잠의 질이 눈에 띄게 좋아졌고 자연스럽게 아침의 분위기도 달라졌다.

한국인들은 성격과 취향에 갖는 관심은 지대하나 수면에 관해서는 여전히 관심이 부족하다. 심지어 강한 편견까지 가지고 있어 개선이 어렵다. 반면 해외에서는 수면 패턴을 개인의 프라이버시로 존중하고, 서로 침해하지 않으려는 문화가 비교적 잘 자리 잡혀 있다.

"자네는 하루에 몇 시간 정도 자야 하나? 몇 시에 자야 다음 날 컨디션이 가장 좋지?"

인지심리학자이자 유학 시절 나를 지도해준 아트 마크먼 Arthur B. Markman 교수가 첫 만남에서 내게 한 질문이다. 순간 너무 당황해서 아무 말도 하지 못했다. 학업, 진로와 관련해 질문할 줄 알았는데 느닷없이 잠에 관해 물어올 줄이야. 상상도 하지 못한 질문을 받고는 우물쭈물 아무 말도 하지 못했다. 사실 내 수면 패턴을 정확히 알지 못해서 답을 할 수가 없었다. 내가 난감한 표정을 짓자 마크먼 교수는 자신의 수면 패턴을 이야기해줬다.

"나는 11시에 자서 7시에 일어나야만 다음 날 최상의 컨디션을 유지할 수 있다네."

"아… 네. 그렇군요."

얼떨떨한 기분으로 교수님과의 대화를 마친 뒤, 왜 교수님이 내 수면 시간에 대해 질문했을까를 곱씹었다. '혹시 밤 11시 이후에는 연락하지 말고 이메일도 보내지 말라는 뜻일까?' 말의 속뜻을 짐작하기 어려웠다. 그러던 중 마크먼 교수가 학장이나 총장에게도 같은 말을 한다고 전해 들었다. 그 시간대에는 업무 관련 연락을 받지 않겠다는 기조를 공유한 것이었다.

이후 나도 교수에게 새벽 1시에 잠자리에 들어 아침 8시에 일어난다고, 다소 거칠지만 내 방식대로 수면 패턴을 전했다. 그 뒤로 내가 졸업하는 날까지 마크먼 교수는 단 한 번도 그 시간대에 이메일이나 메시지를 보내지 않았다.

이렇게 개인의 수면 패턴을 존중하는 문화가 우리 사회에도 제대로 자리 잡혀야 한다. 이는 더 건강하고 안전한 사회를 위해서도, 개인의 지속 가능한 성장과 행복한 삶을 위해서도 필요하다.

꿀잠 잔 사람에게만
주어지는 '갓생'

데이터를 해석할 때 인과관계인지, 상관관계인지를 구분하는 것은 매우 중요하다. 상관관계는 두 변수가 함께 변하는 통계적 패턴이고, 인과관계는 한 변수가 다른 변수의 결괏값을 직접 좌우하는 관계다. 인과관계는 상관관계를 포함하지만, 상관관계가 반드시 인과관계를 뜻하지는 않는다.

수면은 삶의 질과 긴밀한 인과관계를 맺고 있다. 잠을 줄이면 곧바로 인지 기능과 감정 조절 능력이 저하되고, 이를 회복하는 다른 변수는 거의 존재하지 않는다. 충분한 수면이 전제되지 않는다면 다음 날 컨디션에 악영향을 미칠 뿐 아니라 각종 사건과 사고가 생겨나고 나아가 사망률을 높일 수도 있다. 이런 이유로 숙면의 중요성은 아무리 강조해도 지나치지 않다. 우리가 자는 동안 뇌의 선순환이 반복되어야만 삶이 정상적으로 유지된다. 그러므로 뇌가 제 역할을 다하도록 돕기 위해서는 나에게 맞는 최적의 수면 패턴을 찾아 꾸준히 유지해야 한다.

수면을 지키기 위한 자신만의 방법을 찾아라

내 경우 충분한 수면을 확보하기 위해 글은 주로 아침에 쓴다. 밤에 일하지 않기 위해서다. 글을 쓴다는 행위 자체가 노동인 데다 하루를 되짚으며 감정에 포획된 상태로 잠자리에 들면 숙면에 방해가 될 수 있기 때문이다. 나쁜 일이 있을 때, 한 편의 대하드라마를 복기하듯 이를 떠올리면 감정이 증폭돼 오히려 더 힘들어진다. 반대로 다음 날 아침 조금 일찍 일어나 어제를 돌아보면, 같은 경험도 한 발짝 떨어져 관망할 수 있다. 과한 감정들은 저절로 희석되고 정리된다. 덕분에 새로운 하루를 비교적 차분하게 시작할 수 있다.

아침은 전날의 일을 완전히 잊지는 않을 만큼 가까운 시점이기도, 동시에 어제의 나를 한 걸음 떨어져 바라볼 수 있는 시점이기도 하다. 감정에 매몰되지 않고 일정한 객관성을 회복하기에 적절한 시간이다. 이순신 장군이 『난중일기』를 아침에 썼다는 비화도 이와 비슷한 맥락일 터다. 이는 역사적으로 확증된 사실은 아니나 이를 언급한 이유는, 글을 쓰는 행위조차 수면을 훼손해서는 안 된다는 점을 강조하고 싶어서다.

데이터를 기록해 수면 관리하기

우리는 누구나 창의적인 발상과 끈기 있는 태도로 각자의 일터에서 인정받고 싶어 한다. 건강하게 오래 살기 위해 운동도 열심히 한다. 하지만 그 어떤 노력도 수면을 경시하는 순간 그 힘을 잃고 만다. 이제부터라도 나는 몇 시간을 자야 다음 날 가장 맑고 총명한 상태를 유지할 수 있는지 또 내 장점을 최대한 발휘할 말과 행동이 가능한지를 점검해볼 필요가 있다.

방법은 생각보다 단순하다. 일주일 혹은 한 달 정도만 수면 패턴과 컨디션을 꾸준히 기록해보자. 우선 하루를 평가할 수 있는 몇 가지 항목을 정한다. 가족이나 직장 동료에게 한 말과 행동, 해야 할 일의 완성도와 마감 준수 여부, 운동량 등을 항목별로 나눈 뒤 10점 만점을 기준으로 점수를 매긴다. 여기에 전날 밤의 총 수면 시간, 취침 시간, 기상 시간을 함께 기록한다. 한두 달만 지속해도 내 생체리듬과 컨디션을 최상으로 유지하기 위한 수면 패턴이 어느 정도 드러난다. 요즘은 다양한 앱과 디바이스가 있으니 적극적으로 활용해볼 만하다.

개인차를 존중하는 수면 과학

평소 수면 연구 자료를 관심 있게 살펴보며 나에게 맞는 내용을 실천하는 습관도 중요하다. 내가 주로 참고하는 것은 수면 연구만 20년 가까이 해온 삼성병원 주은연 교수의 연구 결과들이다. 심리학자들이 그의 연구에 특히 주목하는 이유는 개인차를 매우 중요하게 다루기 때문이다.

과거의 의학 연구는 '하루 8시간 수면', '밤 10시 이전 취침', '취침 전 물 섭취 금지'처럼 개인 차이를 고려하지 않은 일반론적 결론이 많았다. 반면 주은연 교수는 개인에게 맞는 조건을 찾는 데 초점을 둔다. 예컨대 ASMR처럼 '소리' 역시 중요한 요소다. 어떤 종류의 소리가 수면에 도움이 되는지 직접 확인하라고 조언한다. 특히 소리는 개인차가 커서 숙면에 도움이 되는 소리 역시 사람마다 전혀 다를 수 있다.

빛 역시 중요한 요소다. 아침에 일어나면 잠깐이라도 햇빛을 보는 것이 좋다. 자는 동안 벌어진 몸과 세상의 시차를 바로잡고, 몸을 현실에 발 맞추는 과정이다. 해를 직접 바라보지 않더라도, 해가 있는 방향을 잠시 바라보며 뇌가 하루의 시작을 알 수 있도록 하는 것만으로도 도움이 된다.

그렇게 아침부터 활동을 시작한 뇌는 밤이 되면 자연스럽게 휴식 모드로 전환될 준비를 한다. 잠자리에 들 때는 조명의 밝기도 서서히 낮추는 것이 좋다. 인류는 오랜 시간 동안 갑작스럽게 빛이 사라지는 환경을 경험해본 적이 없다. 그래서 뇌는 환한 상태에서 갑자기 어두워지면 위협으로 인식하고 긴장한다.

조명을 하나씩 줄여가며 소등하는 방식이 숙면에 도움이 되며,
이 방법은 비교적 개인차가 적다고 알려져 있다.

홀대받은 잠은 반드시 그 빚을 받으러 온다

이처럼 숙면은 운동이나 식단 관리처럼 꾸준한 실천이 있
어야 가능하다. '잘 자면 좋지만 어쩔 수 없으면 포기한다'는 태
도에서 벗어나 수면을 삶의 핵심 가치로 삼을 필요가 있다. 일
정과 목표를 세울 때도 잠을 어떻게 관리할 것인지 반드시 함께
고려해야 한다. 생산성을 높이려고 수면 시간을 줄이는 선택은
결국 생산성 파괴로 이어질 뿐이다.

당장 일이 급하다는 이유로 잠을 줄이기 쉽다. 그러나 이런
선택이 반복되면 잠의 역습은 반드시 시작된다. 잠은 고리대금
업자와 같다. 반드시 고이율의 이자를 받아 간다. 원금과 이자
는 결국 잠으로 갚아야 하는데, 어리석게도 우리는 여유가 생
길 때마다 그 빚을 갚는 대신 쓸데없는 소비와 만남에 시간을
흘려보낸다. 그렇게 미뤄둔 대가는 어느 순간 독촉장처럼 돌아
온다.

잠의 빚 독촉을 받지 않으려면 재테크하듯 체계적인 수면
관리를 시작해야 한다. '나는 어디에서 태어나 어떤 학교를 나
왔고 지금 무엇을 하고 있다'는 이력을 당당하게 말하듯 수면에
관해서도 취해보자. '나는 하루에 몇 시간을 자야 하며, 취침과

기상 시간은 이렇다'라고 말할 수 있는 사람들이 많아지기를 기

대해본다.

MIND TRACKING

외모 강박

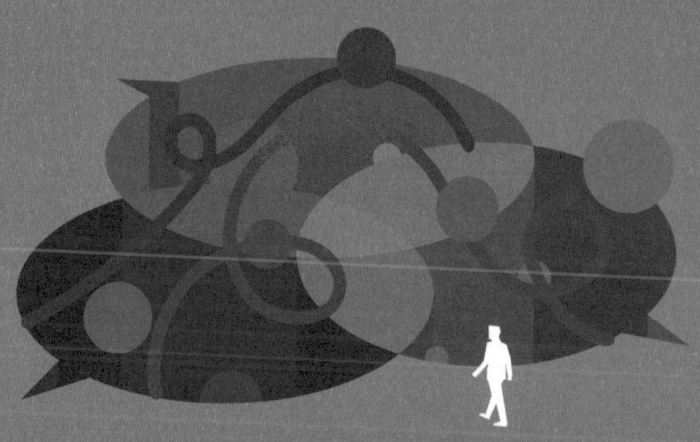

시선의 감옥에
갇힌 사람들

"타인의 인정과 기대에 맞추려는 노력은,

나와 나 자신과의 거리를 벌려놓아 오히려 외로움을 증폭시킨다."

"못생겨서 죄송합니다."

"저는요, 외모에 자신 있는 사람입니다."

한 강연장에서 이렇게 말했더니 객석이 일순간 찬물을 끼얹은 듯 고요해졌다. 하지만 나는 개의치 않았다. 농담이 아니라 실제로도 나의 외모에 만족하고 있기 때문이다.

중년의 나이에 걸맞은 후덕한 인상을 지닌 나조차 자기 외모에 자부심을 느끼고 있다. 그렇다면 젊고 발랄한 MZ세대는 무한한 자신감을 가져야 마땅하다. 그런데 현실은 정반대다. 저마다의 개성과 아름다움이 가장 빛을 발하는 젊은이들이 오히려 외모에 불만이 많고 심지어 자기혐오에 빠져 있는 경우도 허다하다.

이는 단순한 세대 차이라고만 할 수 없다. 그보다는 타인의 시선으로 자기 외모를 평가하는 심리적 요인과 외모 비교의 기준이 SNS 알고리즘에 의해 결정되는 사회현상에 기인한다. 실제로 우리나라의 외모 과몰입 현상은 이미 사회 문제가 되었다. 특히 이 현상은 젊은 세대에서 더욱 심각하게 나타난다.

외모 가꾸기를 자기관리의 핵심 영역으로 인식하고, 외모에 대한 칭찬을 통해 자기 효능감을 확인하는 사람이 늘고 있다. 심리학에서 말하는 자기 효능감은 자기 행동이 실제로 어떤 결과를 만들어낼 수 있다는 기대, 즉 상황을 스스로 조절할 수 있다는 감각에 가깝다. 개인이 외모 관리에 노력을 들이고 그에 대한 긍정적 반응을 얻는 경험은 자기 효능감을 형성하는 하나의 경로가 될 수 있다.

다만 자기 효능감이 외모에 지나치게 기울어져 있는 게 문제다. 외모는 노력 대비 결과가 빠르게 나타나고 타인의 반응도 즉각적으로 돌아오는 편이다. 이 특성은 효능감을 형성하는 데에는 유리하지만, 공부·일·관계처럼 시간이 필요한 다른 성취 경험을 등한시하거나 외면하게 만든다. 그 결과 자기 효능감의 근거가 점점 편향되고 이는 외모에 대한 집착과 강박으로 이어진다.

외모 평가에 유독 관대한 이유

특히 젊은이들 사이에 만연한 외모 강박 현상은 그들이 주로 쓰는 용어에서도 잘 드러나 있다. 물론 예전에도 '예쁜 여자는 성격도 좋다', '잘생긴 남자가 포용력 있다' 등 외모와 관련해서 편견 섞인 말들이 통용되기는 했다. 하지만 오늘날은 그 양상이 조금 다르다. '잘생길 의무', '예쁠 의무'와 같은 단어는 '외모 정병(외모 정신병자)', '먹토(먹고 토하다)' 등에 비하면 귀엽게 들린다. 심지어 '외모가 윤리'라는 말처럼 외적인 장점이 단순한 경쟁력이 아닌 마땅히 지켜야 할 소양으로 인식되고 있다.

하지만 타 문화권 사람들에게는 외모지상주의를 필터링 없이 자연스럽게 받아들이는 한국의 분위기가 낯설고 때로는 불편하게 느껴지기도 한다. 가령 우리 사회에서 흔히 쓰이는 '요즘 유행하는 얼굴'이라는 표현을 외국인에게 건네면 대부분 고개를 갸우뚱한다. 그 의미를 명확하게 이해하지 못할뿐더러 난센스에 가깝다는 반응을 보이기도 한다.

미국 출신 방송인 타일러도 한국 특유의 외모 평가 문화에 관해 언급한 적이 있다. 그가 한 행사장에서 인사를 나누던 중 관계자 한 사람이 "타일러 씨, 생각보다 몸이 좋으시네요"라는 말로 인사를 건넸다는 것이다. 13년째 한국에서 생활하고 있지만 첫 만남에서 상대의 몸이나 외모를 평가하는 문화에는 여전히 익숙해지지 않는다고 했다.

서구권에서 외모를 아이스브레이킹의 소재로 삼는 것은 상당히 위험한 일이다. 예를 들어 미국에서 "얼굴이 많이 탔네요"라고 말하면 '내 피부색이 검다고 말하는 건가?'라는 불필요한 오해를 불러일으킬 수 있다. 또 "곱슬머리이신가봐요?" 혹은 "동양인치고 코가 높으시네요"라는 말 역시 개인의 외모에 관한 인종차별 발언으로 인식될 수 있다. 이처럼 외모에 대한 언급은 개인의 영역에서 사회적 문제로까지 확장될 수 있기에 조심스럽게 접근해야 한다.

그런데 왜 이렇게 한국 사람들은 외모에 집착하고 타인의 외모를 평하는 데 거리낌이 없을까? 그 이유 중 하나는 다인종 국가들과는 달리 외모의 다양성이 훨씬 낮다는 데 있다. 머리카락 색과 피부색, 몸매와 생김새 등 한국인의 외모는 전반적으로 큰 차이를 보이지 않는다. 공통점이 많기 때문에 타인의 외모를 언급하는 것이 비난이나 평가로 해석되지 않으리라 쉽게 판단하는 것이다. 인종의 다양성만큼이나 외모 또한 다양한 서구 사회와 달리 외모에 대한 평가가 무시나 조롱으로 받아들여지지 않는다는 인식이 암묵적으로 공유돼 있다. 그만큼 외모에 대한 언급이 비교적 쉽게 오가고 평가의 대상이 되기 쉬운 환경이라는 뜻이기도 하다.

게다가 인간은 대체로 서로 비슷한 점이 많을수록 작은 차이를 더 예민하게 비교하고, 그 차이에 집착하는 경향이 있다. 이러한 심리적 특성 역시 한국 사회에서 외모 비교를 더욱 부추기는 요인으로 작용한다.

우리나라는 덧니와 콧수염도 큰 특징이 될 정도로 인상 정보에 대한 편차가 크지 않은 사회다. 그러다 보니 아주 작은 외모적 차이만으로도 그 변별성이 크게 부각된다. 이는 성형 문화가 발달한 이유 중 하나이기도 하다. 국제미용성형외과학회International Society of Aesthetic Plastic Surgery, ISAPS의 분석에 따르면, 2024년 기준 전 세계에서 성형수술을 가장 많이 한 나라는 단연 대한민국이다. 1000명당 성형수술 건수는 8.9건에 이른다. 이는 한국 사회가 얼마나 외모를 중시하는지 보여주는 단적인 사례다.

◆ 뿌리 깊은 자기혐오로 말라비틀어진 사람들

최근 SNS를 중심으로 극단적일 정도로 마른 몸을 지향하는 사람들의 모임인 '프로아나'가 확산되고 있다. 프로아나pro-ana는 찬성을 뜻하는 'Pro'와 거식증을 뜻하는 'Anorexia'를 합성한 단어다. 이들은 '뼈말라(뼈가 보일 정도로 마른 몸)'를 지향하면서 '먹토', '씹뱉'(씹고 뱉기) 등의 비정상적인 방법으로 살을 뺀다. 그뿐만이 아니다. 트위터와 틱톡 같은 SNS에서 특정 키워드를 해시태그로 사용하면서 함께 굶으며 살을 뺄 친구를 찾고, 계속 소통하면서 서로의 극단적 단식과 다이어트를 독려하고 있다.

무엇보다 공개적인 연대 맺기로 접근은 쉬우나 빠져나가기는 어려운 폐쇄적인 커뮤니티라는 점이 이들에게 치명적이다. 이는 섭식장애 환자의 상당수가 10대 청소년이라는 점과도 무관하지 않다. 정신질환자 중 거식증 환자의 사망률이 가장 높고, 마약 성분의 식욕억제제를 섭취할 가능성도 크다는 점은 상당히 우려스럽다.

비정상적이고 잘못된 다이어트 문화는 청소년들의 육체와 정신을 피폐하게 만들 뿐 아니라, 외모에 관한 과도한 집착이 타인에 대한 혐오와 극단적인 공격으로까지 치닫게 하는 원인이 된다. 문제는 특정 신체를 미의 기준으로 소비하는 트렌드가 SNS 속 인플루언서와 유명 아이돌 가수처럼 청소년들 사이에서 파급력이 큰 이들을 통해 확산되고 있다는 점이다. 최근에는 패션 브랜드까지 가세해서 마른 몸을 상업화하고 있다.

이렇게 비정상적인 방법을 쓰면서까지 뼈가 드러날 정도의 마른 몸에 집착하는 이유는 무엇일까? 청소년을 비롯한 젊은 층에게 다이어트는 더 이상 단순히 날씬한 몸을 가꾸기 위한 수단이 아니다. 점점 맹목적인 성취의 방식이 되어가고 있다.

한때 SNS를 촘촘히 메웠던 보디 프로필 열풍에서도 확인할 수 있듯이 철저한 자기관리를 미덕으로 여기고 외모에 높은 가치를 부여하는 사회적 분위기가 이러한 흐름의 중요한 배경이다. 여기에 더해 치열한 입시 경쟁이 만들어낸 지나치게 통제적이고 과잉보호적인 환경 역시 영향을 미쳤다. 단 한 번의 실수도 허용되지 않는 입시 구조 속에서 낙오자가 되지 않기 위해 개인은 강박적인 태도를 내면화할 수밖에 없다. 그리고 이 성향이 공부를 넘어 다이어트와 외모 관리 같은 영역으로까지 확장되고 있다.

문제는 여기서 끝나지 않는다. 외모 강박이 심해지면 '신체이형장애Body Dysmorphic Disorder, BDD'로 이어지기도 한다. 강박 및 관련 장애의 하위 범주인 신체이형장애는 타인의 시선으로 볼 때 미미한 외모 결함에 불과함에도 과도하게 집착하는 질병이다. 거울 앞에서 보내는 시간이 지나치게 많거나 대인관계를 기피하는 등 일상생활에 지장이 생긴다. 게다가 성형수술, 피부과시술로도 궁극적인 만족을 얻지 못하기 때문에 중독되기 쉽다.

미디어와 사회적 평가 등 외모를 바라보는 인지적 틀에 갇히면 내면의 가치를 돌아볼 여유가 없다. 무엇보다 스스로 정한 목적이나 가치가 아닌 타인이 정한 기준과 그들의 인정을 좇는데 익숙해진다. 당연히 목표의 의미와 과정의 진정성은 고민의영역에서 제외되고 만다. 목적을 달성할 수만 있다면 수단과 방법은 중요하지 않다는 생각이 외모 중심적 사고에도 그대로 적용되는 것이다.

이러한 삶의 태도는 불안과 강박을 유발하기 쉽다. 자기 내부의 기준이 아니라 타인이 설정한 기준을 목표로 삼게 되면, 성취의 여부가 언제나 외부 평가에 종속되기 때문이다. 외모와 같은 외재적 가치는 타인의 시선과 비교에 크게 좌우되며, 그 과정에서 개인은 끊임없이 부족하다는 생각에 노출된다. 더 염려스러운 점은 이런 구조가 회피 동기와 밀접하게 연결된다는 점이다. 실패하거나 기준에 미치지 못할 가능성이 커질수록 도전 그 자체를 피하거나 특정 영역에 집착하는 방식으로 불안을 관리하려 들게 된다.

회피 동기가 불안을 강화한다

오늘날 젊은 세대의 외모 강박이 우려를 낳는 이유는 외모를 중시하는 태도에 '접근 동기approach motivation'가 아닌 '회피 동기avoidance motivation'가 훨씬 더 강하게 작용하기 때문이다. 접근과 회피는 인간의 행동을 설명하는 두 가지 핵심 동기로, 접근은 '좋은 것을 얻기 위한 움직임'인 데 반해 회피는 '나쁜 것에서 벗어나려는 움직임'을 의미한다. 이 두 가지 메커니즘은 아주 중요한 인간의 동기 방향이다. 같은 행동을 해도 접근 동기를 갖고 행하는 것과 회피 동기를 갖고 하는 것은 행동의 방향과 심리에 전혀 다른 영향을 미친다. 접근 동기는 긍정적 결과를 얻기 위한 행동 촉진이며, 회피 동기는 부정적 결과를 피하기 위한 행동 촉진이다.

가령 체력과 기술 측면에서 우열을 가리기 힘든 두 명의 야구 선수가 있다고 가정해보자. A 선수는 올림픽 경기 준결승에서 메달권에 진입하면 본인이 꿈에 그리던 팀으로 스카우트될 가능성이 커진다. 반면 B 선수는 군 면제가 목표다. 만약 메달권에 들지 못하면 경기가 끝난 후 바로 입대해야 하는 상황이다. 이 두 선수는 표면적인 목표는 같지만 최선을 다해야 하는 동기는 엄연히 다르다.

A 선수는 접근 동기의 차원에서 경기에 임하겠지만 B 선수는 회피 동기를 충족시키기 위한 마음가짐이 더 클 수 있다. 즉 어떤 동기를 갖고 임했느냐에 따라 경기 결과가 좋지 않을 경우 반응도 달라진다. A 선수는 아쉬움을 느끼는 반면, B 선수는 불안과 두려움을 느낄 가능성이 높다. 동기가 다를 경우 경기 도중에 일어나는 각종 변수를 대하는 태도나 감정적 상태도 다를 수밖에 없다. A 선수는 B 선수에 비해 더 강한 자신감을 갖고 과감한 플레이를 펼칠 수 있다. 반면 B 선수는 실수하지 않기 위해 소극적인 플레이를 할 가능성이 크다. 이처럼 접근 동기와 회피 동기는 목표의 방향성에 영향을 미쳐 각기 다른 결과를 초

래할 뿐 아니라, 인생 전반의 관점으로 봤을 때도 삶의 지향점과 만족도에 지대한 영향을 미친다.

또 다른 예를 들어보자. 비싼 수입차와 명품에 집착하는 사람 중에는 자신의 취향이나 소비관과 무관하게 '타인에게 무시당하지 않기 위해서'라는 회피 동기에 의해 구매하는 이가 많다. 이런 사람은 오랜만에 만나는 친구들과의 모임에서 자신의 차보다 비싼 차를 타고 온 친구를 만나면 이내 기분이 상한다. 게다가 누군가 자신의 차에 대해 좋지 않은 평가를 하면 버럭 화를 내거나 심한 경우 자존감이 무너지기도 한다.

이처럼 타인의 선망과 감탄에 의존하는 삶을 살다 보면 회피 동기에 매몰될 가능성이 크다. 이 경우 부정적 경험에 집착하면서 점점 더 자신감을 잃고 성장의 한계에 직면한다. 외모를 가꾸는 행위도 마찬가지다. 나다움을 강화하고 자신감을 얻기 위한 접근 동기에 의한 것이 아니라, 차별받거나 기회를 박탈당하지 않기 위한 회피 동기로 기울면 외모 관리는 그저 강박적 행동이 된다. 당연히 나의 다른 장점을 발견하고 강화할 기회를 놓칠 수밖에 없다.

이런 현상을 두고 심리학자들은 목표와 그것을 추구하는 욕망이나 동기가 '미스매치한 상태'라고 말한다. 이 상태에서는 만족감을 느끼는 것이 불가능하고 늘 불안증에 시달려야 한다. 잠시 잠깐 안도감을 느낄 수는 있겠지만 금세 또 다른 회피 동기가 엄습하기 때문이다.

중요한 것은 외모를 대하는 동기의 방향을 점검하는 일이다. 외모가 지닌 장점을 발견하고 그것을 강화하는 방향으로 외모를 가꾸며 자신감을 키울 때 만족감은 자연스럽게 따라온다. 반대로 회피 동기에 치우쳐 나쁜 것을 피하려 행동하면 성형이나 다이어트를 통해 잠시 만족감을 느낄 수는 있지만, 타인과의 비교나 기대에 못 미치는 피드백 앞에서 다시 무너질 수 있다.

접근 동기와 회피 동기는 행복 촉진제와 불안 완화제에도 비유할 수 있다. 이 둘은 전혀 다른 기능을 한다. 행복 촉진제는 고난과 시련을 견뎌낼 내성을 갖게 하고 모험과 도전 앞에서 주저하지 않을 용기를 준다. 하지만 불안 완화제는 부정적 결과를 전제한다. 잠깐은 불안을 억제할 수 있지만 근원적인 해결책은 아니기에 어떻게든 피하려고만 하게 된다. 또한 불안 강박이 심한 사람은 새로운 일에 도전할 때 남과 비교하면서 극단적 차이를 만들어야 한다는 강박에 시달린다. 오늘날 젊은이들이 유난히 쉽게 번아웃에 빠지는 이유도 여기에 있다.

중요한 것은 회피 동기가 외모 문제에만 국한되지 않는다는 사실이다. 외모뿐 아니라 삶 전반에서 회피 동기가 지배적으로 작동할 경우 개인은 끊임없이 불안을 관리하는 데 에너지를 소모해야 한다.

무엇보다 모든 사람은 외형적 조건을 넘어 누구나 호감을 느낄 만한 저마다의 매력을 지니고 있다. 실제로 한 엔터테인먼트 기업의 부회장은 "우리 사회 젊은 친구들의 오라는 남다르다"라고 말한 바 있다. 이는 단순히 외모의 출중함을 뜻하는 것이 아니다. 내적 자신감과 당당함에서 드러나는 고유한 개성이 있음을 의미하며, 오늘날 우리 문화예술 콘텐츠가 세계적으로 주목받는 배경 역시 여기에 있다.

◆ 타인을 따라 할수록 자기 자신과 멀어진다

요즘 강연을 마치고 나면 함께 사진 찍자고 요청하는 이들이 종종 있다. 사람들은 한결같이 "교수님, 제가 필터를 사용하는데 그래도 괜찮으시겠어요?"라고 물어온다. SNS용 사진에는 필터링 앱을 활용한 재가공은 필수이기 때문이다. 이처럼 자기 외모를 필터링하는 행위가 너무나 자연스럽다 보니 정작 자기 모습을 제대로 인식하지 못하는 경우도 많다. 심지어 이를 놀이처럼 즐기기도 한다.

왜 이렇게 외모를 필터링하는 데 적극적일까? 대개 사람들은 자기 얼굴의 전체적인 윤곽이나 조화보다는 특정 요소에 집중한다. 즉 눈이 작거나 코가 낮거나 하는 등의 한두 가지 단점에 몰입하는 것이다. 어떤 날은 얼굴에 난 뾰루지 하나로 하루

  6장 : 외모 강박

내내 사람 만나는 걸 꺼리고 자신감을 잃어버리기도 한다. 반면 타인의 얼굴에 난 뾰루지에는 대체로 무심하다. 타자의 얼굴을 바라볼 때는 개별 요소보다는 전반적인 분위기와 윤곽을 먼저 인식하기 때문이다.

필터는 얼굴의 특정 부분을 보다 매력적으로 바꿔준다. 문제는 그 과정에서 얼굴의 전체적인 윤곽이나 고유한 분위기가 훼손되는데도 특정 부위가 예뻐지고 개선됐다는 이유만으로 이를 괜찮다고 받아들인다는 점이다. 타인이 보기에는 전혀 그 사람답지 않은 모습임에도 당사자는 만족하며 그것을 '나'라고 인정한다. 이렇게 필터링된 이미지에 익숙해지다 보면 어느 순간부터는 자기 외모와 이미지가 왜곡되고 있다는 사실조차 인지하지 못하게 된다.

더 나아가 자신이 제대로 반영되지 않은 왜곡된 이미지를 반복적으로 접하다 보면, 실제의 본모습을 오히려 낯설게 느끼거나 자아로 인정하지 않는 상황도 벌어진다. 외모 강박이 병적인 수준에 이르면 성형 중독으로 이어지기도 한다. 그 결과 자기 얼굴을 경멸하면서도 무엇이 문제인지 인식하지 못한 채 변형을 거듭한다. 참으로 폭력적이고 공격적인 표현인 '성괴(성형괴물)'라는 말 역시 이러한 맥락에서 등장했다.

성형 중독의 문제는 의료적 부작용이나 외과적 복원의 필요성에만 있지 않다. 더 근본적인 문제는 스스로 자신이 누구인지에 대한 감각이 흐려진다는 데 있다. 그런데도 성형을 멈추지 않거나 가공된 이미지를 만들어내는 카메라 앱 속 모습에 몰입할 경우, 극단적으로는 자아 정체성의 혼란이 심화될 수 있다. 이는 외모 문제에만 국한되지 않는다. 자아 인식이 크게 흔들리면 현실 판단 능력 전반에 영향을 미쳐 심각한 정신건강 문제로 이어질 가능성도 크다. 외모에 대한 자기 인식이 정신건강에 미치는 영향은 이처럼 중대하다.

이때 간과해서는 안 될 사실이 있다. 근본적으로 사람은 외모에 대한 칭찬보다는 내면과 능력 등 본질적인 가치를 더 존중받고 싶어 한다는 점이다. 이와 관련해서 꽤 흥미로운 실험 결과가 있어서 소개하고자 한다.

캐나다 알베르타대학의 제니퍼 아르고Jennifer J. Argo 교수 연구진은 사람들에게 마네킹이 입은 옷과 가방 등 각종 제품들에 대한 선호도를 물었다.* 이때 재미있는 현상이 관찰되었다. 자기 외모에 대한 자신감이 높은 사람에 비해 상대적으로 낮은 사람이, 마네킹이 입은 상품들에 더 부정적인 반응을 보이더라는 것이다.

무엇보다 주목해야 할 점은 해당 옷과 제품이 가격·품질·

---

*   Jennifer J Argo, Darren W Dahl; Standards of Beauty: The Impact of Mannequins
     in the Retail Context, Journal of Consumer Research, Volume 44, Issue 5, 1
     February 2018, Pages 974–990.

                              6장 : 외모 강박

디자인 면에서 매우 뛰어나 누구나 구매할 법했음에도, 실제 구매율은 현저히 낮았다는 사실이다. 그 이유를 추론하는 일은 그리 어렵지 않다. 외모에 대한 자신감이 낮은 사람들은 완벽한 비율의 몸매와 흠잡을 데 없는 얼굴의 마네킹에 위화감을 느꼈고, 그 마네킹에 전시된 제품들마저 부정적으로 인식하는 경향을 보여서다.

여기까지만 보면 그리 새로운 이야기는 아니다. 그런데 한 매장에서 관리 직원이 아주 흥미로운 아이디어를 하나 냈다. 그 아이디어 덕분에 다음 날부터 갑자기 사람들이 마네킹이 입고 있는 옷과 들고 있는 가방을 사기 시작했는데, 과연 그 방법은 무엇이었을까? 그 매장의 직원은 기존의 마네킹을 얼굴 없이 목만 있는 마네킹으로 바꾼 뒤 제품을 코디해서 다시 전시했다. 그러자 사람들은 마네킹이 입은 옷을 사기 시작했다. 완벽한 얼굴은 부담스러웠지만 예쁜 몸매 정도는 용납할 수 있었다는 의미다. 이 사례는 요즘 백화점에 가면 으레 보게 되는, 얼굴 없는 마네킹의 유래가 되었다.

마네킹과 관련해서는 또 한 가지 흥미로운 연구 결과가 있다. 알베르타대학 연구진의 조사 대상 매장 중 한 곳에서는 얼굴이 있는 정상적인 마네킹에 걸린 옷들도 손님들이 거리낌 없이 구매했다. 왜 이런 결과가 나타났을까? 그 이유는 매장 점원과 손님 사이의 대화 방식에 있었다. 예컨대 "손님은 정말 남다른 취향과 감각을 갖고 계시네요", "이 제품에 대해 이렇게 디테일한 질문을 하신 분은 처음입니다"와 같은 말로 점원이 손님의 내재적 가치에 해당하는 장점을 짚어 칭찬한 것이다.

이는 연구진의 의도적인 설계에서 비롯된 결과였다. 연구진은 매장 직원들에게 심리학 연구에서 자주 활용되는 이른바 '자기 가치 확인self-affirmation' 질문을 활용하도록 요청했다. 자기 가치 확인이란 자신이 중요하게 여기는 가치와 신념을 스스로 인식하고, 이를 행동과 우선순위에 반영하도록 돕는 과정이다. 다시 말해 자기 강점과 긍정적인 자질을 의식적으로 확인하게 만드는 절차다. 흥미로운 점은 비교적 간단한 개입만으로도 효과가 나타났다는 사실이다. 외모 자신감이 낮은 사람들조차 마네킹에 전시된 제품에 대해 가지고 있던 부정적 평가를 상당 부분 줄일 수 있었다.

이 실험은 특정 대상에 대한 질투나 열등감이 전혀 무관한 영역에까지 영향을 미치지 않도록 자신에게 '가장 중요한 가치가 무엇인가'를 되새겨보게 한다. 아울러 외모에 과도하게 집착하는 사회에 의미 있는 질문을 던진다. 실제로 우리는 누구나 외모뿐 아니라 다른 영역에서도 충분히 칭찬받을 만한 요소를 지니고 있다. 인간의 매력은 다양한 측면에서 평가받아야 함에도 이를 외모에만 한정할 경우 편견과 인식의 왜곡을 낳기 쉽다.

이와 관련한 또 다른 연구 사례를 살펴보자. 서울대 교육학

BOOK21

경제경영-인문

21세기북스는 급변하는 시대의 흐름 속에서 독자의 요구를 먼저 읽어내는 예리한 시각으로 〈칭찬은 고래도 춤추게 한다〉, 〈설득의 심리학〉 등 밀리언셀러를 출간하며 경제 경영 자기계발 분야의 독보적인 브랜드로서 자리매김했습니다.

북이십일의 문학 브랜드 아르테는 세계와 호흡하며 세계의 우수한 작가들을 만납니다. 국내에 소개되지 않은 혹은 잊혀서는 안 되는 작품들에, 새로운 가치를 담아 재창조하여 '깊고 아름다운 책'을 만들고자 합니다.

원 페이지 인문학

하루 5분이면 충분한 실천 인문학

김익한 지음 │ 값 19,900원

하루 한 장의 생각으로 단단해지는 내일 '아는 것'이 아니라 '사는 것'을 제안하는 365일 실천 인문학 하루 한 페이지, 5분이면 충분한 성장의 시간!

김형석, 백 년의 유산

106세 철학자가 길어 올린 최후의 인간학

김형석 지음 │ 값 22,000원

"백 년의 사유가 담긴 우리 시대 마지막 유산"
기네스 공식 인증, 현존 인류 최고령 저자
김형석 교수가 전하는 '만년(萬年)의 교양'

법의학자 유성호의 유언 노트

후회 없는 삶을 위한 지침서

유성호 지음 │ 값 19,900원

"죽음을 떠올릴 때 삶은 더 선명해진다"
매주 죽음을 만나는 서울대 유성호 교수가 일 년에 한 번 '유언'을 쓰며 발견한 인생의 진정한 가치와 의미, 어떻게 살아가야 할 것인가에 관한 고민과 성찰!

Philos 038

신을 찾는 뇌

종교는 어떻게 진화했는가

로빈 던바 지음 │ 구형찬 옮김 │ 값 30,000원

'던바의 수' '사회적 뇌' 사회성 연구의 대가 로빈 던바,
종교에 대한 과학적 연구 20년의 결정판
다학제간연구로 종교의 기원과 진화 목적을 밝히다

그레이트하모니 007

전쟁과 대통령

전쟁을 경험한 일곱 대통령의 결정적 순간들

스티븐 M. 길런 지음 │ 값 48,000원

2차대전은 어떻게 대통령들의 세계관을 형성했는가. 아이젠하워부터 조지 H. W. 부시까지 '참전 시대' 대통령 7인의 일대기!

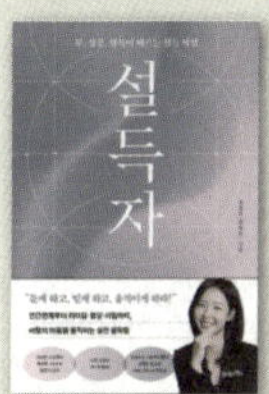

설득자

부, 성공, 행복이 따르는 설득 비법

정흥수 지음 | 값 22,000원

"듣게 하고, 믿게 하고, 움직이게 하라!"
인간관계부터 리더십·협상·사업까지,
사람의 마음을 움직이는 실전 설득법

80/20 법칙 · 80/20 법칙(행동편)

적은 노력으로 크게 성취하는 불변의 진리

리처드 코치 지음 | 각권 24,000원

"사소한 것에 매달리지 마라, 모든 것을 결정 짓는 20%에 몰두하라"
당신의 일상을 완전히 바꾸어 줄 간단한 효율의 과학
최소 노력으로 최대 성과를 내는 똑똑한 일상 설계법

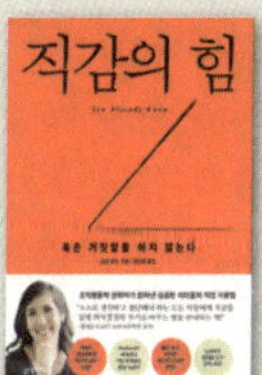

직감의 힘

촉은 거짓말을 하지 않는다

로라 후앙 지음 | 값 19,900원

"성공한 리더들은 왜 직감을 단련하는가?"
조직행동학 권위자가 수천 명의 리더 인터뷰로 밝혀낸
무의식의 신호를 포착해 더 빠르고 좋은 결정을 내리는 법

기획의 감각

국내 1세대 A&R 프로듀서 정병기가 써내려간 기획의 세계

정병기(Jaden Jeong) 지음 | 값 18,900원

"남들이 미쳤다고 말할 때 기획은 완성된다!"
원더걸스에서 2PM, 러블리즈, 이달의 소녀, tripleS까지
K-POP 업계를 뒤바꾼 기획자의 시선, 그 혁신적 감각에 대하여

브라이언 트레이시 자기 확신론,
브라이언 트레이시 시간 관리론

위대한 행동주의자의 성공 원칙 시리즈

브라이언 트레이시 지음 | 각권 20,000원, 22,000원

"당신이 할 수 있는 것, 될 수 있는 것, 이룰 수 있는 것에는 한계가 없다!"
현존하는 인물 중 세계에서 가장 영향력 있는 자기계발 전문가
브라이언 트레이시의 성공 법칙 실천편!

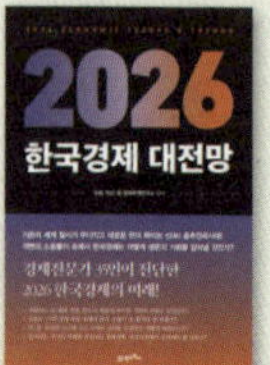

2026 한국경제 대전망

2026 ECONOMIC ISSUES & TRENDS

오철·이근 외 경제추격연구소 지음 | 값 24,000원

"경제전문가 35인이 진단한 2026 한국경제의 미래!"
기존 질서가 무너지고 새로운 판이 짜이는 신 춘추전국시대! 경제 대전환의
시기에 꼭 읽어야 할 대한민국 최고 경제전문가 35인의 미래 인사이트

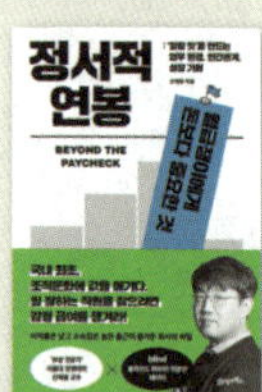

정서적 연봉

월급쟁이에게 돈보다 중요한 것

신재용 지음 | 값 22,000원

"인재가 구글에 가는 건 못 막더라도
경쟁사에 뺏겨서는 안 되지 않겠는가?"
국내 최초, 조직문화에 값을 매기다.
일 잘하는 직원을 잡으려면 감정 급여를 챙겨라!

Philos 040

자유의 길

경제학은 어떻게 좋은 사회를 만들 수 있는가

조지프 스티글리츠 지음 | 이강국 옮김 | 값 34,000원

자칭 '자유의 수호자'들은 어떻게 자유를 억압해 왔는가?
오늘날 가장 오남용되는 문제적 개념, 노벨상 수상 경제학자의 눈으로 바라
본 자유

대한민국, 넥스트 레벨 2

철학·정치·사회·경제·통섭 최고 전문가 17인의
국가 재설계 제안

코리아다이나미즘포럼 편저 | 값 28,000원

"분열의 시대에 다시 함께 사는 법을 묻다!"
한국 사회 대전환의 5대 실천 코드 새롭게 일어설 대한민국을 위한 전문가
17인의 제언

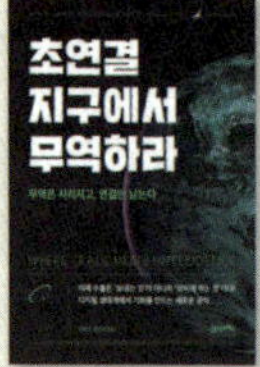

초연결 지구에서 무역하라

무역은 사라지고, 연결만 남는다

양송이·최건식 지음 | 값 17,000원

"이 시대 수출은 '보내는 것'이 아니라 '보이게 하는 것'!"
수출에 대한 고정관념에서 탈피하고 전통적 수출 방식에서 벗어나
디지털 생태계 속 새로운 무역의 길을 제시한다.

과 김창대 교수의 연구진은 「내재적·외재적 자기 가치 확인의 효과」에 관한 연구 논문을 발표했다.* 이 논문에 따르면 심리적 고통을 호소하는 대학생에게 '내재적' 자기 가치를 확인하는 상담을 하면 자기 낙인이 감소했다. 반면 성취와 평판 등 '외재적' 자기 가치를 확인하는 상담을 하면 자기 낙인이 증가하는 결과가 나타났다. 심리학에서는 자기 가치 확인을 '자신에게 중요한 가치들을 의식적으로 떠올리고 그것에 스스로를 연결하는 과정'으로 설명한다. 이처럼 내재적 자기 가치 확인은 자아 통합감과 심리적 회복탄력성을 높이는 데 결정적인 역할을 한다.

물론 외모는 첫인상과 직결되고 한 인간의 매력도에 상당한 영향을 미치기 때문에 자존감의 한 축을 이루는 것이 사실이다. 따라서 외모가 지니는 영향력을 간과하거나 과소평가해서는 안 된다. 다만 이를 과장하거나 지나치게 몰입하는 태도는 경계할 필요가 있다.

무엇보다 외모 외의 영역에서 자존감이 형성되지 않으면 자아는 쉽게 불안정해진다. 이때의 자아는 타인의 사소한 비판이나 평가에도 과도하게 반응하며 쉽게 흔들리기 쉽다. 반대로 외형적으로 평범하거나 타인의 기준으로 보면 단점이 많은 외모라 하더라도 스스로 외모를 '나쁘지 않다'거나 '무난하다'고 받

* 김창대, 신은혜: 학위논문(석사), 서울대학교 대학원, 교육학과(교육상담전공), 2015. 7.

아들이는 사람들은 상대적으로 상처를 덜 받는다. 자기 효능감이 안정적으로 형성돼 있어 타인의 평가에 크게 흔들리지 않고 회복탄력성도 높은 편이기 때문이다.

요즘 '꾸안꾸(꾸민 듯 안 꾸민 듯)'를 추구미(닮고 싶어 하거나 지향하는 이미지·분위기·스타일을 뜻하는 말)로 삼는 이들이 많다. 완벽하게 스타일링하는 것보다는 무심한 듯 자연스럽게 꾸민 상태가 더 매력적이라고 생각하는 것이다. 내가 생각하는 꾸안꾸는 단순히 스타일적인 측면에서의 유행이 아니다. 자연스러움과 진정성 그리고 자기표현의 균형을 추구하는 라이프스타일이라 할 수 있다. 그렇다면 꾸안꾸의 정석은 타인의 시선에서 벗어나 지속 가능한 자신만의 스타일을 찾아 추구하는 데서 찾을 수 있지 않을까.

평소 지엽적인 사고에서 벗어나 균형 잡힌 자기 인식을 하도록 노력할 필요가 있다. 그 바탕 위에서 나는 외모 외에 어떤 면에서 매력적인 사람인지, 남들과의 관계 속에서 얼마나 가치 있는 존재인지를 의식적으로 돌아보는 시간을 가져야 한다. 인간관계의 측면에서도 외적인 요소에 집착하는 사람보다는 더불어 사는 삶에 의미를 두고 이를 실천하는 이들과의 교류를 늘리는 것이 도움이 된다.

우리가 진정으로 원하는 '꾸안꾸'의 비밀은 스타일링이 아니라 마인드에 있다. 잘 꾸며진 외모가 아니더라도, 사람들이 부러워하는 명품을 걸치지 않아도, 매력적이거나 호감이 가는 사람들은 대개 타인과 스스로에게 의미 있는 일을 지속하며 자기 효능감을 느낀다. 이들의 얼굴에 은은하게 배어 나는 여유는 전문가의 화장법이나 고가의 명품으로는 채울 수 없는 기품을 만들어낸다.

패션이나 메이크업에서 자연스러움을 연출하듯 삶 전반에서도 나다운 자연스러움과 편안함을 유지하려는 태도가 중요하다. 이러한 태도 위에서 의식적인 개선을 이어가려는 마음가짐이 바로 꾸안꾸의 본질이다. 내가 중요하게 여기는 꾸안꾸의 핵심 역시 '사소하지만 꾸준한 일상의 개선'이다. 이는 건강한 성장 마인드에 기반한 삶의 태도이기도 하다. 꾸준한 운동과 독서처럼 자신만의 일상 루틴과 리추얼을 지속하며 스스로에게 신뢰와 격려를 보낸다면, 외재적 가치와 내재적 가치가 조화를 이루는 자아의 일관성을 유지할 수 있을 것이다.

◆ '타자의 욕망'을 욕망하지 않는 삶

현대인들은 거대한 군중 속에서 익명의 존재로 살아가고 있다. 이러한 현실에서 상대방에 대한 최소한의 정보를 파악하는 수단은 한눈에 확인할 수 있는 외모일 수밖에 없다. 그 결과 내

면보다 외모가 우선시되는 외모지상주의는 어느 정도 불가피
한 현상으로 보이기도 한다. 우리는 말하자면 '외모가 자본'으
로 작동하는 사회를 살고 있는 셈이다.

간과해서는 안 될 점은, 세상은 점점 더 적극적으로 다양성
을 요구하고 있다는 사실이다. 보편적인 규칙 하나가 지배하던
시대는 이미 막을 내렸다. 외모 산업 역시 예외가 아니다. 성형,
다이어트, 화장품, 미용 분야 종사자들은 이구동성으로 오늘날
을 다종 소량 생산의 시대라고 말한다. 즉 외모 몰입의 시대에
도 획일화된 기준으로 특정인의 외모를 무한히 추종하는 행위
는 이제 힘을 잃고 있다는 의미다.

이런 시대 흐름을 외면한 채 외모 강박에서 헤어나지 못한
채 끊임없이 누군가를 추종하는 '카피캣'으로 살면 어떻게 될
까? 무엇보다 외로워진다. 자기 개성이 무엇인지 모르고 진정한
자아를 찾지 못하는 사람들은 외로울 수밖에 없다. 그 이유는
자크 라캉Jacques Lacan의 말처럼 '타자의 욕망을 욕망하기' 때문
이다. 라캉은 주체의 욕망이 완전한 충족을 향해 작동하는 것
이 아니라 타자의 욕망을 반추하는 과정에서 형성된 대상화된
욕망이라고 보았다. 타자의 욕망을 좇는 과정에서 자기 욕망은
지속적으로 왜곡되며 그 결과 외로움은 증폭된다. 다시 말해 타
자의 기대에 맞추려는 시도가 오히려 자기 자신과의 거리를 벌
려 외로움을 더 키운다는 뜻이다. 내가 무엇을 원한다고 느끼는

감정 자체가 이미 타인의 욕망을 흉내 낸 결과인 경우가 많다. 나아가 누군가를 사랑한다고 믿는 감정조차 인정받기 위해 형성된 욕망일 수 있다.

가령 유명인이 들고 있는 가방을 욕망했고 마침내 그 가방을 손에 넣었다고 해보자. 그 순간 모든 물욕에서 자유로워질 수 있을까? 그럴 리 없다. 욕망은 여전히 그 자리에 남아 다른 가방과 옷으로 향할 것이다. 라캉의 말처럼 욕망은 본질적으로 미완성으로 남을 수밖에 없다. 타자의 욕망을 욕망하기 때문이다. 물론 누군가의 욕망을 욕망하고, 그것을 통해 인정받고자 하는 마음은 모든 인간에게 내재한 본능에 가깝다. 어쩌면 인정받기 위해 투쟁하는 삶이 인간의 보편적인 모습일 수도 있다.

그럼에도 타인의 인정에 집착하는 태도는 명백히 불행의 씨앗이 된다. 따라서 사회적 인정과 자기 인정 사이의 균형을 의식적으로 조율할 필요가 있다. 타자의 욕망에 매달리는 악순환의 고리를 끊어야 한다. 그러지 않는다면 살아가는 동안 외로움에서 벗어나기 어려울뿐더러 매 순간 타인의 인정을 갈구하는 애처로운 삶을 반복할 수밖에 없다. 반대로 자아 인식과 자기 수용이 가능한 사람은 외부 평가에 대한 의존도가 낮으므로 난관 앞에서도 자신만의 내적 기준을 따라 움직일 수 있다.

니체Friedrich Nietzsche는 말했다. "자신에게 보내는 박수를 확신한다면 타인의 박수와 갈채는 필요로 하지 않는다." 물론 타인의 인정 없이 자기 정체성을 확고히 세우는 일은 쉽지 않다. 그러나 우리는 자기 자신에게 박수를 보낼 수 있어야만 한다. 무엇보다 타인의 칭찬이나 인정이 교환가치처럼 작동하는 순간 개인의 창조적 힘은 약화될 수밖에 없다. 인간이 자신만의 의미를 만들어내려 할 때 타인의 인정은 보조적 요소일 뿐이다. 궁극적인 동력은 자기 창조의 의지와 가치 규정의 주체성에 있어야 한다.

인정 투쟁에서
벗어나기

인간에게는 본래 특정 집단 내에서 쓸모 있는 존재임을 인정받고자 하는 본능이 있다. 인정욕구는 누군가에게 사랑받고 싶은 욕구만큼이나 간절할뿐더러 사회적 관계 속에서 소속감과 존재 이유를 확인받고자 하는 일종의 생존 전략이다. SNS와 각종 미디어가 발달하면서 익명성과 경쟁 구조가 강화된 오늘날에는 이러한 경향이 더욱 심화되고 있다. 특히 부와 명예, 사회적 지위뿐 아니라 외모에 관한 인정욕구가 급부상하면서 비교와 경쟁이 유발한 강박과 불안감은 한층 더 높아졌다.

물론 누군가에게 인정받고 싶은 욕구는 삶에 동기를 부여하고 꿈을 이루는 원동력이 되기도 한다. 그러나 그 수준이 지나치면 어느새 인정받는 데 중독되고 만다. 타인의 시선과 감정에 과도하게 민감해져 인정받을 때만 스스로의 존재감을 확인하게 되고, 반대로 인정받지 못하면 존재 가치가 흔들리는 불안에 빠지게 되는 것이다.

인정받아야만 존재하는 삶

인정 중독은 헤겔Georg Wilhelm Friedrich Hegel의 '인간다움' 관점에서 살펴볼 필요가 있다. 헤겔은 인간다움이란 사회적 인정을 통해서 충족된다고 강조했다. 그에 따르면 인간에게는 동물적 생존 욕구 외에 인간적 명예를 지키기 위한 욕망이 있는데 그것은 사회적 인정을 통해서 충족된다. 즉 '인정 투쟁적 삶'은 타인의 인정을 받아야만 자기 정체성이 확립되고 살아갈 의지를 얻는 삶이다.

헤겔의 인정 투쟁은 악셀 호네트Axel Honneth로 이어진다. 호네트는 인간은 본능적으로 타인에게 인정받고자 하며 이 과정에서 사회적 정체성과 자존감이 형성된다고 말한다. 결과적으로 현대인의 삶이란 타인의 인정과 사회적 감탄을 얻기 위해 끊임없이 자신을 드러내고 경쟁하는 삶이라 할 수 있다. 그런데 우리는 왜 이토록 다른 사람의 인정에 의존하는 것일까?

호네트는 그 이유를 크게 두 가지로 제시한다. 첫째, 인간은 구성원들의 인정을 받아야만 사회 공동체에 소속될 수 있다고 느끼기 때문이다. 둘째, 인간이 자기 가치에 확신을 가질 수 있는 방법은 다른 사람에게서 '확인'받는 것밖에 없기 때문이다.

그의 주장처럼 정도의 차이는 있겠으나 현대 사회에서는 누구나 '관종'의 삶을 살아간다. SNS에서 인플루언서 활동을 하거나 자신만의 매체를 운영하며 불특정 다수의 '좋아요', 구독, 댓글, 나아가 물질적 성취를 통해 타인의 인정을 얻으려는 경쟁이 일상화돼 있다. 이러한 인정 투쟁은 단순한 욕망의 차원을 넘어 사회적 소속감과 자아실현의 조건으로까지 이어진다.

물론 사회적 존재인 인간이 타인의 인정을 받고, 동시에 타인을 인정해주며 서로의 정체성을 확인하는 것은 지극히 자연스러운 일이다. 자기 능력이나 가치를 사회적으로 인정받는 것이 좋은 삶이나 행복한 삶의 조건이라는 인식 역시 예나 지금이나 크게 다르지 않다. 그렇기에 인정 투쟁은 현대 사회에서 개인의 자존감 형성과 사회적 갈등을 동시에 움직이는 핵심 요인으로 작용한다. 문제는 이 과정에서 갈등이 쉽게 발생하고 또 빠르게 증폭된다는 데 있다.

인정 투쟁 과잉은 낮은 자존감과 사회 불안을 불러오고 경쟁심을 부추겨 우울과 자기 상실로 이어지기 쉽다. 타인의 인정과 찬양에 삶의 무게중심을 둘수록 개인은 점점 타인의 기대에 종속된 삶을 살게 된다. 특히 성과주의 사회에서는 이러한 구조가 부정적인 자기 인식을 더욱 공고히 하는 방향으로 작동하기 쉽다.

스스로에게 감탄하는 삶

착취당하지 않기 위해서는 어떻게 해야 할까? 답은 분명하다. '스스로에게 감탄하는 삶'을 사는 것이다. 나에게 감탄하는 삶이란 인정 투쟁에 매달리지 않고 나로서 존재하는 것 자체에 의미를 부여하는 삶이다. 내가 나한테 감탄할 게 없다면 지금이라도 만들어서 실천하면 된다.

나는 평소 강연을 할 때도 "남의 감탄에 목매지 말고 내가 좋아하는 것을 찾아 즐길 줄 아는 사람이 되자"라는 말을 종종 한다. 그 누구의 눈치도 보지 않고 내가 좋아하는 것을 찾아 즐기는 것이 얼마나 좋은지는 해본 사람만이 안다. 그것은 타인에게 얻는 짧은 감탄과는 비교할 수도 없을 정도로 달콤하고 충만한 기쁨을 준다.

무엇보다 자기 삶에 스스로 감탄할 게 있는 사람은 '그 정도면 충분해. 거기까지!'라고 선언할 수 있다. 욕망의 자기 조절 능력을 갖고 있기 때문이다. 하지만 인정욕구가 강한 사람은 타인의 시선과 잣대를 가치 기준으로 삼고 있어서 욕망의 한계를 스스로 규정하지 못한다. 그 결과 끊임없이 타인과 비교하면서 만족을 모르는 삶을 반복한다.

나로서 살아가는 일 시도해보기

무엇이든 나로서 살아갈 수 있는 일을 시도해보자. 처음에는 그것을 찾는 것조차 막막하고 시작하려면 두려움이 앞설 수 있다. 시행착오 속에서 스스로 해나가며 성장하는 재미를 한 번이라도 맛보길 바란다. 그만큼 깊은 행복감을 주는 경험도 드물다. 일이든 취미든 스스로 선택해 새로 배우고 익히는 과정을 거쳐보지 않은 사람은 성장감을 느끼기 어렵다.

특히 제대로 된 학습이나 탐구의 경험이 없는 경우가 그렇다. 외모 강박에 빠진 사람들 가운데 상당수가 여기에 해당한다. 이들은 자기 성장을 위한 내재적 가치의 축적보다는 외부의 평가와 즉각적인 인정에 더 많은 관심을 기울이는 경향이 있기 때문이다.

문화, 예술, 취미, 레저 등에 관심이 없고 오로지 일만 하는 사람도 마찬가지다. 우리가 일 외에 다양한 활동을 해야 하는 이유가 바로 여기에 있다. 지금 이 순간부터리도 새로운 것을 배워보자. 거창하지 않아도 괜찮다. 작지만 나만의 즐거움과 성장을 맛보게 하는 것은 무엇이든 소중하다. 스스로 선택하고 찾아서 배우는 삶이야말로 진정으로 문화적인 삶이다. 이는 실체조차 알 수 없는 SNS 속 누군가의 '좋아요'를 기다리지 않아도, 댓글에 마음을 소모하지 않아도 충만함을 유지할 수 있는 거의 유일한 방법이기도 하다.

내 매력에 푹 빠져보기

또 한 가지 방법은 나만의 매력을 찾는 것이다. 예쁘고 멋진 외모보다 더 크고 오래 지속되는 오라를 만들어내는 힘, 그것이 바로 매력이다. 외모는 꾸밀 수 있지만 매력은 속여서 만들어낼 수 없다. 매력은 한 사람의 내적 가치에서 비롯되는 호감이기 때문이다. 그렇다면 나만의 매력은 어디에서 시작해야 할까? 답은 '자기애自己愛'다. 자신에 대한 애정이 없으면 고유한 개성과 매력을 발견하고 드러내는 일 또한 불가능하다. 이 과정을 거쳐 비로소 나만의 '후광효과'가 만들어진다.

심리학에서 말하는 후광효과란 어떤 대상의 일부 특성이 전체적인 평가에 영향을 미치는 현상을 뜻한다. 첫인상이 좋으면 자연스럽게 신뢰와 호의가 따라오는데 이는 긍정적 후광효과가 작동한 결과로 볼 수 있다. 중요한 점은 외모만이 후광효과를 만들어내는 요소는 아니라는 사실이다. 고상하고 부드러운 목소리, 예의 바르고 배려 깊은 태도, 지적 수준이 느껴지는 대화처럼 매력적인 특징은 외모 못지않은 힘을 지닌다. 이러한 자신만의 가치를 찾아 의식적으로 내면화할 때 우리는 외모 강박에서 벗어나 한층 매력적인 사람이 될 수 있다.

이 원고를 쓰는 동안 한 가지 바람이 생겼다. 언젠가 이 책의 다음 시리즈를 쓰게 된다면, 그때만큼은 트렌드 키워드 속에서 '외모 강박'이라는 단어가 사라지기를 바란다. 외모가 중요하다는 인식은 씁쓸하지만 외면하기 어려운 현실이다. 그렇다고 사회가 만들어낸 기준으로 자기 얼굴과 몸을 끝없이 재단하며 박탈감이나 혐오에 빠지는 일까지 정당화할 수는 없다.

개인이 건강한 자존감을 키우기 위해서는 외재적 가치보다 삶의 방식과 행동, 성품과 가치관 같은 무형의 가치를 더 중시해야 한다. 사회 역시 그러한 개인들이 서로 연대할 때에야 비로소 건강한 방향으로 나아갈 수 있다. 이것이 우리가 외모 평가와 강박에서 벗어나야 하는 이유다.

MIND TRACKING

대면 기피

콜포비아와
젠지스테어 사이

"수많은 사회적 접촉을 견뎌야 하는 현대인에게
비대면은 감정 에너지 보전을 위한 현실적인 전략이다."

"문의는 DM으로
부탁드립니다."

코로나가 만연하기 전인 2018년 10월, 나는 이미 그때부터 '비대면 세상이 온다'는 주제로 강연을 했다. 물론 내가 앞일을 훤히 내다보는 족집게 미래학자일 리는 없다. 다만 당시의 문제의식은 막연한 예측이라기보다 변화의 방향을 읽으려는 나름의 시도에 가까웠다.

그해 가을 삼성동 코엑스에서 '넥스트 콘텐츠 콘퍼런스'라는 행사가 열렸고 나는 한 섹션의 강연자로 초청을 받았다. 이름 그대로 미래 사회에서 이슈가 될 콘텐츠를 짚어보는 자리였다. 지금에 와서 하는 말이지만 주제는 물론 제목까지 미리 정해놓은 강연은 그때가 처음이었다. 그만큼 당황스러웠다. 무엇보다 해당 주제로 강연을 잘해낼 자신이 없었다. 그래서 강연을 제안해준 카이스트 김대식 교수에게 정중히 고사의 뜻을 전했다.

"교수님, 저는 비대면 세상에 대해서는 강연을 잘할 자신이 없어요."

그러자 돌아온 대답은 의외로 단호했다.

"무슨 소리야. 이 주제로 강연할 사람은 당신밖에 없어."

그렇게 단칼에 거절을 당한 뒤, 나는 울며 겨자 먹기로 강연 자료의 첫 장부터 마지막 장까지를 모두 새로 준비할 수밖에 없었다. 결과적으로 이 강연은 내 인생에서 가장 힘들었던 동시에 청중의 반응이 가장 좋지 않았던, 말 그대로 '레전드 강연'으로 남았다.

이유는 명확하다. 당시 다뤄졌던 키워드가 초연결, 스마트 시티, IoT, 클라우드 펀딩, 클라우드 플랫폼, AI 등이었기 때문이다. 그 시점의 청중에게 이 주제들은 지나치게 앞서 있는 것이었다. 현실의 문제로 체감되기에는 너무 먼 미래의 이야기처럼 들렸을 것이다. 공감을 얻기 어려웠던 것도 무리는 아니다.

그런데 놀랍게도 딱 1년 뒤인 2019년 11월, 중국 후베이성 우한시에서 감염병이 확산되기 시작했다. 그리고 2020년 전 세계는 코로나19 팬데믹이라는 초유의 사태를 맞았다. 이론으로만 이야기되던 비대면 세상이, 예고도 없이 현실이 된 것이다.

세상이 멈춰 선 듯 보이던 상황에서도 사람들은 계속해서 일을 해야 했고 일상 역시 이어가야 했다. 재택근무가 빠르게 자리 잡으면서 '비대면 커뮤니케이션'은 사회적 관심의 중심으로 떠올랐다. 그리고 그 무렵부터 여기저기서 나를 찾기 시작했다. 아이러니하게도 그 출발점은, 당시에는 혹평에 가까웠던 바로 그 강연이었다.

넥스트 콘텐츠 콘퍼런스에서 '발전하는 비대면 세상과 퇴보하는 커뮤니케이션'이라는 제목으로 강연을 했다. 당시에는 비판적인 반응이 적지 않았는데, 결과적으로 그 강연을 계기로 나는 이 주제에 관해서만큼은 아시아에서 가장 준비가 잘된 강연자 중 한 사람으로 불리게 되었다. 코로나 시기에 제안받은 강연의 상당수도 대부분 이와 연결되어 있었다.

코로나 팬데믹에서 벗어난 지 4년이 지났다. 새벽근무를 하던 사람들은 직장으로 돌아갔고, 지하철은 다시 지옥철이 되었으며, 헬스클럽과 쇼핑몰은 사람들로 가득 찼다. 마스크를 벗은 얼굴을 마주할 수 있게 되었으며, 한동안 비어 있던 공연장과 강의실 역시 사람들의 온기로 채워졌다. 해외 여행도 다시 성행하고 있다. 겉으로 보면 모든 것이 예전으로 돌아간 듯 보인다.

그런데 한 가지, 달라지지 않은 것이 있다. 바로 '대면 기피' 현상이다. 더 흥미로운 점은 2024년 하반기부터 다시 사회 전반에서 비대면에 대한 선호가 급증하고 있다는 데이터가 나타나기 시작했다는 사실이다. 비대면은 더 이상 위기의 대안이 아니라 심리적 선택지 중 하나가 되어가고 있다.

◆ '던바의 수'는 아직도 유효할까?

비대면 세상에 대한 현대인들의 갈망은 코로나 팬데믹이 오기 전부터 이미 내재해 있었다. 바이러스가 등장하기 훨씬 이전부터 사람들은 대면 중심의 세상에서 상당한 피로를 느끼며 버거워하고 있었던 것이다. 그런데 코로나 팬데믹이 끝난 뒤 2년이 지난 2024년부터 다시 비대면 선호도가 급격히 높아진 이유는 무엇일까?

팬데믹 당시 우리는 질병 앞에서 고통받았고 때로는 두려움 속에 하루하루를 견뎌야 했다. 그러나 역설적으로 그 시기 동안 지구는 그 어느 때보다 쾌적했으며 개인의 삶은 통제 속에서도 묘한 자유를 누렸다. 보고 싶지 않은 사람을 만나지 않아도 되는 명확한 핑계가 생겼고, 회사에 출근하지 않고 재택근무만으로 기존의 업무를 충분히 해낼 수 있었다. 그래도 월급은 꼬박꼬박 지급되었다. 이런 자유로움은 코로나19 이전에는 감히 상상조차 하기 어려운 것이었다.

그래서일까. 코로나19를 떠올리면, 재택근무를 하고 혼자

　　　　　　　　　　　　　7장 : 대면 기피

영화를 보고 혼자 밥을 먹어도 전혀 어색하지 않았던 그 시절이 한편으로는 그립다는 생각이 든다. 불과 몇 년밖에 지나지 않았는데도 바이러스에 대한 공포보다 비대면 생활이 주었던 자유로움이 먼저 떠오르는 것을 보면, 인간은 분명 망각의 동물이다. 그래도 우리 뇌가 지금까지도 또렷하게 기억하는 사실이 하나 있다. 바로 '사람이 버겁다'는 감각이다.

무서운 속도로 변해가는 세상에 지친 사람들은 이제 일상에서 타인의 감정과 요구까지 함께 감당하기에는 자기 에너지가 턱없이 부족하다는 사실을 깨닫게 되었다. 해가 갈수록 '아는 사람'의 숫자는 늘어나지만, 진정으로 마음을 나눌 수 있는 편안한 관계는 오히려 줄어들고 있는 듯하다.

이와 관련한 문제의식은 2018년 '비대면 커뮤니케이션' 강여에서도 이미 다룬 바 있다. 해당 강연 자료의 첫 페이지에 적힌 키워드는 진화 심리학자 로빈 던바Robin Dunbar의 핵심 이론인 '던바의 수Dunbar's Number'였다. 이 이론은 사회적 관계를 처리하는 인간의 능력이 뇌의 크기와 밀접하게 연관돼 있다는 전제에서 출발한다. 그 결과 한 사람이 안정적으로 유지할 수 있는 친밀한 사회적 관계의 최대 규모를 약 150명으로 제시한다.

이 주장은 영장류 연구와 원시 부족 사회 등 다양한 인류학적 데이터를 근거로 한다. 핵심 가설은 이렇다. 특정 척추동물종의 집단에서는 두뇌 크기가 사회집단의 크기와 비례한다는 것이다. 이 전제에 따르면 유기체의 정보처리 능력은 대뇌 신피질의 크기에 달려 있다. 그리고 이를 토대로 계산해보면, 한 개인이 안정적으로 관리할 수 있는 인맥의 최대치는 평균 150명이라는 결론에 이른다. 물론 이 숫자는 온라인상의 팔로워나 친구 수와는 전혀 다른 의미를 갖는다.

'던바의 수'로 알려진 이 수치의 설득력은 현대 군대의 전투 중대 규모가 130~150명 내외로 구성된다는 점과도 맞닿아 있다. 인간이 실제로 기능적으로 소통할 수 있는 집단의 크기가 그 정도라는 방증인 셈이다.

이를 토대로 던바는 개인이 유지할 수 있는 관계의 구조를 '3배수 법칙'으로 설명한다. 가족처럼 가장 친밀하게 의지하는 관계는 약 다섯 명, 친척과 가까운 친구는 15명, 사회적 친분 관계는 50명, 각종 조직 내 관계는 150명 내외로 확장된다는 것이다. 다만 초연결 사회에서 개인이 맺는 관계의 수가 기하급수적으로 늘어난 현실을 고려하면, 150명이라는 숫자는 시대 변화를 반영하지 못한다는 비판을 받기도 한다.

이에 대해 로빈 던바는 SNS 시대에도 실질적인 친구의 수는 크게 달라지지 않는다고 말한다. 물론 이 점을 두고 학계의 이견은 여전히 존재한다. '던바의 수'가 제시된 시점이 소셜미디어 등장 이전이었기 때문이다. 비판자들은 SNS가 훨씬 더 광범위한 관계 유지를 가능하게 했다고 주장한다. 그러나 던바 교수의 의견은 다르다. 그는 소셜미디어에서의 연결은 대부분 강도가 약한 관계에 그치기 때문에 초연결 시대에도 '던바의 수'는 여전히 유효하다고 반박한다.

◆ 인간의 뇌는 아직도 작은 마을에 산다

그런데 여기서 로빈 던바가 진짜로 주목한 것은 숫자 그 자체가 아니다. 진화나 인류의 시간 단위에서 보면 1만 년, 2만 년은 사실상 찰나에 불과하다. 인류학자들과 이야기를 나누다 보면 "2만 년 전은 그렇게 먼 옛날도 아니죠. 한 10만 년 전쯤 되어야 옛날이라 할 수 있어요"라는 말을 한다. 우리 인간, 즉 호모 사피엔스의 역사가 약 35만 년이라는 점을 떠올리면 그 말이 이해된다.

던바의 질문은 단순했다. 35만 년 동안 인류는 어떤 규모의 마을에서 태어나 살았고, 매일 어떤 얼굴들을 보며 평생을 보냈는가 하는 것이다. 다시 말해 한 사람이 일생에서 반복해서 마주친 얼굴은 대략 몇 명이었느냐는 질문이다. 그의 결론은 명확했다. 그 숫자가 대략 150명 안팎이라는 것이다.

문제는 바로 여기에 있다. 인류는 거의 99퍼센트의 시간을 늘 보던 얼굴들과 함께 살아온 원시 부족, 씨족 공동체의 환경 속에서 보냈다. 우리 뇌는 그 시간을 훨씬 더 많이 훨씬 더 선명하게 기억하고 있다. 그래서 우리는 본능적으로 사람 만나는 일을 힘들어한다. 낯선 얼굴이 많아지고 관계가 복잡해질수록 에너지가 급격히 소모되는 이유도 여기에 있다. 대면 소통이 버겁게 느껴지는 것은 의지의 문제가 아니라 아주 오래된 뇌의 기억에 기인한 반응이다.

오늘날 문제는 관계의 양이 아니라 질이다. 관계가 지나치게 많아진 탓에 친밀도가 전반적으로 약해지고 있다. 게다가 너무 많은 관계를 유지하려는 과정에서 감정은 낭비되고 에너지는 빠르게 소모된다.

인류의 역사를 되짚어보면, 길에서 낯선 사람을 만난다는 것은 종종 생존을 위협하는 상황에 가까웠다. 영화 〈아포칼립토〉에서 보듯 인간은 가족과 부족을 지키기 위해 다른 집단과 싸우며 살아온 시간이 훨씬 길다. 우리 뇌는 여전히 그 시기의 흔적을 강하게 간직하고 있다. 그 때문에 오늘날에도 낯선 사람과 마주 앉아 대화를 나누는 일은 본능적으로 쉽지 않다. 심지어 잘 아는 사람과의 대면 소통조차 부담스럽게 느껴질 때가 있다.

인간이 눈을 통해 뇌로 전달하는 정보는 크게 두 가지다. 하나는 사람의 얼굴이고, 다른 하나는 그 외의 모든 것이다. 이는 사람의 얼굴을 보는 행위가 그만큼 뇌의 특정 영역을 강하게 활성화한다는 뜻이기도 하다. 얼굴은 많은 단서를 제공하지만 동시에 엄청난 에너지를 요구한다. 이런 원리를 고려하면 비대면 세상을 선호하는 것은 어쩌면 당연한 현상일 수 있다.

나 역시 대면 커뮤니케이션이 불편해 이메일을 주로 사용한다. 유학 시절, 이메일이 얼마나 효율적인 소통 수단인지 절실히 깨달은 경험이 있다. 평소 이메일로만 소통하던 학과장이 어느 날 갑자기 직접 만나 이야기를 나누고 싶다며 연락해왔다. 그때의 심정은 마치 입영 통지서를 받고 입대를 기다리는 기분에 가까웠다. 단순히 영어로 말해야 한다는 부담 때문만은 아니었다. 외국인과 마주 앉아 얼굴을 바라보며 진지한 대화를 나눈다는 행위 자체가 상당한 에너지를 소모시켰기 때문이다. 친밀도의 문제를 떠나 대면 소통은 그 자체로 고된 작업이다.

김애란 작가의 소실집 『달려라 아비』에 실린 「나는 편의점에 간다」에도 이와 비슷한 장면이 등장한다. 소도시에 있는 작은 출판사에서 일하는 '나'는 근처 포장마차 떡볶이집에서 국물 떡볶이를 먹으며 혼자만의 시간을 보내는 걸 좋아했다. 그러던 어느 날, 떡볶이집 노모의 아들이 말을 걸어온다. 전공은 무엇인지 졸업 후에는 어떤 일을 하고 싶은지 등을 묻는다. 대답하고 싶지 않았지만 상황상 피할 수 없어 건성으로 응대한다. 그리고 그날 이후 '나'는 다시는 그 떡볶이집에 가지 않는다.

이런 경험은 낯설지 않다. 우리 누구나 비슷한 경험을 한다.

택시 기사와의 대화를 즐기는 사람도 있겠지만 대다수는 조용히 쉬면서 편히 이동하고 싶어 택시를 탄다. 그런데 기사님이 갑자기 "무슨 일 하세요?" 하고 말을 걸어오면 마음속에서는 본능처럼 이런 생각이 먼저 스친다. '아, 잘못 탔다.' 그래서 많은 이가 택시에 타자마자 이어폰을 끼고 스마트폰 화면으로 시선을 돌린다. 대화를 피하기 위한 일종의 방어막인 셈이다. 나 역시 다르지 않다.

누군가와 한 공간에서 단둘이 이야기를 나눈다는 것은 생각보다 훨씬 많은 에너지를 요구한다. 상대의 표정을 읽고, 반응의 속도를 조절하고, 말의 온도를 맞추는 과정이 동시에 진행되기 때문이다.

오늘날 현대인들은 집을 나서는 순간 하루에도 수천 명의 사람과 마주친다. 문제는 그 만남의 상당수가 내가 주도권을 쥐지 못한 상태에서 이루어진다는 점이다. 소위 말해 '갑'이 아닌 '을'의 위치에서 대면해야 할 사람이 많아질수록 대면 상황은 휴식이 아니라 소모로 느껴진다. 그러다 보니 사람들은 점점 더 대면을 피하게 되고 가능하다면 비대면을 선택한다. 그 선택은 에너지를 지키기 위한 현실적인 전략에 가깝다.

세대가 아니라 시대가 대면을 외면한다

최근 해외 소셜미디어에 '젠지스테어(GenZ stare)'라는 신조어가 등장했다. 'GenZ(Z세대)'와 'stare(응시)'의 합성어로, Z세대가 타인을 무표정한 얼굴로 말없이 빤히 쳐다보는 모습을 뜻한다. 이는 비단 해외 Z세대만의 특징이 아니다. 우리나라의 Z세대도 다를 바 없다. 직장이나 카페 등에서 상사나 점원이 질문을 해도 바로 대답하지 않거나, 아무 말 없이 뚱한 표정으로 상대를 바라보는 Z세대를 만나는 것은 어렵지 않다. 매장에서 점원이 "영수증 드릴까요?" 혹은 "필요한 게 있으신가요?"라고 물어도 대부분 대꾸 없이 멍하니 보거나 딴청을 피운다.

젠지스테어는 세계적인 증상으로 거론될 만큼 보편화된 현상이다. NBC 방송은 Z세대의 젠지스테어를 단순한 행동 양식이 아니라 자기 검열의 경향으로 해석할 수 있다고 전했다. SNS가 일상인 환경에서 성장한 세대는 자기 말과 행동이 온라인에서 조롱의 대상이 될 수 있다는 두려움을 내면화했고, 그 불안이 오프라인 행동에도 반영됐다는 것이다.

대면 소통이 어려워지는 현상은 Z세대만의 문제가 아니다. 스마트폰이라는 전대미문의 기기를 손에 쥔 이후 비대면 소통은 크게 늘었지만, 하루 동안 직접 마주해야 하는 사람의 수는 여전히 감당하기 벅찬 수준이다. 사람을 많이 만날수록 외로움은 커지고 에너지는 빠르게 소모된다. 젊은 세대일수록 '콜포비아·말보다 DM·글보다 영상'을 선호하는 경향이 두드러진다. 그러나 이러한 성향은 이제 특정 세대에 국한되지 않고 전 세대에 걸쳐 나타나는 보편적인 정서라 해도 과언이 아니다.

세대를 불문하고 인간관계에서 주도권을 쥐지 못한 상태라면 그 관계는 고려해야 할 변수가 많아질 수밖에 없다. 그만큼 피로도 역시 커진다. 그렇기에 관계의 주도권을 쥐고 있는 사람일수록 소통의 방식은 더욱 신중하게 선택해야 한다. 무엇보다 상대를 배려하는 방향이어야 한다.

나는 지금도 가끔 군대 가는 꿈을 꾼다. 군필자들은 평생 벗어나지 못하는 꿈이라고들 하는데 그 내용도 제각각이다. 나는 군 생활을 통해 많은 것을 배우고 보람도 느꼈지만, 다시 돌아가고 싶지는 않다. 당시 나는 정훈장교로 복무하며 대령급 지휘관을 모셔야 했다. 물론 지휘관은 나를 힘들게 하지 않았으나 존재 자체만으로 위압감이 느껴졌기에 나는 단 한 번도 그분의 얼굴을 정면으로 바라보지 못했다. 그런 분이 "야, 나 단장인데…"라며 전화를 걸어온다면, 제대 후인 지금도 그 자리에서 벌떡 일어나 전화를 받아야 할 것만 같다. 생각만 해도 등골이 오싹해진다.

그렇다면 왜 제대한 지 한참 지난 지금까지도 이런 감각이 남아 있을까? 군대라는 조직의 강한 상하관계 때문이기도 하겠지만 핵심은 따로 있다. 그 관계 안에서 내가 단 한 번도 주도권을 쥔 적이 없어서다. 물론 나는 좋은 상관을 만났다. 다행스럽게도 지휘관은 소통 방식에서 남다른 배려를 해줬다. 내가 복무하던 1995년부터 1998년까지는 문자 서비스가 존재하지 않던 시절이었다. 그때 지휘관은 업무를 지시할 때마다 메모지에 직접 내용을 적어 전달해줬다. 지금으로 치면 문자 메시지를 보내는 방식에 가까웠다. 이 점은 지금까지도 내가 깊이 감사하는 대목이다. 나는 그분의 소통 방식을 통해 관계의 주도권을 가진 사람이 무엇을 가장 먼저 고려해야 하는지를 분명히 깨달았다.

대개 관계의 주도권과 결정권을 쥔 사람들은 '이 정도면 내 뜻은 충분히 전달되었겠지'라고 여긴다. 하지만 이런 확신은 상당 부분 혼자만의 착각에 가깝다. 실제로 전달받는 쪽이 이해하는 내용은 제감상 30퍼센트 남짓에 불과한 경우가 대부분이다. 따라서 우리는 '대면 소통만이 최고의 커뮤니케이션 방식'이라는 고정관념에서 벗어날 필요가 있다. 특히 내가 상대보다 연장자이거나 명확한 주도권을 쥔 위치라면, 디지털 세대의 소통 방식을 불편한 시선으로 바라봐서는 곤란하다. 오히려 그들이 왜 비대면 방식을 선호하는지를 이해하려는 태도가 선행되어야 한다.

물론 반대의 노력도 필요하다. 대면 소통을 유독 힘들어하는 이들 역시 중요한 관계에서는 조금 더 용기를 내 대면 방식에

도전해볼 필요가 있다. 이는 어느 한쪽의 양보로만 해결할 수 있는 문제가 아니기에 서로를 향한 배려와 이해의 간극을 좁히는 과정이 필요하다.

비대면 소통은 다양한 사람들의 이야기를 접할 수 있다는 분명한 장점을 지닌다. 지금은 대면 커뮤니케이션 능력 못지않게 어쩌면 그보다 더 중요한 역량으로 비대면 커뮤니케이션이 요구되는 시기에 들어섰다. 흥미로운 점은 만나서는 달변가인 사람이 이메일만 쓰면 문장이 엉망이 되는 경우가 의외로 많다는 것이다. 이는 말과 글은 애초에 서로 다른 언어 체계를 갖고 있어서다. 짧은 메시지에는 능숙하지만 긴 이메일에는 유독 약한 이들도 적지 않다.

오늘날처럼 비대면 소통이 일상화된 사회에서는 메시지를 어떻게 전달할 것인가 역시 중요한 선택의 문제다. 관계의 성격에 따라 어떤 메신저를 사용할지, 자신이 어떤 형태의 글쓰기에 상대적으로 강한지를 먼저 점검해볼 필요가 있다. 그 판단을 바탕으로 말이 나을지, 장문의 이메일이 적절할지, 혹은 짧은 SNS 메시지가 효과적일지를 선택하는 것이 좋다. 말보다 DM, 글보다 영상을 선호하는 세대와의 소통이라면 메신저의 선택은 더더욱 중요할 수밖에 없다.

◆ 최고의 소통은 '느림'과 '고독'을 오가는 것

사람은 누구나 저마다의 방식으로 사회생활을 한다. 직업이나 경제활동의 유무, 지역사회에서의 활동 여부, 가정 내 역할과 무관하게 우리는 기본적으로 '사회' 속에서 살아간다. 그렇기에 타인과의 커뮤니케이션은 선택이 아니라 필수다. 그런데 메시지의 내용에만 집중한 채 어떤 메신저로 다가갈 것인지, 어떤 방식이 적절한지를 고민하지 않는 사람들이 꽤 많다. 이런 경우 관계 속에서 배신감이나 섭섭함, 단절감과 불통감을 반복해서 경험하게 된다. 그리고 그 결과를 돌아보면서 문제의 원인을 자기 선택이 아니라 상대방에게서 찾기 쉽다.

나 역시 아이가 사춘기일 때, 심지어 옆방에 있는데도 아이와 카카오톡으로 대화를 나눴다. 우리 가족 사이에 문제가 있었던 것은 아니다. 딸은 어버이날을 비롯한 기념일마다 안부 전화나 문자로 진심을 담아 마음을 전해왔고, 그것이 내겐 별다른 문제가 아니었다. 그러던 딸은 스승의날에도 안부 전화를 해왔다. 궁금증을 참기 힘들어 이유를 물어봤다. 그랬더니 뜻밖에도 꽤 신선한 답이 돌아왔다.

"도서관에서 아빠 책이 자주 보였어요. 그래서 가끔은 스승의날에도 전화해야 할 것 같았어요."

이처럼 우리 부녀는 간간이 농담도 주고받고 있으니 나쁘지 않은 사이라 자부할 만하다. 그럼에도 여전히 직접 말을 건네는 대신 카톡으로 소통할 때가 있다. 가까운 관계일수록 일정한 거리감이 있어야 감정의 마찰 없이 소통이 이어지기 때문이다. 또한 적당한 거리를 두면 예의를 지키기도 쉽다.

카톡으로 이런 장난도 친다.

"채원아, 네 방으로 가위 찾으러 가도 될까?"

"언제요?"

"내일모레 3시 반, 예약하는 거야."

그러면 아이는 까르르 웃는 표정의 이모티콘을 보내온다.

내가 딸에게 이런 식으로 메시지를 보내는 이유는 분명하다. 아무리 친한 사이라도 지켜야 할 선은 있다는 걸 전하고 싶어서다. 예고 없이 찾아가 초인종을 누르는 것이 무례하듯 소통에서도 내가 급하다는 이유로 불쑥 전화를 거는 일은 조심할 필요가 있다. 가족이라고 해서 예외는 아니다. 가족 역시 작은 사회 안에서 맺는 관계이며, 서로에게 예의를 갖출 책임이 있다.

관계에 있어서 '예의 바름'이란 무엇일까? 그 핵심에는 바로 '느림'이 있다. 대면보다 비대면이 상대적으로 느리기에 사람들은 본능적으로 비대면 소통을 선호한다. 다만 한 가지를 잊어서는 안 된다. 비대면 소통 역시 속도 조절에 실패하면 관계가 오히려 더 빠르게 피로해질 수 있다는 점이다.

내가 대학교 1학년이던 시절만 해도 핸드폰은 존재하지 않았다. 요즘 세대라면 상상하기 어렵겠지만 당시에는 한번 잡은 약속은 반드시 지켜야 했다. 중간에 바꿀 방법이 없었기 때문이다. 그래서 만나는 날짜는 대개 넉넉하게 잡았다. 친구와의 약속도 최소 1~2주 전, 때로는 한 달 전에 정했고 일단 약속을 정하면 쉽게 바꾸지 않았다. 요즘처럼 '내일 볼래?', '지금 시간 돼?' 같은 즉흥적인 약속이나 번개 모임은 애초에 불가능한 시대였다.

흥미롭게도 지금보다 훨씬 불편했던 그 시절이 오히려 소통 관련 문제는 적었다. 서로에게 예의를 더 잘 갖췄기에 그랬던 것이라 생각한다. 반대로 과거에는 상상할 수 없을 만큼 편리해진 오늘날은 어떤가. 만남과 소통의 자유가 커진 만큼 관계는 더 느슨해지고 고립을 선택하는 사람도 늘어났다. 이는 비대면의 편리함만을 취한 채 서로에 대한 최소한의 예의를 잊은 데서 비롯된 부작용에 가깝다.

요즘 기성세대는 젊은 세대가 비대면을 선호하고, 심지어 전화받는 것조차 꺼리는 모습을 보며 사회성이 약해졌다고 걱정하거나 비난하기도 한다. 하지만 대면을 부담스러워하는 문화는 단지 세대 차이로만 볼 문제가 아니다. 나 역시 전화를 받는 일이 부담스럽게 느껴질 때가 많다. 모르는 사람과의 통화는 더욱 그렇다. 게다가 얼굴 한번 마주한 적 없는 사람과 식사 약속이라도 잡히면 일주일 전부터 마음이 불편해진다.

강연과 방송처럼 대면 소통이 중요한 일을 하는 나조차도 이런 감정을 느낄 때가 있다. 이 현상은 특정한 성향이나 집단에 국한된 문제가 아니다. 그래서 틈이 나면 일부러 혼자 있는 시간을 확보하려 애쓴다. 혼자만의 시간을 통해 에너지를 충전해야만 대면과 비대면 소통의 균형을 다시 맞출 수 있기 때문이다.

2023년 코로나 종료 선언 이후, 한국 사회는 다시 예전의 속도로 돌아가 더 열심히 일하고 더 빠른 성장을 이루자고 외쳤다. 그러나 그 반작용은 오래가지 않았다. 얼마 안 돼 많은 사람이 다시 지치기 시작했다. 과도한 열정과 속도는 코로나 이전인 2018~2019년에 경험했던 번아웃에 가까운 피로를 다시 불러왔다. 특히 비대면 환경에서 비교적 덜 침해받던 자유와 프라이버시를 뒤로한 채 대면 세상으로 복귀하면서 각종 포비아가 한꺼번에 고개를 들기 시작했다.

이런 상황에서 우리는 어떤 대안을 실천할 수 있을까? 내가 제안하고 싶은 방법은 의도적으로 혼자 있는 시간을 확보하는 것이다. 이미 비대면을 선호하는 분위기 속에서 소통이 어려워지고 있는데, 더 고립되는 것 아니냐며 반문할 수도 있다. 하지만 내가 말하는 고독은 '단절'이 아니다. 바쁘고 소진된 일상에서 잠시 멈춰 뇌를 쉬게 하자는 제안이다.

요즘 사람들은 직접 만나 에너지와 시간을 쓰는 대신 메신저로 대화를 이어가고 SNS의 쇼츠나 영상 콘텐츠로 시간을 채운다. 겉으로는 쉬는 것처럼 보이지만 뇌는 잠시도 쉬지 못하고 있다. 즉 휴식이라고 착각하지만 실제로 뇌는 계속 작동 중이라는 뜻이다. 제때 쉬지 못한 뇌는 사회성을 떨어뜨리고 관계 부적응의 원인이 된다. 그래서 우리는 주기적으로 혼자 있는 시간을 가짐으로써 소진된 사회적 자원을 다시 채울 필요가 있다.

◆ 대면과 비대면을 가장 효과적으로 활용하는 법

심리학자들은 코로나 시절부터 대면 커뮤니케이션과 비대면 커뮤니케이션이 각각 어떤 상황에서 필요한지에 대해 꾸준히 연구해왔다. 나 역시 여러 연구에 참여하고 방대한 자료를 검토한 끝에 한 가지 흥미로운 결론에 이르렀다. 다양한 의견을 듣고 창의적이고 혁신적인 아이디어를 떠올리는 데에는 의외로 비대면 커뮤니케이션이 더 큰 도움이 된다는 것이다.

반면, 특정 사안에 대한 결정을 내리거나 의견을 조율할 때는 대면 커뮤니케이션이 훨씬 효율적이었다. 서로의 표정과 감정을 읽으며 마음의 문을 열고 갈등을 줄여가는 데는 얼굴을 맞대고 대화하는 방식만큼 효과적인 것도 드물기 때문이다. 실제로 군 복무 시절 내가 근무하던 부대의 부지휘관 한 분이 이런 말을 한 적이 있다.

"교육 계획은 무조건 대면 보고해. 그 외 나머지는 비대면으로 맞춰보자."

그분은 나에게 '일을 제대로 하는 법'을 가르쳐준 사람 중 다섯 손가락 안에 드는 은인이다. 당시 정훈교육 계획은 이해관계자들의 의견 불일치가 잦을 수밖에 없는 사안이었다. 그 점을 정확히 간파하고 대면 커뮤니케이션의 필요성을 짚어주신 것이다. 더 인상 깊었던 점은 다른 업무에 대해서는 굳이 방식을 강요하지 않고 '맞춰보자'라고 표현했다는 사실이다. 이는 비대면이 나을지, 대면이 나을지 서로 고민해보고 선택하자는 의미였다. 돌이켜 보면 초급 장교 시절, 영관 장교에게서 받은 가장 의미 있고 기분 좋은 예우가 아니었나 싶다.

이처럼 대면과 비대면 커뮤니케이션은 상황에 따라 선택적으로 활용할 때 좋은 결과를 낳는다. 그렇다면 이 두 가지 방식을 거꾸로 사용하면 어떤 일이 벌어질까? 사람들과의 관계에 지쳐 거리를 두고 싶어 하면서 동시에 타인의 관심은 놓치고 싶지 않은 이중적 사고 구조에 빠지기 쉽다. 사람은 만나지 않으면서 온라인에서는 끊임없이 '좋아요'를 갈구하고, 동창회나 친구 모임에는 한 번도 나가지 않으면서 동창들의 관심은 계속 받고 싶어 하는 경우가 그렇다. 내 주변에도 이런 친구가 있다. 그 친구에겐 농담 삼아 "사이버 고등학교 출신 아니냐"고 말하곤 한다.

이런 삶은 현실에 발을 딛지 않은 채 떠 있는 것과 같다. 시간이 흐를수록 고립감은 깊어지고, 결국 자기 존재에 회의를 품을 수밖에 없다.

대인관계에서 스트레스를 최소화하고 건강함을 잃지 않기 위해서는 일상의 균형을 지키는 일이 무엇보다 중요하다. 우선 몸과 마음의 회복탄력성을 위해 제대로 쉬어야 한다. 필요할 때는 두려움 없이 사람을 만나되, 감정 소모가 큰 관계라면 만남의 빈도를 조절하며 서서히 거리를 두는 선택도 필요하다. 이 두 가지를 함께 고려해 커뮤니케이션 방식을 선택하는 것이 곧 균형을 유지하는 방법이다.

안타깝게도 사람들은 쉬어야 할 때조차 쉬지 못한 채 끊임없이 만남을 찾아 나선다. 특히 외로움을 피하려는 마음으로 사람을 만나면 표피적인 관계 속에서 오히려 더 깊은 외로움에 빠지거나 불필요한 실수를 저지를 가능성도 커진다. 이런 이유로 바람직한 인간관계와 상황에 맞는 커뮤니케이션을 위해서는 일정한 계획이 필요하다.

관계의 강도와 목적에 따라 대면이 나을지, 비대면이 나을지를 고민하는 것은 물론이고, 온전히 혼자 있는 시간에 대한 계획도 함께 세워야 한다. 이렇게 비움의 시간을 가져야 뇌 역시 쉬면서 사회적 자원을 회복할 수 있다.

흔히 내향적인 성격이라고 하면 낯을 가리고 대면 관계를 힘들어한다고 생각하는데 이는 상당한 오해다. 인간의 성격과 성향을 연구해온 다수의 연구자 견해를 종합해보면, 내향적이든 외향적이든 사람과의 대화를 본질적으로 싫어하는 사람은 거의 없다. 다만 사람을 만나 즐겁고 생산적인 대화를 나누기 위해서는 그에 상응하는 에너지가 필요할 뿐이다.

사람마다 보유한 에너지의 총량이 다르기에 감당할 수 있는 대면 관계의 범위 역시 달라진다. 내향적인 사람은 관계의 폭은 넓지 않지만, 그 안에서 맺는 친밀도는 오히려 더 깊고 에너지 낭비도 적다. 그 결과 일에 대한 집중력이 높아지는 경우도 많다.

간혹 '예전에는 내향적이었는데 요즘은 외향적으로 변한 것 같다'고 느낀다면, 이는 성격이 바뀌어서가 아니라 사회적 기술이 향상되었기 때문일 가능성이 크다. 사람을 대하는 요령이 늘면서 관계를 다루는 데 능숙해졌다는 뜻이다. 다만 이때는 한 가지 주의할 점이 있다. 나이가 들고 관계에서의 경험과 노련함이 쌓일수록 과신을 경계해야 한다는 점이다. 운동에서도 기술이 뛰어난 선수일수록 오히려 더 많이 다친다. 자기 체력이나 피로도를 정확히 인지하지 못한 채 익숙하다는 이유로 과감한 기술을 계속 구사하다 보면 부상의 위험이 커지기 때문이다.

관계도 마찬가지다. 사람을 다루는 기술이 늘었다고 해서 관계의 부담을 언제나 감당할 수 있는 것은 아니다. 그럴수록 의도적으로 혼자 있는 시간을 마련하고 그 시간을 즐길 줄 알아야 한다. 혼자 있는 시간을 건강하게 보내는 나만의 루틴이 없다면 어느 날 갑자기 혼자가 되었을 때 외로움에 휩싸이기 쉽다. 그 외로움을 견디지 못해 조급해지면 급하게 만든 관계로 인해 마음에 부상을 입을 가능성도 커진다.

예를 들어 '매일 오후 2시부터 3시까지는 혼자만의 시간 갖기'라는 루틴을 만들어둔다고 해보자. 그러면 그 시간에 책을 읽거나 산책을 하는 등 구체적인 계획을 세울 수 있다. 이렇게 의도적으로 확보한 혼자만의 시간을 반복하다 보면 혼자만의 시간이 더 이상 외로운 상태로 다가오지 않는다. 그 시간은 고독이 아니라 회복의 시간이다. 반대로 원하지 않는 순간 아무런 준비도 없이 혼자가 되면 마음이 불안해지고, 그 틈으로 외로움이 스며든다.

혼자 되기 연습이 필요한 이유는 외로움을 견디기 위해서만은 아니다. 이는 자신이 감당할 수 있는 사회적 관계의 범위가 어느 정도인지를 가늠하게 해주는 중요한 기준이 된다. 한 번쯤 스스로에게 물어보자. 나는 일주일에 몇 번, 총 몇 시간 정도 혼자 있어야 에너지가 회복되는 사람인가?

전화 통화가 유독 버겁고 사람을 만나는 일이 힘겹게 느껴진다면, 이미 사회적 관계 용량을 넘어섰다는 신호일 가능성이 크다. 그럴 때는 먼저 혼자만의 시간을 통해 에너지 연료통을 채운 뒤 다시 사람을 만나는 편이 낫다. 이런 감각을 지닌 사람은 대면 상황에서도 여유를 잃지 않고 대화하며 진심을 담아 공감할 수 있다. 그 결과 관계 역시 더 건강하고 오래 지속된다.

내가 남긴 기록은
나를 위한 예고편이다

대면 기피 증상의 일종인 폰포비아와 젠지스테어, 말보다 DM을 선호하는 현상은 모두 우리 마음이 지쳐 있다는 일종의 신호다. 그렇다면 이렇게 소진된 상태에서 벗어나 상황에 따라 대면과 비대면 커뮤니케이션을 주체적으로 선택할 수 있는 힘은 어떻게 기를 수 있을까? 내가 제안하고 싶은 방법은 의외로 단순하다. 인간관계와 관련한 나만의 데이터를 일기처럼 꾸준히 기록해보는 것이다.

나는 관계를 유지하는 데 어느 정도의 에너지를 쓰는 사람인지, 어떤 상황에서 대면이 편하고 어떤 경우에 비대면이 효율적인지, 혼자 있는 시간은 어떻게 보내는지 등 일상 속 관계의 흐름을 차곡차곡 적어보자.

관계의 문제에 앞서 나를 먼저 알아야 하는 이유

앞서 말한 것과 관련해 한 가지 흥미로운 경험을 덧붙이고 싶다. 얼마 전 나는 그동안 써온 일기를 생성형 AI에 입력해 분석해본 적이 있다. 그 결과는 예상 밖이었다. 비 오는 날에는 사람 만나는 것을 즐기는 편이며, 해가 쨍쨍한 가을날에는 오히려 사소한 갈등이 잦다는 패턴이 드러난 것이다. 그전까지는 전혀 의식하지 못했던 사실이다.

이 결과는 무엇을 의미할까? 비 오는 날에는 내 대인관계 적응도가 높아지고, 맑은 가을날에는 감정이 상대적으로 예민해진다는 뜻이다. 그제야 비로소 나만의 일상 리듬과 감정 패턴이 눈에 들어오기 시작했다.

그날 이후 나는 몸과 마음의 컨디션이 썩 좋지 않더라도 비 오는 날에는 용기를 내 사람을 만났다. 반대로 화창한 가을날에는 약속을 일부러 줄인 채 혼자만의 고독한 시간을 즐기기 시작했다. 그러자 일과 관계에서의 실수가 눈에 띄게 줄었고 생산성이 올라갔으며, 긍정성이 강화되는 선순환이 만들어졌다. 이 과정을 거치며 한 가지를 분명히 깨달았다. 자기 자신을 알아가는 과정이야말로 가장 중요한 커뮤니케이션, 곧 '나와의 대화'라는 사실을 말이다.

비슷한 경험은 또 있다. 정훈장교로 복무하던 1995년부터 1998년까지 작성해둔 장교 수첩 3년 치 기록을 챗GPT에 입력했다. 그러고는 이 글을 쓴 사람이 어떤 사람인지 추론해달라고 요청했다. 결과는 꽤 충격적이었다.

이름이나 지역 같은 개인 정보는 모두 지운 채 단지 '한 장교의 수첩'이라는 조건만 주었을 뿐인데 AI는 이렇게 답했다.

"하급 장교지만 회의 시간에 상급자보다 발언이 많고, 스스로 성과를 내기보다는 다른 사람들의 성공과 실패 이유를 되돌아보게 돕는 역할에 강점이 있다."

30년 전의 기록만으로도 지금의 나를 상당 부분 정확히 짚어냈다. 이쯤 되면 점집에 가서 사주를 물어볼 필요가 있을까 싶을 정도다. 지난 삶을 꼼꼼하게 기록해두기만 해도 우리는 이미 충분한 미래 예측 자료를 갖고 있는 셈이다. 이런 점에서 보면 시행착오를 줄이며 살아가는 가장 현실적인 방법은 결국 '기록'이다.

내 삶의 기록은 나를 이해하는 훌륭한 데이터 자산

자기 삶에 관한 기록을 많이 남기는 일이 그 어느 때보다 중요한 시대가 되었다. AI에게 양질의 데이터가 핵심이듯 우리 삶역시 오랜 시간 축적된 개인 데이터가 가장 큰 자산이다. 그래서 일기나 다이어리를 오랫동안 써온 사람은, 시간이 지날수록 자기 감정과 선택의 패턴을 스스로 해석할 수 있는 독보적인 데이터 자산을 갖게 된다.

개인이든 기업이든 경험과 노하우를 성실히 기록해 남겨두면, 생성형 AI를 활용해 그 기록을 분석함으로써 자기만의 통찰과 안목을 키울 수 있는 시대가 이미 열렸다.

내 일기와 업무 일지, 온라인에 남긴 수많은 로그 기록은 더 이상 언젠가 다시 들춰볼지 모를 과거의 흔적이 아니다. 그것들은 그 자체로 하나의 분석 대상이자 나를 이해하기 위한 중요한 재료다. 이러한 기록들을 챗GPT나 제미나이 같은 생성형 AI에 입력해보면, 미처 알아차리지 못했던 내 모습을 발견하게 되기도 한다. 그 과정에서 우리는 타인의 잣대가 아닌, 나만의 기준으로 삶을 바라볼 수 있다는 확신을 갖게 된다.

삶을 완벽하게 꾸려가는 단 하나의 정답은 존재하지 않는다. 사람마다 처한 조건이 다르고, 감당할 수 있는 속도와 관계의 범위 역시 제각각이기 때문이다. 하지만 자신을 정확히 이해하고 그에 맞는 기준을 차근차근 정비해간다면 이야기는 달라진다. 남의 기준을 좇는 대신 나에게 맞는 방식으로 방향을 잡아갈 수 있고, 그 과정 속에서 각자가 원하는 성장에 조금씩 가까워질 수 있다.

인간관계 역시 다르지 않다. 우리는 분명 대면을 부담스러워하는 시대를 살고 있다. 그렇다고 모든 관계를 비대면으로 대체

할 수는 없다. 어떤 순간에는 얼굴을 마주한 대화가 필요하고, 또 어떤 경우에는 비대면 소통이 훨씬 더 효과적이다. 이 두 방식을 상황에 맞게 활용할 수 있다면 더 다양한 의견을 접하고 사고의 폭을 넓히는 데에도 도움이 된다.

결국 중요한 것은 어떤 방식을 택해야 하는가가 아니다. 상황에 따라 선택할 수 있는 판단력, 다시 말해 나만의 통찰이 핵심이다. 그 통찰은 특별한 재능이 있어야만 얻어지는 것이 아니다. 누구든 자기 삶을 성실하게 기록해가는 과정 속에서 조금씩 통찰력을 길러갈 수 있다.

MIND TRACKING

정체성의 빈곤

스스로를
정의하지 못하는 사람들

"무엇이 나를 나답게 만드는지,
내가 직면한 문제의 본질이 무엇인지
스스로 정의하는 힘을 길러야만 규정당하지 않을 수 있다."

"친구야, 너 T야?"

"혹시, 혈액형이 뭐예요?"

만약 지금 누군가를 만나 이런 질문을 던진다면 상대는 몹시 황당해할 것이다. 특히 10대와 20대라면 빤히 쳐다보며 아무 대답도 하지 않을 확률이 높다. 개중에는 본인의 혈액형이 무엇인지 정확히 알지 못하는 이도 있을 터다. 믿기 어렵겠지만, 내가 20대 시절만 해도 사람들은 처음 만나 서로의 정보를 주고받을 때 혈액형을 묻곤 했다. 그 시절에는 '혈액형이 성격과 관련 있다'고 믿는 분위기가 강했고, 혈액형은 오늘날의 MBTI와 비슷한 역할을 했다.

지금 MBTI 유형 검사는 유행을 넘어 열풍에 가깝다. MZ

세대뿐 아니라 기성세대 역시 자기 MBTI가 무엇인지 궁금해하고, 모임이나 행사 자리에서도 참석자들에게 MBTI 유형을 묻는 일이 자연스러워졌다. 심지어 일부 기업이 채용 과정에서 MBTI를 참고한다는 이야기가 나오며 논란이 일기도 했다. 첫 만남에서도 타인의 사적인 정보에 비교적 거리낌 없이 접근하는 우리 사회의 정서 속에서 MBTI는 어느새 필수 개인 정보처럼 소비되고 있다.

물론 MBTI는 개인의 성향을 이해하기 위한 심리 도구로서 적성과 진로 탐색, 대인관계 이해, 조직 내 팀워크 강화 등 다양한 영역에서 유용하게 활용될 수 있다. 자신을 이해하는 데서 그치지 않고, 타인의 관점과 차이를 인식하며 공감의 폭을 넓히는 하나의 소통 기술로 자리 잡은 점은 분명 긍정적이다. 다만 문제는 오남용이다. MBTI가 지나치게 단순화된 틀로 사용될 경우 사람을 지나치게 단순한 기준으로 분류하고 규정짓는 도구가 되기 쉽다. 이때 MBTI는 오히려 소통을 가로막고 갈등을 키우는 결과를 낳는다.

최근 MZ세대 사이에서는 또 다른 유형 분류가 유행하고 있다. 남성호르몬인 테스토스테론과 여성호르몬인 에스트로겐의 이름을 차용한 이른바 '테토-에겐' 분류법이다. 이는 과학적 근거와는 무관한 분류로, 경쟁적이고 주도적인 성향이면 '테토', 섬세하고 조화를 중시하는 성향이면 '에겐'으로 분류한다. 기존

　　　　　　　　　　　　　8장 : 정체성의 빈곤

의 사회적 틀에서 벗어나고자 하는 흐름 속에서 사람들은 역설적으로 또 다른 프레임을 만들어 스스로 정체성을 분류하고 가공하며 소비하고 있다. 자유를 말하면서도 자기 자신을 다시 규정하는 방식으로 안정을 얻고 있는 셈이다.

◆ '유형'으로 존재를 증명하려는 세대

우리는 왜 이토록 인간을 특정한 유형으로 분류하고 정의 define하려고 애쓰는 걸까? 정의를 내려두면 대상을 보다 쉽게 이해할 수 있고, 그다음에 무엇을 해야 할지도 비교적 손쉽게 판단할 수 있기 때문이다. 하지만 혈액형이나 MBTI 유형, 호르몬 테스트만으로 '나'라는 한 인간을 본질적으로 정의할 수는 없다.

MBTI는 개인을 정밀하게 정의해주는 도구처럼 보이지만, 실상은 일반적이고 모호한 문항으로 구성된 심리검사에 가깝다. 누구에게나 두루 적용될 수 있도록 만들어졌기에 특정 개인에게 끼워맞추는 것은 '코에 걸면 코걸이, 귀에 걸면 귀걸이'가 된다. 이 세상에서 유일한 존재인 '나'를 규정하는 도구가 될 수는 없다.

앞서 말했듯 과거에는 혈액형이 지금의 MBTI와 비슷한 역할을 했다. 내 혈액형은 B형인데, 당시 B형 남성은 갖가지 편견에 시달려야만 했다. B형이라는 이유만으로 사귀는 여자친구들에게서 '바람기가 있다'는 의심의 눈초리를 받았고, 때로는 실제로 그런 의심의 대상이 되기도 했다. 말을 잘하면 '바람기 때문에 말을 잘하는 것'이라는 타박을 들었고, 말을 아끼면 '바람기 있는 남자는 말이 없고 잘 삐진다'는 식의 오해를 받았다. 나뿐 아니라 수많은 사람이 스스로 납득하기 어려운 편견 속에서 자신을 설명당해야 했다.

사람들은 왜 그렇게 혈액형으로 자신과 타인을 정의하는데 열중했던 걸까? 당시에도 혈액형과 성격의 상관관계를 과학적으로 신뢰한 나라는 한국과 일본 정도에 불과했다. 그런데도 사람들은 '바람기 있고 사교적이며, 성취 욕구는 높지만 동시에 욕심도 많다'는 식의 유형 분석에 열광했다. 이유는 분명하다. 나를 설명해주고 규정해줄 무언가가 절실히 필요했기 때문이다. 스스로를 정의하고 싶은 욕구는 강한데, 정작 어떻게 정의해야 할지 모르니 MBTI나 혈액형처럼 손쉽게 주어지는 분류 체계에 기댈 수밖에 없는 것이다.

하지만 누군가에게서 "당신은 누구입니까?"라는 질문을 받았을 때 MBTI 유형으로 자신을 설명할 수는 없지 않은가. 만약 나에게 그런 질문을 한다면 나는 잠시 망설이다가 이렇게 답할 것이다. "저는 대학에서 인지심리학을 가르치는 교수이고,

　　　　　　　　　　　　

나이는 55세입니다.”

　아마 대부분의 사람 역시 직업이나 나이 정도로 자신을 설명할 것이다. 그러나 이 대답이 과연 ‘나’라는 존재를 제대로 정의할 수 있는지 의문이다. 직업과 나이는 사회적 좌표를 설명할 뿐 존재 그 자체를 말해주지는 못한다. 그렇다면 나는 왜 존재하며, 어떤 방식으로 살아가고 있는지를 무엇으로 증명할 수 있을까?

　사람은 누구나 나와 타인의 삶 그리고 사회현상에 관해 정의를 내리고 싶어 한다. 다만 20세기와 21세기 초반에는 ‘사회가 정해놓은 정의’를 받아들이는 교육 방식이 지배적이었고, 스스로 정의해보는 훈련은 거의 제공되지 않았다. 그 결과 우리는 ‘정의’라는 개념 앞에서 막연한 혼란을 느낄 수밖에 없다.

　그나마 우리가 스스로에게 내리는 정의는 대부분 존재가 지닌 ‘속성’에 기대고 있다. 즉 ‘어떤 조건을 충족하면 그 존재가 된다’는 식의 사고다. 문제는 이 속성들이 대체로 정적이라는 점이다. 가령 ‘김경일은 사람이다’라는 정의에서 김경일을 사람이 아니게 만들려면 어떻게 해야 할까? 심장이나 뇌가 없으면 사람이라고 할 수 없을 것이다. 하지만 현대과학은 이미 심장과 뇌를 대체할 수 있는 기술을 개발하기 시작했다. 인공심장을 달고, 신경망 모형에 기반한 인공 뇌를 이식한다면 어떨까? 그렇다면 그 존재를 여전히 김경일이라고 부를 수 있을까? 이는 막연한 상상이 아니다. 앞으로 우리가 마주하게 될 현실이며, 피할 수 없는 존재론적 질문이다.

그러하기에 나와 타인에 대한 정의가 MBTI처럼 가볍게 유형을 나누는 놀이에 머물러서는 안 된다. 유형 분류는 이해를 돕는 도구일 수는 있지만 존재를 설명해주는 기준이 되지는 못한다. 과학기술의 급격한 발전은 인간 존재 자체에 대해 그 의미를 다시 묻도록 만들 것이다. 무엇이 나를 나답게 만드는지, 내가 직면한 문제의 본질이 무엇인지 스스로 정의하는 힘을 기르고 연습해야 한다. 그러지 않는다면 우리는 어느 순간 존재 자체가 흔들리는 상황에 놓일지도 모른다.

온톨로지는 명사가 아닌 동사형으로

"내게 지구를 구할 시간이 주어지면 99퍼센트는 문제를 정의하는 데 사용할 것이고, 나머지 1퍼센트는 그 문제를 해결하는 데 사용할 것이다."

아인슈타인의 말이다. 문제에 대한 올바른 정의가 전제되지 않으면 아무리 노력해도 근본적인 해결이 불가능하다는 의미다. 여기서 말하는 정의란 단순한 설명이 아니라 문제의 구조와 원인을 정확히 짚어내는 행위에 가깝다. 이 단계에서는 현상

   8장 : 정체성의 빈곤

이면에 놓인 진짜 원인을 파악하고, 기대하는 상태와 현재 상태 간의 격차를 명확히 규정해야 한다. 이러한 작업은 일종의 '동적 정의'에 해당한다.

동적 정의란 상황별·맥락별로 문제를 재정의하며, 고정된 틀에 갇히지 않고 유연하게 대응하는 방식이다. 무엇이 '있다, 없다'를 판별하는 정적인 판단이 아니라 변화 과정과 작동 방식을 함께 포착하는 행위적 정의를 의미한다. 인간과 세상은 고정되지 않고 끊임없이 변하기 때문에 동적인 정의가 좀 더 합리적이다.

동적 정의는 근원적인 문제 해결법인 '온톨로지ontology'의 근간이기도 하다. 동적 정의가 온톨로지를 정적인 스키마가 아니라 현실 변화에 맞추어 진화하는 지식 모델로 만든다. 온톨로지는 철학의 존재론에서 출발한 개념으로, 세상에 존재하는 것들의 본질과 범주 그리고 그들 사이의 관계를 체계적으로 규정하려는 시도다. 다시 말해 세계를 이해하기 위한 기본 틀을 어떻게 설정할 것인가에 대한 학문적 장치라 할 수 있다.

여기서 중요한 점은 온톨로지가 단순히 정보를 나열하는 목록이 아니라 개념 간의 관계와 맥락을 함께 정의함으로써 '이해'와 '판단'을 가능하게 하는 토대라는 사실이다. 따라서 동적 정의가 결여된 온톨로지는 변화하는 현실을 따라가지 못한 채 쉽게 낡은 체계로 전락할 수밖에 없다.

그렇다면 이러한 온톨로지는 현실의 문제를 해결하는 과정에서 어떻게 작동할까? 기업을 예로 들면, 온톨로지는 복잡한 상황을 이해하고 판단하는 기본 틀로 기능한다. 조직 곳곳에 흩어져 있는 데이터들은 그 자체로는 의미를 갖기 어렵다. 그러나 서로의 관계와 맥락이 정의될 때 비로소 의사결정이 가능한 '의미의 지도'로 재구성된다. 이 과정에서 기업은 데이터, 로직, 액션이라는 세 가지 요소를 연결해 실제 비즈니스 운영 방식을 가상공간에 복제한다. 이렇게 만들어진 디지털 트윈은 변화하는 현실을 지속해서 반영하며, 문제를 진단하고 해결책을 탐색하는 도구로 활용할 수 있다.

AI 기업 가운데 팔란티어는 온톨로지 시스템으로 주목받고 있다. 팔란티어는 기업이 전사적 관점에서 문제를 통합적으로 바라보고 해결할 수 있도록 돕는데, 그 과정에서 가장 중요하게 여기는 것이 바로 '동적으로 정의 내리기'다. 이는 팔란티어의 젊은 서비스 매니저들이 고객사 임원들과의 미팅에서 가장 강조하는 점이기도 하다. 조직과 업무 전반에서 발생하는 일을 상황에 맞게 제대로 정의하지 못한다면, 그 기업은 지속 가능한 발전을 기대하기 어렵기 때문이다.

그들은 심지어 "정의를 제대로 내리지 못하면 당신들은 우리 고객이 될 자격이 없습니다"라고 말한다. 이처럼 고자세에 가까운 영업 방식에도 불구하고, 많은 기업이 팔란티어에 열광한다. 문제 해결의 출발점이 정의에 있다는 사실을 경험적으로 알고 있어서다.

개인도 마찬가지다. 자기 자신을 제대로 정의하는 법을 배우거나 연습하지 못하면 존재론적 성장은 불가능하다. 이때의 정의는 명사가 아니라 동사여야 한다. '당신은 누구입니까?'라는 질문에 직업이나 나이처럼 고정된 명사적 속성으로 자신을 설명하는 데 그쳐서는 안 된다. 현재의 나를 형성하는 가치관과 역량을 변화 가능하다는 전제 아래 조작적으로 정의해야 한다.

조작적 정의는 영어로는 오퍼레이셔널 데피니션operational definition이라 하며, 측정한 개념으로 정의하는 것을 뜻한다. 여기서 '측정 가능하다'는 것은 단순한 수치화만을 의미하는 게 아니다. 변화의 방향과 속도를 함께 다룬다는 의미다. 그렇기에 조작적 정의는 정적인 정의보다 훨씬 동적이다.

예컨대 윤리를 정의할 때 우리는 흔히 '착한 마음' 같은 속성을 떠올린다. 그러나 심리학은 윤리를 이렇게 고정된 개념으로 다루지 않는다. 심리학에서 윤리는 '즉시적 만족을 지연할 수 있는 능력'으로 정의되며, 명확한 행동 기준을 통해 조작적으로 설명된다.

심리학은 단순한 사유의 산물이 아니다. 수많은 연구와 실험을 통해 철학적 개념을 측정 가능하고 다룰 수 있는 형태로 재정의해온 학문이다. 이는 철학에서 출발한 온톨로지적 사고가 오늘날 AI 기업들에 의해 차용되고 확장되는 흐름과 정확히 맞닿아 있다.

만약 누군가 나에게 "여자친구에 대한 애정이 식었어요. 어떡하죠?"라고 묻는다면, 나는 해결책을 제시하기에 앞서 애정에 대한 조작적 정의부터 내려줄 것이다. 애정이란 연인 관계에서 짧게는 1~2년, 길게는 3~4년 정도 유지되는 흥분성·휘발성 감정이다. 이 감정은 측정할 수 있으므로 그에 따른 현실적인 대응도 가능해진다. 흥분성 감정은 진정되는 것이 정상이며, 휘발성 감정은 시간이 지나면서 사라지는 속성을 지닌다.

이렇게 감정의 속성을 동적으로 이해하면 문제 해결이 훨씬 쉬워진다. 애정은 자연스럽게 사그라들 수밖에 없기에, 관계가 지속되기 위해서는 휘발되지 않는 다른 감정을 의도적으로 쌓아야 한다. 그것이 바로 애착이다. 그래서 인지심리학자들은 가장 안정적인 부부 관계를 '애정이라는 감정은 서서히 휘발시키되, 애착을 축적해가는 관계'로 정의한다.

이 정의를 바탕으로 범죄심리학자들은 치정 살인의 심리적 배경도 분석해낸다. 두 사람의 애정이 같은 속도로 소멸한다면 큰 문제가 없지만, 한쪽에서만 비정상적으로 애정이 유지되거나 과도하게 강화될 때 치정 살인이 발생한다는 것이다. 이것이 바로 인지심리학에서 동적 정의가 중요한 이유다. 그러나 사람들 대다수는 스스로 정의해보는 훈련을 받아본 적이 없다. 그래

　　　　　　　　　　　　　　　　　　8장 : 정체성의 빈곤

서 대신 정의를 해주는 각종 도구에 매력을 느끼고 MBTI에 열광하는 것이다.

이제 내 삶을 둘러싼 수많은 대상에 대해 명사가 아니라 변화하는 상태, 즉 동사로 정의하는 연습을 해보자. 그 과정에서 훨씬 더 많은 문제를 해결할 수 있을 것이다. 실제로 온톨로지를 연구·강의하는 AI 연구자들이 말하는 문제 해결의 핵심 역시 여기에 있다. '그것'이 무엇인지를 정의하고, '그것'이 아니게 만드는 모든 요소를 찾아 제거해나가는 것. 바로 이것이 문제 해결의 본질이며 본질에 점점 더 가까워지는 과정이다.

예를 들어 내가 사람일 수 있는 것은 나를 사람이 아닌 존재로 만드는 요인들을 제거해나가고 있어서다. 만약 그 노력을 멈춘다면 생리적 차원에서는 생명 유지가 중단되고, 더 나아가 사회적·윤리적 차원에서는 인간다움을 상실하게 된다. 기업과 국가도 마찬가지다. 조직의 본질을 훼손하고 정체성을 흔드는 요인들을 제거하기 위해 구성원 모두가 지속적으로 노력해야 한다. 만일 그러지 않는다면 그 조직은 온전히 존재할 수 없다. 그 모든 노력의 출발점에는 언제나 '정의하기'가 놓여 있다.

안타깝게도 우리 사회에는 진정한 의미의 정의가 충분히 축적돼 있지 않다. 우리는 '나는 누구인가'라는 질문에 스스로 답할 시간을 충분히 갖지 못했다. 나를 나답게 성장하지 못하게 만드는 요인이 무엇인지 성찰하고, 그것을 제거해나가는 경험

역시 부족했다. 이제라도 나 자신뿐 아니라 지금 내 삶에 막대한 영향을 미치는 대상들에 대해서 스스로 정의해보는 연습이 필요하다.

이는 AI시대를 살아가는 데 있어 가장 중요한 태도이자 핵심 역량이다. 만약 자기 자신을 정의하는 일을 포기한다면 어떤 일이 벌어질까? 우리는 인간을 정교하게 모방하는 AI를 바라보며 점차 주체성을 잃고 무기력해질지도 모른다. 인간이 만든 기술 앞에서 끊임없이 비교당하고, 결국 이길 수 없는 경쟁을 강요받는 미래를 아무런 질문 없이 받아들일 수는 없지 않은가.

◆ 내 마음은 AI에 입력할 수 없다

"기술은 인간을 대체하기 위해 존재하는 것이 아니다. 인간을 더 인간답게 만들기 위해 존재한다."

애플의 CEO 팀 쿡은 MIT 졸업식 연설에서 이렇게 말하며, 우리가 경계해야 할 것은 AI가 아니라 인간의 사고가 기계처럼 획일화되는 상황임을 강조했다.

앞으로 AI는 인간이 보편적인 패턴으로 정의해온 수많은 작업을 대신 수행하게 될 것이다. 계산하고 분류하며 예측하는 능력은 그 속도와 정확성에서 이미 인간을 넘어섰다. 그렇다면 인간에게 남는 것은 무엇일까? 역설적이게도 앞으로 인간은 이전보다 훨씬 더 본질적이고 깊이 있는 사고를 요구받게 된다. 그리고 그 사고의 출발점에는 언제나 하나의 질문이 놓여 있다. '나는 누구인가' 하는 것이다.

이런 이유로 지금 이 시대에 가장 중요한 키워드는 단연 '정체성'이다. 우리는 지금 정체성의 대혼란기를 통과하는 중이다. 스스로에 대해 충분히 고민하고, 나만의 언어로 정의를 내려두지 않으면 앞으로의 변화는 혼란이 아니라 혼돈으로 다가올 가능성이 크다. 이쯤에서 한 번쯤은 이런 질문을 던져봐야 한다. '과연 나는 무엇이 사라지면 더 이상 나 자신이 아닐까?'

이 질문은 그 자체로 매우 중요한 의미를 지닌다. 설령 명확한 답을 찾지 못하더라도, 그 고민의 과정에서 나 자신과 관련한 예상치 못한 중요한 발견을 하게 될 가능성이 높다. 꼭 답이 있어야만 의미 있는 질문이 되는 건 아니니 말이다. 오히려 답을 쉽게 얻을 수 없기에 생각이 더 깊어지기도 한다.

과학의 역사 역시 이런 질문들로 가득하다. 과학자들이 인공위성을 연구하다가 가전제품을 발명하게 된 과정도 이와 닮아 있다. 전자레인지의 원리를 최초로 발견한 사람 역시 전자제품 회사 직원이 아니라 방위산업체에서 마이크로파 발생 장치를 연구하던 한 연구원이었다. 목적을 향해 깊이 파고드는 사유는 의도하지 않았던 방향에서 새로운 혁신을 만들어내곤 한다.

이처럼 인간은 무언가를 창조하기 위해 끊임없이 고심해왔고, 수많은 시행착오를 거치며 혁신을 만들어왔다. 이제는 AI를 활용함으로써 이러한 시도를 훨씬 쉽고 빠르게 할 수 있는 시대에 들어섰다. 여기까지는 분명 반가운 변화다. 문제는 그다음에 있다. 속도와 효율의 논리만을 따라 사고하기 시작하는 순간, 인간의 사고는 점점 AI와 닮아간다. 그렇게 되면 인간은 더 이상 대체 불가능한 존재로 남기 어려워진다. 인간을 인간답게 만들어온 고유한 요소들 역시 서서히 흐려지기 때문이다.

이런 이유에서 우리는 지금, 사회 각 부문에 오래도록 정체돼 있던 문제들을 다시 정의할 필요가 있다. 아이들에게 정답만을 요구하다가 답을 찾지 못하거나 조금이라도 늦으면 곧바로 도태시키는 학교가 그렇다. 한 방향만 바라보며 앞서가는 이들을 따라가다 시대의 변화를 놓쳐버린 기업도 마찬가지다. 스스로의 정체성에 대한 고민 없이 '변화'라는 이름의 바다에 뛰어들어 표류하는 개인들 역시 다르지 않다. 이들의 공통점은 분명하다. '무엇이 문제인가'라는 질문을 건너뛴 채 '무엇이 답인가'에만 매달려왔다는 점이다.

우리는 드디어 문제의 답만을 좇아온 관성을 멈출 수 있는 기회를 맞았다. 지금은 무엇이 문제인지 묻지 않은 채 정답만 찾던 태도에서 벗어날 수 있는 시점이기도 하다. 바꿀 수 있는 것은 과감히 바꿈으로써 개인과 사회를 다시 세울 필요가 있다.

8장 : 정체성의 빈곤

다만 그 과정에서 반드시 경계해야 할 것이 하나 있다. 바로 '보여지는 나'에 지배당하지 않는 일이다. 타인에게 보여주기 위한 삶은 생각보다 훨씬 빠르게 사람을 지치게 만든다. 과거에는 매일 마주하는 몇 사람에게만 나를 드러내면 됐지만, 이제는 SNS를 통해 전 세계의 수많은 시선 속에 놓여 있다. 그 결과 우리는 끊임없이 타인의 평가를 의식하며 살아가게 된다.

AI 시대에 '보여지는 삶'을 동경하고 지향하는 태도는 스스로 불행을 선택하는 일과 다르지 않다. 타인의 시선에 맞춰 살아가는 한 삶의 기준은 언제나 내 밖에 놓이기 때문이다. 남들에게 보여주기 위한 삶에서 벗어나기 위해서는 무엇보다도 나 자신에 대한 구체적인 정의가 필요하다. 내가 나를 바라보았을 때 '이만하면 만족해' 혹은 '이 부분은 부족하니 조금 더 노력해보자'라고 말할 수 있도록 자기 기준을 세워야 한다. 그러기 위해서는 답을 찾는 데만 몰두할 것이 아니라 질문을 던질 수 있어야 하고, 문제의 원인부터 짚어 정의를 내려보는 연습을 선행해야 한다.

이를 가장 분명하게 보여주는 사례가 자본주의 사회에서의 '부'다. 행복하게 살기 위해서는 부에 대해서도 자기만의 정의와 기준을 세워둘 필요가 있다. 내 삶의 목적에 비추어볼 때 돈이 어떤 의미인지, 어느 정도의 부를 이뤘을 때 내가 원하는 삶을 살 수 있는지를 구체적으로 정해두어야 한다는 뜻이다. 그렇지 않으면 끝없이 돈을 갈망하며 타인의 부와 자신을 비교하다가 결국 박탈감 속에서 살아가게 된다.

나 역시 부에 대한 나만의 기준을 비교적 구체적으로 정해 두고 있다. 서울 사대문 안에 차를 주차했을 때 주차 요금이 크게 신경 쓰이지 않고, 새 차를 몰고 나갔다가 사고가 나도 차량 수리비보다 상대방의 안전이 먼저 떠오르며, 음식점에 들어가 메뉴판의 가격을 보지 않고도 마음 편히 주문할 수 있는 정도 면 충분하다고 생각한다.

이처럼 자기 정의가 분명한 사람은 삶에서 만족하는 법, 절 제하는 법을 저절로 익힌 만족감만큼 인간을 지혜롭게 만드는 기제는 드물다. 그런데도 세계 최고 수준의 부를 쌓은 사람들 가운데에는 죽기 전날까지도 돈을 벌고 모으는 데 집착하는 이 들이 적지 않다. 아마 돈에 생존이 달려 있어서는 아닐 터다. 그 보다는 타인의 감탄과 시선을 통해 자기 존재 가치를 확인해왔 기 때문일 가능성이 크다. 결국 그는 평생 일군 부에 끝내 만족 하지 못한 채 삶을 마감했을지도 모른다.

만약 그가 우리나라에서 두 번째로 부유한 사람이었다면, 첫 번째가 되지 못했다는 이유만으로 평생을 경쟁 속에 매몰된 채 살아갔을지도 모른다. 반면 '이 정도면 충분하다'라는 자기 만족의 기준은 절제하는 삶을 가능하게 한다. 이때 절제는 단 순한 멈춤이 아니다. 더 벌지 않아도 된다는 안도감은 다른 선택을 할 수 있는 용기를 낳고, 공동체를 돌아볼 수 있는 여유로 이어진다.

워런 버핏이 평생 일군 천문학적인 부를 사회에 환원하는 선택 역시 애초 그가 자기 자신과 한 약속 그리고 부에 대한 분명한 정의에서 비롯된 것이다. 그는 유언장에 재산의 약 99.5퍼센트를 자선활동에 사용하겠다고 명시했다. 만약 그가 투자자로서의 소명과 부의 의미에 대한 정의 없이 죽기 전날까지 돈을 쌓는 데만 몰두했다면 전 세계인의 투자 구루이자 삶의 멘토로 존경받을 수 없었을 것이다. 어쩌면 현대판 스크루지 영감 정도로 기억됐을지도 모른다.

이처럼 부와 성공에 대한 자기 정의는 단순한 경제적 기준을 넘어 한 사람의 삶 전체를 관통하는 가치의 기준선이 된다.

러닝 대신 '언러닝'으로 업데이트

나는 꽤 많은 정치인을 만나왔고 그때마다 '정치란 무엇인가요?'라는 질문을 던졌다. 그런데 놀랍게도 대다수의 정치인이 마치 정답지를 보고 외운 사람처럼 '국민을 위한 봉사'라고 답하면서 스스로 만족스러워했다. 하지만 너무도 매끄럽고 익숙한 답변에 의문이 든 나는 그때마다 고개를 저으며 다시 묻곤

했다.

내가 의문을 품으며 다시 물은 데는 이유가 있다. 그들이 내놓은 답이 자신만의 사유에서 나온 정의라기보다 관성적으로 반복된 표현에 가깝다고 느꼈기 때문이다. 무엇보다 그 정의는 오늘날 국민이 정치인에게 기대하는 역할과도 어긋나 있을 가능성이 크다. 시대는 변했는데 정치에 대한 인식만 과거의 언어에 머물러 있는 셈이다. 이런 상태에서 과거의 정의에 기대어 정치를 이해하려 한다면, 변화하는 시대의 요구에 응답하기 어렵다. '정치란 무엇인가'라는 질문 앞에서 남이 만들어놓은 답을 되풀이하는 한 어떤 변화도 시작될 수 없다.

정치인을 예로 들었으나 여기서 말하고자 하는 바는 정치가 아니라 정의를 대하는 태도의 문제다. 남이 만들어놓은 답을 자기 생각인 양 받아들이는 순간 사고는 멈추고 판단하는 힘은 사라진다. 자기 삶을 스스로 정의하지 못하는 사람들 역시 마찬가지다.

그렇다면 자기 삶에 정의를 내리지 못한 사람들은 어떻게 살아갈까?

첫째, 지금 하는 일을 의문 없이 반복하며 살아간다. 그리고 삶의 끝자락에 이르러서야 그러한 삶을 인간의 당연한 모습으로 여겨왔다는 사실 앞에서 깊은 허망함을 느낀다.

둘째, 자신의 얕은 지식에 기반한 신념을 인정해주지 않는

8장 : 정체성의 빈곤

사람들의 삶은 틀렸다고 여긴다. 그 결과 끊임없이 타인을 적으로 만들고 아집의 성을 더 높이 쌓아 올린다.

셋째, 변화의 시대에 적응하지 못하고 가장 먼저 도태된다. 이미 여러 번 강조했듯 AI 시대에 가장 먼저 소외되는 사람은 자기 삶과 업을 스스로 정의하지 못하는 사람이다.

이와 관련해 한 가지 예를 더 들어보자. 우리 사회의 방향과 직결되는 교육 역시 이제는 근본적인 재정의가 필요한 시점에 와 있다. 지금의 모습으로는 교육이 더 이상 지속되기 어렵다는 데는 누구나 동의한다. 그렇다고 해서 대입 제도를 전면 개편하자거나, 대학을 없애자는 식의 극단적 처방만으로 문제를 해결할 수는 없다. 제도를 손보기에 앞서 AI 시대에 교육이 무엇을 해야 하는지에 대한 정의부터 새로 정립하는 게 중요하기 때문이다.

이때 가장 필요한 것은 교육에 대한 동적인 정의다. 그 정의를 분명히 세운 뒤에야 교육의 존재 의미를 약화시켜온 요소들을 하나씩 가려낼 수 있다. 스스로를 정의할 수 있는 힘을 길러주지 못하는 교육이라면 더 이상 교육이라 부르기 어렵지 않겠는가. 이미 세상은 '교육의 시대'에서 '학습의 시대'로 이동하고 있다. 그리고 이 변화는 현장에서 가장 먼저 체감된다.

나는 인지심리학자로서 전공 학생들에게 꼭 해주는 이야기가 있다. 교과서에는 나오지 않는 교육에 관한 이야기다. 사전적으로 교육이란 지식이나 기술을 가르쳐 인격을 길러주는 것을 뜻한다. 누군가 이미 무엇이 중요한지 정해놓고 그에 맞춰 로드맵과 커리큘럼을 짜두는 방식이다. 학습자는 그 틀 안에서 주어진 내용을 따라가면 된다.

그렇다면 교육의 반대편에 놓인 개념은 무엇일까? 나는 그것을 '러닝', 곧 학습이라고 설명한다. 학습에는 정해진 길도, 커리큘럼도, 늘 곁에 있는 선생님도 없다. 무엇을 배울지, 어디서부터 시작할지, 과정 중에 생긴 호기심을 어디까지 밀고 나아가야 할지 모두 스스로 결정해야 한다. 그 결과 역시 온전히 스스로 감당해야 한다. 인간의 삶은 결국 개인의 학습 능력으로 버티는 시간이다.

명문대를 나왔어도 일머리가 없는 사람, IQ는 140인데 사고가 유연하지 못해 협업이 힘든 사람, 오로지 시키는 일만 해내는 사람…. 이들은 최고의 교육을 받았어도 학습 기제는 제대로 작동하지 않는 사람들이다. 과거에는 스물네 살, 아무리 늦어도 스물여덟 살이면 대학이나 대학원을 졸업하고 취업했다. 그렇게 20여 년간 직장 생활을 하다 은퇴하고, 그 뒤로 20년이 지나면 대부분 생을 마쳤다. 그래서 어떤 학교를 나왔고 어떤 교육을 받았는지가 인생의 성패에 상당한 영향을 미쳤다.

지금은 상황이 다르다. 항노화와 역노화 연구의 흐름을 고려하면, 100세까지 사는 것이 아니라 100세부터 시작되는 새로

　　　　　　　　8장 : 정체성의 빈곤

운 삶이 열릴 가능성도 있다. 만약 이것이 실현된다면, 학교를 다닌 기간보다 다니지 않은 기간이 10배 이상 길 것이다. 그렇다면 우리는 무엇으로 그 시간을 버텨야 할까?

기나긴 시간 속에서 성장을 위해 확보해야 할 유일한 무기는 나만의 특화된 학습 기제여야 한다. 이것은 자기 정의가 가능한, 지속할 수 있는 사람만이 발달시킬 수 있다. 학교에서 알려준 내용을 잘 정리하고 정답 풀이에 능숙해 우수한 성적을 받았더라도, 자신만의 학습 능력을 만들어내지 못했다면 사회에 나와서는 도태되기 쉽다. 명문대를 졸업하고도 방황하며 제 갈 길을 찾지 못하는 사람들이 바로 이런 경우다.

학습은 자기 정의를 전제로 한 행위다. 그중에서도 중요한 것은 조작적 정의, 다시 말해 상황에 따라 스스로의 기준을 조정하는 동적 정의를 내리는 능력이다. 이 능력은 언러닝과 깊이 연결되어 있다. 언러닝unlearning이란 기존의 사고방식을 무작정 고수하는 대신 그것을 재검토하고 변화하는 환경에 맞도록 유연하게 수정해나가는 과정을 뜻한다. 이는 미래학자 앨빈 토플러가 정보 사회를 살아가기 위해 필요한 핵심 역량으로 꼽은 개념이기도 하다. 그는 이미 30여 년 전에 이렇게 말했다.

"21세기의 문맹은 읽고 쓰지 못하는 사람이 아니다. 배우고, 언러닝하고, 재학습하지 못하는 사람이다."

이 예측은 AI 시대가 본격화되면서 놀라울 만큼 정확하게 들어맞고 있다. 급변하는 세상에서 배움은 더 이상 특정 시기에 국한된 교육을 통해서만 이루어지지 않는다. 살아남기 위해 우리는 끊임없이 새로운 지식과 정보를 학습해야 한다. 동시에 익숙해진 사고와 방식을 내려놓고 다시 배워야 한다. 지금이야말로 본격적인 '언러닝의 시대'다.

인정하고, 버리고,
다시 배워라

우리나라는 교육에 관심이 지대하다. 지독한 교육열로 오늘날의 고속 성장을 이루어냈다고 해도 과언이 아니다. 동시에 과도한 교육열이 시대의 흐름에 역행한다는 비판을 받고 있는 것도 사실이다. 경제성장률은 둔화하는 반면 사교육 시장의 성장세는 연일 가파르게 상승하고 있으며, 아이들은 걸음마를 떼자마자 학원에 다닌다.

영국의 일간지 《파이낸셜타임스》는 "한국의 학문적 경쟁이 6세 미만 아동의 절반을 입시학원으로 몰아넣고 있다"라며 우리나라 사교육 시장의 실태를 보도한 바 있다. 실제로 교육부 통계에 따르면 6세 미만 영유아의 47.6퍼센트가 사교육에 참여하는 것으로 나타났다. 이제는 전 세계가 우리나라의 입시 경쟁과 사교육 과몰입이 저출산의 직접적인 원인이 되고 있다는 사실을 알고 있다. 일론 머스크 역시 우리나라의 저출산 문제가 국가의 존립 자체를 위협할 수 있음을 여러 차례 경고했다.

내가 여기서 말하고 싶은 핵심은 사교육이냐 공교육이냐 같은 제도 논쟁이 아니다. 이 모든 현상 뒤에는 '정답을 빨리 찾아야 한다'는 압박과 그 정답을 남이 만들어주길 바라는 심리가 깔려 있다. 우리는 교육을 통해 스스로 판단하고 정의하는 힘을 기르기보다 이미 정해진 기준에 자신을 끼워 맞추는 법을 더 오래 훈련해왔다. 그러다 보니 자기 삶을 스스로 정의하지 못한 채 익숙해진 기준을 따라가며 살게 된 것이다. 심리학자로서 이런 문제를 오랫동안 고민해왔지만 여기서는 특히 자기 정의와 언러닝의 중요성에 집중하고자 한다.

남이 만든 정의에서 벗어나 나만의 삶을 정의하라

이 이야기를 하기 위해 다시 MBTI로 돌아가 보자. 혈액형부터 MBTI에 이르기까지, 한국인들이 유독 세상이 만들어놓은 '정의'에 열광하는 것은 나와 타인을 이해하고 싶다는 욕망이 그만큼 크다는 뜻이다. 그러나 한국 사회는 오랫동안 타인의 마음을 이해하기보다는 타인의 지시에 따르는 것을 우선시해왔고, 그렇게 사는 것을 당연하다고 여겨왔다.

이러한 태도의 뿌리는 1950년부터 3년간 이어진 한국전쟁에서 찾을 수 있다. 전쟁은 우리 사회에 생존과 복구를 최우선 가치로 새겨놓았다. 분단 현실 속에서 폐허가 된 터전을 다시 일으켜 세워야 했던 당시로서는 고민의 여지가 많지 않았다. 살아남는 것 그리고 가능한 한 빨리 따라잡는 것이 유일한 목표였을 것이다.

그로부터 70여 년이 흐른 지금, 우리나라는 원조를 받던 나라에서 원조를 하는 나라로 변모했고, 경제 규모 기준 세계 10위권의 드는 선진국 대열에 들어섰다. 전 세계적으로도 드문 변화다. 이 같은 성장은 앞서간 나라들을 필사적으로 쫓아가기 위해 잠을 줄이고 삶을 갈아 넣은 시간의 축적 위에서 가능했다. 그러나 빛이 있으면 그림자도 짙은 법. 그 과정에서 자기 삶이나 사회의 방향을 스스로 정의할 여유는 거의 없었다. 무엇이 옳은지 깊이 고민하기보다는 선진국이 만들어놓은 기준과 정의를 그대로 받아들이는 일이 더 시급했기 때문이다. 그렇게 우리는 오랜 시간 남이 만들어놓은 정의에 기대어 살아왔다.

하지만 경제적 안정기에 접어들자 분위기가 달라지기 시작했다. 생존의 압박이 완화되면서 비로소 자기 삶을 어떻게 규정할 것인지, 타인에게 어떻게 이해받을 것인지에 관한 욕구가 고개를 들었다. 그 과정에서 혈액형에 이어 MBTI와 같은 유형 분석이 주목받았고, 많은 이가 이를 통해 자신을 설명하고 정의하려 했다.

문제는 이것이 온전한 자기 정의가 아니라는 데 있다. 그보다는 손쉽게 빌려 쓴 일종의 요약 설명에 가깝다. 심리학자들 사이에서 흔히 말하는 '부곡하와이 현상'이 바로 이런 경우다. 경상남도에 있던 온천에 '하와이'라는 이름을 붙여 실제 하와이를 가보지 않아도 다녀온 듯한 만족감을 주었던 사례가 있다. 이처럼 MBTI 역시 깊은 자기 탐색을 대신하는 간이 체험에 불과하다.

MBTI에 과몰입한 상태에서 자신을 안다고 말하는 것은 부곡하와이를 다녀온 경험으로 하와이를 논하는 것과 같다. 이제는 그럴듯한 설명에 기대는 대신 직접 경험하고 성찰하며 진짜 자기 삶의 정의를 내려야 할 시점에 와 있다.

인간은 언제부터, 어떤 과정을 거쳐 '나 자신'을 인식하게 되는가? 그리고 그 인식은 어떻게 흔들리고 어떤 방식으로 다시 재구성되는가? 이는 심리학의 오래된 핵심 주제다. 특히 현대 사회처럼 선택지가 많고 정답이 사라진 환경에서는, 정체성이 단번에 규정될 수 없다는 점이 더욱 분명해진다. 이런 맥락에서 인간의 삶을 전 생애에 걸친 심리사회적 발달 과정으로 설명한 심리학자 에릭 에릭슨Erik Erikson의 정체성 이론은 지금 우리 상황을 이해하는 데 중요한 실마리를 제공한다.

에릭슨은 정체성을 타고나는 성향이나 외부에서 부여되는

고정된 꼬리표로 보지 않았다. 그에게 정체성이란 선택과 시행착오, 관계 속의 갈등과 실패를 통과하며 서서히 형성되는 삶의 결과물에 가깝다. 그래서 에릭슨은 충분한 경험과 성찰이 동반되지 않은 상태에서 정체성을 성급히 규정하려는 태도를 경계했다. 그런 경우 자신을 제대로 이해하는 데 이르지 못하고 오히려 '역할 혼미'에 빠질 가능성이 크다고 보았기 때문이다. 간편한 유형 설명에 자신을 끼워 맞출수록 실제의 내가 더 단순화하고 모호하게 느껴지는 이유가 바로 여기에 있다.

언러닝이 만들어내는 전환의 힘

『눈 떠보니 선진국』의 저자 박태용 의장은 이 문제를 정확히 짚는다. 그는 느닷없이 선진국이 된 우리나라가 앞으로도 성장을 이어가려면, 기업과 정부가 지금이라도 스스로를 정의하고 시스템을 점검해야 한다고 말한다. 더 이상은 무작정 따라할 대상이 없을뿐더러 그런 방식이 유효한 단계도 지났다. 결국 남이 만든 길을 좇는 대신 스스로 방향을 설정해야 하는 시점에 와 있다는 뜻이다.

이 논리는 개인의 삶에도 그대로 적용된다. 각자는 자신의 삶을 어떻게 정의할지 끊임없이 묻고, 언러닝의 태도로 변화와 시도를 반복하면서 삶의 직관과 철학을 다져가야 한다. 마이클 샌델이 말하는 정의 역시 이런 맥락에 가깝다. "진짜 정의란, 지금 이 순간에 부합하는 정의가 무엇인지를 매번 기꺼이 고민하는 것이다."

누누이 강조하지만, 책 한 권을 읽고 삶의 큰 깨달음을 얻었다고 말하거나 영화 한 편을 보고 인생관이 바뀌었다고 말하는 사람은 경계할 필요가 있다. 이런 태도는 종종 아집과 권위에 기대어 황당한 선택으로 이어질 위험이 있기 때문이다. 정의란 단번에 손에 넣을 수 있는 결론이 아니다. 그보다는 매 순간 판단을 유예하며 작은 고민을 기꺼이 반복해가는 태도에 가깝다. 그런 과정을 견뎌낼 수 있는 사람만이 자기 삶을 스스로 정의하고 변화 앞에서도 유연하게 대응할 수 있다. 반대로 이런 노력이 빠져 있으면 엉뚱한 곳에서 설익은 깨달음을 주워 들고 가짜뉴스나 음모론에 흔들리기 쉽다.

지금은 그 어느 때보다 언러닝이 중요한 시대다. 그동안 우리는 교육의 힘만으로 성장해왔지만, 앞으로는 학습을 통해 러닝의 관점 자체를 바꿔야 한다. 배운 것 가운데 무엇을 내려놓을지 선택해야 할 시점에 와 있다. 비우지 않은 컵에 새 물을 담을 수 없듯 버리지 못한 지식 위에는 새로운 이해가 쌓이지 않는다. 개인의 성장도, 기업의 성패도 결국 이 선택에 달려 있다.

애플의 스마트폰, 언러닝으로 시장을 재정의하다

애플의 사례를 보자. 오늘날 모바일 생태계를 지배하는 애플의 스마트폰은 처음부터 '폰'으로 출발한 제품이 아니었다. 본래는 PDA에 전화 통화 기능 하나를 더한 형태였다. 그런데 스티브 잡스가 검은색 터틀넥과 청바지 차림으로 무대에 올라 그 기기를 단호하게 '스마트폰'이라고 정의하자 사람들은 고개를 끄덕였다.

흥미로운 점은 애플보다 앞선 시점에 이미 같은 시도를 한 기업이 있었다는 사실이다. 애플의 스마트폰 출시 3년 전인 2004년, 휴렛패커드는 PDA에 전화 통화 기능을 추가했다고 발표했다. 하지만 시장의 반응은 미미했다. 해당 PDA에는 이미 380개에 달하는 기능이 들어 있었다. 거기에 전화 통화 기능 하나가 더해졌다고 해서 특별한 변화로 인식되지 않았기 때문이다.

반면 애플은 휴렛패커드의 제품보다 통화 품질이 오히려 떨어지는 기기를 내놓고도 이를 '스마트폰'이라 명명한 덕분에 시장의 열광을 이끌어냈다. 핵심은 기능의 우위가 아니라 정의의 전환이었다. 애플은 스마트폰이라는 개념을 먼저 세운 뒤 그 정의에 맞지 않는 기능들을 과감히 덜어냈다. 그 결과 기존의 PDA가 갖고 있던 '러닝 도구', 즉 OS 중심의 사무용 무선기기라는 인식을 지워낼 수 있었다.

이처럼 기기를 폰으로 다시 정의하는 순간 기존의 고정관념은 사라지고 '폰'이라는 새로운 의미가 강력하게 작동하기 시작

했다. 이는 언러닝을 통해 인식을 재구성한 대표적인 사례라 할
수 있다.

모르는 것을 인정하는 용기가 재학습의 출발점이다

원래 인간의 두뇌는 새로운 것을 더할 때보다 기존의 것을
버릴 때 더 큰 카타르시스를 느낀다. 지식을 습득하는 과정은
대체로 지난하고 고통스럽다. 반면 이미 알고 있다고 믿어왔던
것을 내려놓는 순간에는 강렬한 지적 자극이 발생한다. '아, 이
건 이제 필요 없구나'라는 인식이 생기는 지점에서 재학습의 효
과는 급격히 향상된다.

이런 이유로 AI 시대에는 모르는 것을 모른다고 솔직하게
인정하는 태도가 무엇보다 중요하다. 이는 인지심리학에서 오랫
동안 연구해온 '사후확증편향hindsight bias'과도 맞닿아 있다. 잘
알지 못하면서도 이미 알고 있다고 착각하는 이 편향은 의사결
정 과정에서 객관성을 흐리고, 과거의 실수를 제대로 학습하지
못하게 만든다. 그 결과 비슷한 판단 오류를 반복하게 된다.

변화하는 세상에 적응하지 못하고 과거의 지식에만 매달린
사람은 결국 성장이 멈춘다. 흥미로운 점은 이런 사람들일수록
새로운 사실 앞에서 '잘 모른다'라는 것을 좀처럼 인정하지 않
는다는 것이다. 이러한 태도는 재학습의 출발점 자체를 차단하
고 배움의 동기를 약화시킨다. 반면 생성형 AI는 방대한 데이터

를 바탕으로 끊임없이 재학습을 거듭한다. 물론 아직은 〈조선 왕조실록〉을 레오나르도 다빈치와 연결 짓는 식의 오류를 범하기도 하지만, 반복적인 재학습을 통해 점차 정확도를 높여가는 중이다.

이제 우리에게도 선택의 순간이 다가왔다. 모르는 것은 분명히 모른다고 인정하고, '러닝·언러닝·리러닝'이라는 세 가지 학습 로드맵에 적응할 것인가, 아니면 익숙한 지식에 머문 채 정체될 것인가. 전자를 선택할 때만 우리는 AI를 도구로 삼아 지혜롭게 활용할 수 있으며, 그 위에서 새로운 온톨로지를 구축하는 일도 가능해진다.

MIND TRACKING

불싯 제너레이터

가짜 속
진짜 찾기 게임

"우리 뇌는 복잡한 진실보다 쉽고 익숙한 설명을 선호한다.
그럴듯한 거짓, 잘못된 진실이 선택받는 이유다."

"그거, 가짜뉴스 아니에요?"

요즘 나는 유난히 음모론과 가짜뉴스에 관한 질문을 자주 받는다. 단순한 호기심 차원의 질문노 있시반, 그로 인해 실제로 고통받는 사람들 역시 적지 않은 게 현실이다. 여기에 최근에는 딥페이크 영상까지 빠르게 확산되면서 우리 사회의 혼란은 한층 더 깊어지고 있다. 이제는 무엇이 진실이고 무엇이 거짓인지 가려내는 일 자체가 점점 더 어려워지는 상황이다. 진짜와 가짜의 경계가 흐려진 세상이 도래한 것이다.

얼마 전 뉴스를 보던 중 화면 하단에 'AI 기상캐스터'라는 자막이 뜬 것을 보고 나는 잠시 말을 잃었다. 당연히 사람일 거라 생각했던 터라 '저 사람이 AI라고? 이제는 정말 진짜와 가짜를 구분하기가 힘들어졌네'라는 탄식이 절로 나왔다. 그때 곁에 있던 지인이 의미심장한 표정으로 영상 하나를 보여주었다.

그 영상 속의 나는 열정적으로 강연을 하고 있었다. 순간적으로 '내가 언제 이런 영상을 찍었지?'라며 나 자신조차 헷갈릴 정도로 자연스러웠다. 하지만 그 영상 속의 나는 내가 아니었다. 누군가가 만든 가짜였다. 심리학자 김경일을 알고 있는 사람이라면 충분히 진짜라고 믿을 법한 수준이었다. 다행히 그 영상은 신고를 통해 곧 삭제되었지만 이런 일은 더 이상 어쩌다 일어나는 예외적인 사건이 아니다. 이후 더 흔해질 것이다.

우리는 사랑하는 자녀에게 걸려온 전화조차 한 번쯤은 의심해보아야 하는 시대를 살고 있다. 목소리와 얼굴, 말투까지 정교하게 복제되는 환경 속에서 '믿음'이라는 감각 자체가 흔들리고 있는 것이다.

그렇다면 세상을 이토록 혼란스럽게 만드는 음모론과 가짜 뉴스는 도대체 어떻게 우리를 속이는 것일까? 그 비밀은 의외로 단순하다. 그것들은 우리 뇌가 원래 작동하는 방식을 교묘하게 이용한다. 인간의 뇌는 모든 정보를 일일이 검증하도록 설계되지 않았다. 오히려 빠른 판단과 생존에 유리하도록 진화해왔다. 바로 그 틈을 파고드는 것이다. 그러므로 이 문제를 제대로 이해하기 위해서는 먼저 우리 뇌가 어떤 방식으로 세상을 해석하고 판단하는지부터 살펴볼 필요가 있다.

◆ 가짜뉴스의 전략,
진실 디폴트 가설

왜 우리 뇌는 거짓에 취약할까? 그 이유 중 하나는 말콤 글래드웰Malcolm Gladwell의 책 『타인의 해석』에 제시된 '진실 디폴트 가설'을 통해 설명할 수 있다. 진실 디폴트 가설이란 인간은 특별한 의심 신호가 감지되기 전까지 타인의 말을 기본적으로 진실로 받아들이는 경향이 있다는 설명이다. 이는 엄밀한 학술 용어라기보다는 심리학적 사고에 익숙한 현장 전문가들이 사용하는 준準 심리학 개념에 가깝다.

쉽게 말해 우리는 타인이 하는 이야기를 일단 거짓은 아닐 것이라고 전제하며 듣는다. 다시 말해 먼저 믿고 나중에 의심하는 쪽으로 뇌가 작동한다는 뜻이다. 가만히 생각해보면 이 방식은 오히려 매우 합리적이다.

예를 들어 집에 돌아온 남편에게 아내가 "오늘 너무 더웠어"라고 말한다. 이때 남편이 곧바로 "사실은 안 더웠지? 지금 거짓말 하는 거 아니야?"라고 반문하는 상황을 생각해보자. 몹시 어색하게 느껴진다. 이는 모든 말을 일단 의심하고 보는 이른바 '거짓 디폴트 가설'을 전제로 할 때 벌어질 수 있는 상황이다. 만약 이 가설이 우리 일상에 그대로 적용된다면 사회는 제대로 작동하기 어렵다.

아침 일기 예보, 교통 안내, 학교 공지처럼 우리가 매일 접하는 정보 하나하나를 모두 의심해야 한다면, 삶은 순식간에 피로해진다. 특히 중요한 공지조차 믿지 못하고 넘겨버린다면 그 결과는 개인의 불편을 넘어 실제 손실로 이어질 수 있다. 끊임없이 타인의 말을 의심하며 살아간다는 것은 하루도 편안하게 지낼 수 없다는 뜻이기도 하다.

그래서 우리는 현실에서 접하는 대부분의 정보를 기본적으로 사실일 가능성이 높은 것으로 받아들인다. '그 사람이 하는 말이면 믿을 만하지', '뉴스에 나왔으니 사실일 거야'라는 태도는 우리가 세상을 효율적으로 살아가기 위해 자연스럽게 선택한 인지 전략이다. 이것이 바로 진실 디폴트 가설이 작동하는 방식이다.

이 덕분에 우리는 수많은 약속과 정보를 믿고 살아갈 수 있으며, 매번 확인하고 검증하는 막대한 인지적 비용을 치르지 않아도 된다. 이것이 바로 '인지적 효율성'이다. 가짜뉴스나 음모론이 쉽게 퍼지고, 때로는 사회 문제로까지 번지는 이유 역시 우리 뇌가 이 진실 디폴트 가설을 통해 인지적 효율성을 추구하기 때문이다.

중요한 점은 이 인지적 효율성 자체에는 아무런 문제가 없다는 사실이다. 문제는 그것을 악용하는 일부 사람들이다. 만약 일부가 아니라 다수, 혹은 거의 모든 사람이 이 구조를 악용한

　　　　　　　　9장 : 불싯 제너레이터

다면 우리는 진실 디폴트 가설을 유지할 수 없게 될 것이다. 결국 거짓 디폴트 가설에 기대어 살아가야 하는 상황에 놓일지도 모른다.

그렇게 되면 우리가 누려온 문명적 편의 대부분은 작동하지 않게 된다. 건물에 들어설 때마다 '이 건물, 정말 안전할까?'를 의심해야 하고, 차에 탈 때마다 '브레이크가 제대로 작동할까?'를 걱정해야 한다. 여행을 떠나면서도 '내 호텔 예약은 제대로 된 걸까?'를 계속 확인해야 할 것이다.

누군가가 우리 사회 속 인지적 효율성을 악용한다고 해서 진실 디폴트 가설 자체를 뒤집을 수는 없다. 우리가 기본적으로 상대의 말과 우리가 접하는 정보를 '맞을 것'이라고 전제하며 살아가는 것은 분명히 손해보다 이익이 훨씬 크기 때문이다.

◆ 뇌의 확증 편향과 음모론

물론 자기의 잇속을 챙기려는 의도로 뇌의 인지적 효율성을 악용하는 사람들은 분명 문제다. 그들이 저지르는 범죄는 처벌받아 마땅하다. 다만 그런 범죄가 가능해진 배경에는 우리 뇌의 작동 방식이 지닌 취약성도 놓여 있다. 뇌는 복잡한 진실보다 쉽고 익숙한 설명을 선호한다. 그 대표적인 예가 바로 확증편향이다. 우리는 어려운 진실보다 듣기 쉽고 받아들이기 편한 거짓에 더 쉽게 끌린다.

3월 새학기가 시작되고 대학원생들에게 "지금 가장 걱정되는 게 무엇이니?"라고 물으면, 대답은 늘 비슷하다. 졸업 이후의 취업, 몇 년 뒤의 진로, 아직 오지 않은 미래에 대한 걱정이 대부분을 차지한다. 그럴 때면 나는 이렇게 말한다.

"너희가 지금 걱정해야 할 건 다음 주 과제와 다음 달 발표야."

왜 수많은 대학원생이 아직 한참 남은 졸업과 취업, 진로 문제로 밤을 새워 걱정하다가 정작 바로 다음 주 발표를 망치곤 하는 걸까? 이유는 단순하다. 졸업 이후의 미래를 상상하는 쪽이 훨씬 쉽기 때문이다. 멀고 막연한 미래는 구체적인 책임이나 행동을 요구하지 않는다. 반면 다음 주 과제나 다음 달 발표는 다르다. 무엇을 준비해야 하는지, 어떤 능력이 부족한지, 어디에서 실패할 수 있는지가 지나치게 구체적이다. 그래서 우리는 오히려 그 문제를 정면으로 마주하지 않는다.

이 이야기가 시사하는 바는 분명하다. 우리는 정말 중요하고 고민할 가치가 있는 문제보다 쉽게 떠올릴 수 있는 생각에 더 많이 매달리며 스스로를 괴롭힌다는 것. 이것이 바로 확증 편향이 일상에서 작동하는 방식이다.

이런 사실을 확인해주는 연구는 꽤 많다. 영국의 사회과학자이자 경제학자인 노스코트 파킨슨Northcote Parkinson이 발견한

9장 : 불싯 제너레이터

'사소성의 법칙'도 그중 하나다. 파킨슨은 엄청난 자본이 소요되는 원자력 발전소 설계를 위한 토론에는 5분이 소요되고, 자전거 보관소를 설치할 위치를 정하기 위한 토론에는 2시간이 소요되는 사실을 발견했다. 언뜻 보기에도 갸우뚱한 현상이다. 도대체 왜 이런 일이 벌어지는 걸까?

파킨슨은 이런 현상을 이렇게 설명했다. 원자력 발전소의 설계에 대해서는 대부분의 사람이 잘 모르기에 머릿속으로 상상할 수 없다. 그래서 구체적으로 나눌 수 있는 이야기가 상대적으로 적다. 결국 짧은 논의 끝에 '전문가에게 맡기자'는 결론에 도달할 수밖에 없다.

반면 자전거 보관소 설치는 누구나 쉽게 상상할 수 있는 일이기에 나눌 수 있는 이야깃거리가 많다. 논의는 자연스럽게 자전거 거치대의 색깔과 모양으로까지 확장된다. 파킨슨은 이런 이유로 사안의 중요도와 토론 시간이 반비례한다고 보았다.

여기서 한 걸음 더 나아가 볼 필요가 있다. 인간의 뇌는 어떤 사안에 대해 시간을 들여 이야기하다 보면, 그 일이 실제보다 더 생생하게 느껴지도록 작동한다. 생생해질수록 중요해 보이고, 중요해 보일수록 더 그럴듯하고 믿을 만하다고 판단한다.

결론적으로 말해 우리 뇌는 쉽게 떠올릴 수 있고, 말로 자세히 설명할 수 있는 것을 진실에 가깝다고 착각하기 쉽다. 우리가 믿는 수많은 '그럴듯한 거짓', '잘못된 진실'은 바로 이런 확

증편향 위에서 만들어진다. 그래서 심리학자들은, 논리적으로
는 맞아 보이지만 과학적 근거가 빈약한 이야기가 가짜뉴스의
핵심이라고 지적한다.

무엇이 '논리적인 이야기'일까? 앞말과 뒷말이 맞아떨어지
는 이야기다. "사람은 죽는다. 김경일은 사람이다. 김경일은 죽
는다." 이 말은 매우 논리적이다. 그렇다면 '과학적'이란 건 무엇
일까? 과학적 사고란 논리의 흐름을 따지는 데서 멈추지 않고,
그 논리가 출발한 전제 자체를 의심하는 태도를 말한다. '사람
이 정말 죽어? 아닐 수도 있잖아' 혹은 '김경일이 사람이야?' 하
고 의심하는 것이다. 이처럼 논리적으로 완성된 이야기라 해도,
그 바탕이 되는 가정을 다시 묻는 것이 과학이다. 이런 점에서
논리와 과학은 서로 다른 영역에 속한다.

앞서 이야기했듯 논리적이지만 비과학적인 이야기가 대부
분의 음모론과 가짜뉴스의 핵심이다. 흥미로운 점은 논리 교육
을 많이 받은 '똑똑한 사람'일수록 과학적 사고가 부족할 때 오
히려 터무니없는 음모론에 빠지기 쉽다는 사실이다. 더 나아가

이들은 해당 음모론이나 가짜뉴스의 인플루언서가 되어 더 많은 사람을 끌어들이기도 한다. 실제로 지금도 지구가 평평하다고 믿는 사람들, 인간의 달 착륙을 조작이라고 주장하는 유명 인사들이 존재한다는 사실은 이미 잘 알려져 있다.

이제 가짜뉴스가 팩트보다 빠르게 퍼지는 이유가 분명해졌다. 가짜뉴스는 대개 더 생생하고, 더 논리적으로 들리기 때문이다. 아무리 비과학적이고 허무맹랑한 이야기라도 논리적 구조를 갖추고 있으면 우리는 그것을 '맞는 말'로 받아들이기 쉽다. 전제를 의심하지 않는 한 가짜뉴스는 우리를 놀라울 정도로 쉽게 속인다.

가짜뉴스가 빠르게 퍼지는 데는 또 하나의 이유가 있다. 불안에 흔들리고 소외감을 느끼는 현대인들에게 그것이 일종의 정신적 위안으로 작동한다는 점이다. 그렇다면 말도 안 되는 이야기들이 의외로 큰 위로가 되는 이유는 무엇일까? 진짜 팩트, 불편한 진실은 말 그대로 우리를 불편하게 하고 마음을 아프게 하기 때문이다. 실제로 과거에는 흡연이 폐암을 유발한다는 사실을 의사들조차 애써 외면하던 시절이 있었다.

결국 사람들은 불편한 진실을 마주하기보다 마음을 덜 괴롭히는 가짜뉴스에 더 끌린다. 가짜뉴스가 사라지지 않는 이유도 여기에 있다. 그것은 단순한 거짓이라기보다 불안을 완화하고 감정을 진정시키는 기능을 하는 일종의 이야기에 가깝다.

　문제는 이런 선택이 개인의 판단에만 머물지 않는다는 점이다. 무엇을 믿고 누구의 말을 신뢰할지는 곧 집단의 결정으로 이어진다. 가짜뉴스는 개인을 속이는 데서 멈추지 않고 사람들의 선택과 표, 나아가 여론의 방향까지 바꿔놓는다.

진심인 헛소리, 심오한 개소리

　사회심리학자 제임스 W. 페니베이커James W. Pennebaker 교수는 민주주의의 꽃인 '선거'를 두고 '진심으로 헛소리를 하는 사람을 뽑는 과정'이라고 규정했다. 그는 선거를 두고 진실을 이야기하는 사람보다 진심으로 이야기하는 사람에게 표가 더 많이 모이는 과정이라고 말한다. 나 역시 이 해석에 공감한다. 민주주의의 핵심을 투표 그 자체로만 이해해서는 안 된다고 생각한다. 투표는 민주주의를 가능하게 하는 필요조건일 뿐이지, 그것만으로 민주주의가 완성되는 충분조건은 아니다.

　페니베이커의 말에서 알 수 있듯이, 우리는 생각보다 진실을 그다지 중요하게 여기지 않는다. 대신 진실과 비슷해 보이는 무언가를 접했을 때 그것을 진실로 받아들이는 경향이 강하다. 그 대표적인 예가 바로 '진심'이다. 진실이라는 단어에서 마지막 종성만 살짝 바꾸면 진심이 된다. 그래서일까. 우리는 누군

　　　　　　　　　　　　　　　　9장 : 불싯 제너레이터

가 진심을 담아 말할 때 그가 진실을 말하고 있다고 착각하기도 한다.

누군가 '진심'으로 이야기하면 그것은 곧 '진실'이 될까? 예를 들어 어떤 어머니가 진심을 담아 "우리 아들이 웬만한 연예인보다 잘생겼어요"라고 말한다고 해보자. 혹은 사이비 종교에 빠진 사람이 진심을 다해 "우리 교주님이야말로 진짜 메시아야"라고 외친다고 해보자. 그들의 말은 진실일까, 아니면 거짓일까? 이런 말을 들으면 대다수 사람은 '무슨 헛소리야' 하며 코웃음을 친다.

하지만 진심으로 하는 헛소리가 심오하고 장엄한 언어로 포장되는 순간 이야기는 달라진다. 그 헛소리는 진실의 외피를 두른 채 우리를 엉뚱한 방향으로 이끌어간다. 망상이 전하는 진심에 속아 넘어가는 것이다. 영어권 심리학자들은 이런 현상을 프로파운드 불싯profound bullshit이라고 부른다. 직역하면 '심오한 개소리'다.

예를 하나 들어보자.

"인생은 에메랄드빛 바다가 보이는 해변에 떨어진 모래와 같다."

이 문장은 얼핏 깊은 의미를 담고 있는 듯 보인다. 그러나 팩트를 따져보면 아무런 의미도 없는 말이다. '인생', '에메랄드빛', '해변', '모래'처럼 그럴듯해 보이는 단어들을 나열했을 뿐이다.

이처럼 실제로는 아무런 정보도 담고 있지 않지만, 의미 있어 보이는 문장을 만들어내는 사이트도 있다. 이름은 '불싯 제너레이터bullshit generator'다. 우리말로는 '심오한 개소리 생성기' 정도로 번역할 수 있다. 코넬대학교 심리학과의 고든 페니쿡Gordon Pennycook 교수는 사람들이 왜 이런 문장을 그럴듯하다고 느끼는지를 실험으로 보여주었다.

그는 불싯 제너레이터로 생성한 문장을 실험 참가자들에게 제시하고, 그 문장에 대한 인상을 물었다. 예컨대 이런 문장들이다.

"숨겨진 의미는 변형된 추상성을 통해 우주적 의식을 실현한다."

"진정한 변화는 질문을 멈출 때 시작된다."

"우주는 결코 침묵하지 않는다. 다만 우리가 듣지 못할 뿐이다."

사람들의 반응은 어땠을까? 놀랍게도 상당수의 참가자가 이런 문장에 대해 '통찰력 있다', '철학적이다', '생각할 거리를 준다'라고 평가했다. 심지어 몇몇은 '케플러가 한 말일 거야', '니체가 했던 말 아니야?'라는 반응까지 보였다. 그렇다면 당신은 어떨지 다음 문장을 보자.

"시간은 환상이며, 지금 이 순간만이 절대적 진실이다."

이 문장이 그럴듯하게 느껴졌다면 방금 심오한 개소리에 한

9장 : 불싯 제너레이터

발짝 다가간 셈이다.

이 실험이 보여주는 사실은 명확하다. 매우 그럴듯한 프로파운드 불싯, 다시 말해 심오한 개소리나 진심인 헛소리에 속아넘어가는 사람이 생각보다 훨씬 많다는 것이다. 교육 수준이 높다고 해서 예외는 아니다.

왜 그런 것일까? 과학적 사고보다 논리적 사고에 더 익숙해지도록 훈련받아왔기 때문이다. 전제를 의심하기보다 주어진 전제 위에서 논리를 따라가는 데 능숙한 셈이다. 틀린 전제를 의심하지 않고 그냥 넘겨버리면, 그 뒤에 이어지는 논리적인 이야기들은 저항 없이 받아들이게 된다.

◆ 원인을 설명하는 인과관계,
　현상만 포착되는 상관관계

우리는 과학적 사고를 하는 사람을 과학자라고 부른다. 그리고 한 분야에서 과학적 사고를 체계적으로 훈련받은 사람은 전문가라고 지칭한다. 전문가는 그 분야의 전문 지식을 많이 가진 사람이기도 하지만, 자신의 전제와 판단이 옳은지 끊임없이 의심하고 검증하는 사람이기도 하다.

그 때문에 우리는 종종 전문가의 말을 쉽게 믿지 못한다.

전문가는 단정적으로 말하기보다 자신의 주장이 틀릴 가능성을 고려하여 말하기 때문이다. 확신에 찬 답을 기대하는 우리에게 전문가의 이러한 태도는 불분명하고 우유부단하게 보일 수 있다.

"금리가 올라가면 채권 가격이 내려간다." 이 말은 틀릴까, 맞을까? 웬만한 경제 지식이 있는 사람이라면 "맞아. 그거 다 아는 얘기잖아. 금리가 올라가면 무조건 채권 가격은 내려가지"라고 말할 것이다. 실제로 금리와 채권 가격은 통계상 반대로 움직이는 경향을 보인다. 금리가 여러 차례 상승한 시기를 살펴보면 그중 상당수의 경우 채권 가격이 하락하는 패턴이 관찰된다. 예컨대 금리가 10번 오르면 일곱 번 정도는 채권 가격이 내려가는 상관관계가 확인된 것이다.

그렇다면 금리 상승이 채권 가격 하락의 원인이라고 말할 수 있을까? 이 질문에 대해서는 쉽게 '그렇다'고 답할 수 없다. 상관관계와 인과관계는 전혀 다른 개념이기 때문이다. 두 현상이 함께 움직인다는 사실이 확인되었다고 해서 한쪽이 다른 쪽 결과를 직접적으로 만들어냈다고 단정할 수는 없다.

금리가 오를 때 채권 가격이 내려가는 경향은 분명 존재한다. 그러나 그것이 곧 금리 상승이 채권 가격을 직접적으로 끌어내린다는 뜻은 아니다. 그 사이에는 시장의 기대, 물가 전망, 경기 상황 등 여러 요인이 함께 작용할 수 있다. 바로 이 지점에

　　　　　9장 : 불싯 제너레이터

서 상관관계와 인과관계를 구분하지 않으면 우리는 그럴듯해 보이는 설명에 쉽게 속아 넘어가게 된다.

상관관계와 인과관계를 혼동하면 어떤 문제가 생길까? 이를 잘 보여주는 또 다른 예가 있다. 한 나라의 1인당 초콜릿 소비량이 많을수록 그 나라에서 노벨상 수상자가 많이 나온다는 통계적 상관성을 확인한 연구가 있다. 그러나 이 결과를 근거로 초콜릿 소비를 늘리면 노벨상 수상자가 나온다고 말할 수는 없다. 초콜릿 소비와 노벨상 수상 사이에는 경제력이나 교육 수준 같은 제3의 요인이 함께 작용했을 가능성이 훨씬 크기 때문이다.

이처럼 상관관계를 인과관계로 착각하는 순간 설명은 그럴듯해 보이지만 결론은 엉뚱한 방향으로 흘러가게 된다. 이런 문제를 막고자 전문가들은 자신의 분야에서 무엇이 원인이고 무엇이 결과인지를 집요하게 따진다. 아직 검증되지 않은 관계에 대해서는 쉽게 단정하지 않는다. 우리 일상에는 그저 관찰된 상관관계만 떠도는 경우가 훨씬 많기 때문이다.

이런 이유로 전문가들은 수많은 관계의 원인과 결과를 더 천천히, 더 정밀하게 검토한다. 자신의 분야에 대해 이야기할 때 조심스러워질 수밖에 없는 것도 이 때문이다. 때로는 이런 태도가 비겁해 보이기도 한다. 하지만 그것은 회피가 아니라 진실에 한 걸음 더 가까워지기 위한 태도다. 문제는 이런 과정을 잘 알지 못하는 비전문가가 전문가의 신중함을 불확실함이나 회피로 오해한다는 데 있다.

그래서 우리는 정작 그 분야의 전문가가 아니라 옆집 아저씨의 말을 듣고 엉뚱한 주식을 사며, 몇 년 만에 만난 동창의 이야기를 믿고 상가 분양을 결정하는 이상한 선택을 반복한다. 이런 일이 벌어지는 이유는 단순하다. 아마추어의 설명은 우리가 이미 알고 있는 언어, 익숙한 비유, 단순한 인과로 구성되어 있어 이해하기 쉽기 때문이다. 반면 전문가는 전제와 조건을 하나씩 짚으며 말하고 불확실성까지 함께 제시한다. 그 과정에서 전문 용어가 늘어나고, 이야기는 자연스레 어렵고 멀게 느껴진다. 즉 우리는 더 정확한 설명보다 더 알아듣기 쉬운 설명에 끌린다.

이런 상황에서 가짜뉴스나 음모론이 힘을 얻는 것은 어찌 보면 자연스러운 일이다. 왜곡된 거짓 정보가 사회적 영향력을 키워가는 흐름을 약화시키려면, 사람들이 전문가의 이야기에 귀를 기울일 수 있는 환경부터 마련돼야 한다. 동시에 전문가들 역시 각자의 분야에서 쉽고 보편적인 언어로 설명하고 설득하려는 노력을 기울일 필요가 있다.

하지만 현실은 아직 그 지점에 이르지 못했다. 전문가들은 여전히 전문가들끼리 모여 전문 용어로 대화를 나누며 그들만의 세계 안에 머문다. 그 사이 대중은 아마추어가 만들어낸 가짜뉴스와 음모론에 더 쉽게 끌려간다. 결국 전문가의 이야기를 일상의 언어로 풀어 전달해줄 매체와 통로가 더 많이 필요하다는 결론에 이르게 된다. 이런 시도는 헛된 노력이 아니라 지금 꼭 해내야 할 과제다.

◆ 온톨로지컬 컨퓨전,
똑똑한 사람이 헛소리에 빠지는 이유

인지심리학자들은 존재론적 착각에 빠진 사람들이 유난히 음모론이나 가짜뉴스에 쉽게 끌린다고 지적한다. 교육 수준이 높고, 상당한 소득을 올리며 부를 갖고 있음에도 이런 음모론이나 가짜뉴스에서 좀처럼 빠져나오지 못하는 사람들을 우리 수변에서도 어렵지 않게 볼 수 있다. 안타까운 일이다.

음모론에 빠지거나 가짜뉴스를 쉽게 믿는 사람들은 어떤 공통된 특징을 지니고 있을까? 이들을 연구할 때 자주 등장하는 개념이 있다. 바로 온톨로지, 즉 존재론이다. 존재론은 존재하는 사물의 성격과 근본 원리, 실재의 구조를 탐구하는 형이상학의 한 분과다. 흥미롭게도 이 개념이 최근 AI 산업에서도 중요하게 다뤄지고 있다. 온톨로지는 AI가 세상을 '헛소리 없이' 이해하도록 만드는 일종의 의미 설계도이며, 불싯 제너레이터를 막는 가장 강력한 도구이기도 하다.

가짜뉴스나 음모론에 쉽게 빠지는 사람들 가운데 상당수는 존재론적 착각 혹은 존재론적 혼돈, 즉 온톨로지컬 컨퓨전 ontological confusion 상태에 놓여 있다. 이는 서로 다른 '존재의 종류'를 같은 범주로 착각하는 오류를 말한다. 사실과 의견, 감정과 증거, 은유와 현실, 가능성과 확정을 구분하지 못하는 상태가 바로 온톨로지컬 컨퓨전이다.

어렸을 때 불렀던 노래를 떠올려보자.

"원숭이 엉덩이는 빨개, 빨가면 사과, 사과는 맛있어 맛있으면 바나나…."

이 노래는 겉으로 드러난 사물의 특징을 곧바로 그 본질로 연결한다. 문제는 이런 식의 사고방식으로 세상을 이해하는 사람들이 실제로 적지 않다는 점이다. 이들의 생각은 대개 이런 흐름을 따른다.

'빨간 옷을 입었네? 빨갱이잖아.'

'여자인데 머리가 짧네? 페미니스트인가?'

'대학 안 나왔어? 일 못하겠네.'

2023년 편의점 아르바이트 여성 폭행 사건 역시 이런 사고 구조에서 비롯됐다. 20대 남성이 편의점에서 일하던 여성에게 "여자가 왜 머리가 짧아, 너 페미니스트지?"라고 말한 뒤 "페미니스트는 맞아야 한다"며 폭행을 가한 사건이다. 폭행 자체도 충격적이지만, 그 여성을 페미니스트로 단정한 근거가 '짧은 머리'였다는 점은 더욱 황당하다.

이처럼 특정 인물이 지닌 한두 가지 눈에 띄는 속성을 그 사람의 본질로 착각하는 경우는 의외로 흔하다. 보이는 대로 쉽게 판단하고, 깊이 생각하지 않은 채 결론을 내려버린다. 주위를 둘러보면 명문대 학생이나 한 분야에서 오랫동안 일해온 전문가들 가운데서도 이런 사고 구조를 지닌 이들이 적지 않다. 사회현상을 바라보는 보편적인 인식의 틀이 무너져 있는 상태라고 해도 과언이 아니다. 그렇기에 이들에게는 불편하더라도 진실을 차분하게 짚어주는 사람이 필요하다.

그렇다면 이런 온톨로지컬 컨퓨전은 왜 생기는 걸까? 지금 우리 사회는 사람들에게 깊이 생각할 여유를 거의 허락하지 않는다. 미디어의 종류는 기하급수적으로 늘어났고, 정보는 빠르게 소비되며 점점 더 자극적인 형태로 재편되고 있다. 이 과정에서 우리는 새로운 정보를 접하자마자 즉시 그것을 익숙한 범주에 밀어 넣고 '이미 아는 이야기'라고 판단하길 요구받는다. 이해했다는 확신을 서둘러 갖지 않으면 다음 정보로 넘어갈 수 없기 때문이다. 그 결과 생각은 충분히 숙성되기도 전에 중단되고 깊어지지 못한 채 흩어진다. 결국 우리는 많이 알고 있다고 느끼지만 정작 제대로 사유하지는 못하는 상태에 머물게 된다.

인지심리학자들은 이런 상태를 섈로니스 오브 씽킹shallowness

of thinking, 즉 '생각의 얕음 현상'이라고 부른다. 이는 생각을 전혀 하지 않는 상태가 아니라 생각이 깊어지기 직전에 멈춰버리는 상태에 가깝다. 겉으로는 이미 알고 있는 듯한 감각만 남아 있을 뿐이며, 막상 이유를 설명하거나 근거를 따져보라고 하면 말문이 막힌다. 생각했다는 느낌은 있으나 사고의 과정은 끝까지 도달하지 못한 상태다.

이런 사람들은 '나는 이미 다 안다'라는 확신을 갖고 있기 때문에 자극적이고 단호한 언어에 쉽게 끌린다. 반대로 조심스럽고 복잡한 설명을 시도하는 전문가의 말은 번거롭고 불편하게 느낀다. 그 결과 과격하지만 그럴듯해 보이는 이야기, 검증되지 않은 가짜뉴스와 음모론에 더 쉽게 빠져든다.

반면 스스로 '나는 모를 수도 있다'는 사실을 자각하는 사람은 다르다. 이들은 단호한 언어보다 조심스러운 언어를 선호하고, 복잡하더라도 차근차근 설명하려는 전문가의 시도를 기꺼이 받아들인다. 결국 가짜뉴스와 음모론에 끌리느냐, 아니면 검증된 정보에 귀를 기울이느냐는 지식의 많고 적음보다 자신의 인식 상태를 어떻게 인식하느냐에 달려 있는 셈이다.

우리는 앞으로도 꽤 오랜 시간 동안 이 혼란에서 완전히 자유로워지기 어려울 것이다. 이제는 사람뿐 아니라 AI까지 가짜뉴스와 음모론, 심지어 개소리를 만들어내기 시작했다. 그렇다면 언제까지 이런 상황을 견뎌야 할까? 아마도 진실이 아닌 것

9장 : 불싯 제너레이터

을 가려낼 수 있는 우리 안목이 자리를 잡을 때까지일 것이다.

사실 이런 혼란은 인류가 처음 겪는 일이 아니다. 역사를 돌아보면 급격한 문명 전환기마다 비슷한 불안과 오해가 반복되어왔다. 변화가 일어날 때마다 사람들은 늘 같은 질문을 던졌다. 이 변화가 우리를 망치지는 않을까? 그리고 그 불안은 언제나 단순하고 극단적인 이야기로 수렴되곤 했다.

산업혁명 시기에는 기계가 인간을 소외시키고 사고를 마비시킬 것이라는 공포가 퍼지며 러다이트 운동luddite movement이 벌어졌다. 디지털 혁명기에도 컴퓨터가 인간의 사고 능력을 약화시킬 것이라는 우려가 반복됐다. 그러나 시간이 지나 돌아보면, 이런 주장들 대부분은 과학적 근거가 빈약했다. 정작 문제는 기술 그 자체가 아니라 변화의 속도를 마음이 따라가지 못할 때 증폭되는 불안이었다.

불안을 감당하지 못하면 사람들의 마음은 복잡한 현실보다 이해하기 쉬운 설명, 책임자를 분명히 지목해주는 이야기로 기울어진다. 가짜뉴스와 음모론은 바로 그 틈에서 싹을 틔우며 반복적으로 힘을 얻어왔다.

만약 변화가 거의 없는 삶을 살아간다면 우리 마음은 그 환경에 비교적 쉽게 적응할 수 있다. 삶은 예측 가능해지고, 불안은 줄어든다. 그런 조건에서는 음모론이나 가짜뉴스가 파고들 여지도 크지 않다. 그럼에도 우리는 지금 역사상 유례없이 빠른 속도의 변화의 속에 놓여 있으며 이 혼란 역시 낯설지 않은 얼굴로 또다시 반복되고 있다.

그래도 포기해서는 안 될 한 가지가 있다. 변화 속에서 더 나은 변별력을 기르려는 노력이다. 한 번 더 확인하고 한 템포 늦춰 생각하려는 태도 말이다. 인류는 새로운 문명이 등장할 때마다 혼란을 겪어왔지만 그 앞에서 완전히 무너진 적은 없다. 지금 필요한 것은 문제를 단숨에 없애겠다는 조급함을 내려놓고 문제를 제대로 인식하고 다루며, 조금씩 개선해나가는 태도다. 어쩌면 지금은 그 어느 때보다도 이런 태도가 필요한 시기인지도 모른다.

음모론과 가짜뉴스에서
진실을 지키는 법

가짜뉴스와 음모론은 사람의 성향과 사회의 분위기가 맞물릴 때 힘을 얻는다. 따라서 해법 역시 개인의 태도와 사회의 구조 양 측면에서 바라볼 필요가 있다. 나는 이 문제를 개인의 노력과 사회의 책임이라는 두 축에서 정리해보려 한다.

개인의 노력: 높은 개방성과 적정한 우호성을 갖춰야 한다

• **불편한 진실을 밀어내지 않는 능력, 개방성:** 문제는 이 과정이 개인의 선택으로 끝나지 않는다는 데 있다. 이런 식의 고립이 반복되면 사회와의 연결 고리는 점점 끊어지고 불행은 더 깊어진다. 이를 막기 위해 필요한 것은 무엇일까? 불편하더라도 진

실을 이야기해줄 수 있는 사람의 존재다.

우리가 외면해왔던 불편한 진실을 차분히 짚어주는 사람을 우리는 흔히 '분위기 깨는 사람'으로 여긴다. 실제로 우리는 나에게 불편한 말을 하거나 마음에 들지 않는 진실을 전하는 사람을 피하거나 관계 밖으로 밀어내곤 한다.

그들을 밀어내지 않고 관계 안에 남겨둘 수 있는 성품, 그것이 바로 개방성openness이다. 개방성이란 낯선 생각을 즉각적으로 거부하지 않고, 그 의미를 한 번쯤은 검토해보려는 태도다. 다시 말해 나를 불편하게 만드는 말 앞에서도 관계를 끊기보다 생각을 열어 수용하는 능력이다.

• **착함이 아니라 기준의 문제, 적절한 우호성:** 최근 심리학 연구에서는 개방성과 더불어 우호성(agreeableness)의 중요성도 꾸준히 강조된다. 우호성이란 타인과 잘 지내려는 욕구로, 사회적 관계에서 상대를 비교적 긍정적으로 인식하고 관계를 유지하게 만드는 성향이다. 다만 많은 연구가 공통적으로 지적하는 지점이 있다. 우호성은 적절한 수준으로 유지하고, 개방성은 의식적으로 높여야 한다는 것이다.

여기서 말하는 '적절한 우호성'이란 무엇일까? 내 마음을 기준으로 삼는 태도가 아니라 상대의 마음을 고려하는 태도다. 배려의 기준이 '내가 얼마나 착한가'에 머무르지 않고, '상대가 지금 무엇을 필요로 하는가'로 옮겨가는 상태라고 볼 수 있다.

문제는 이 균형이 깨질 때다. 우호성은 높은데 개방성이 낮은 경우가 그렇다. 앞서 이야기한 '외로움의 장벽' 안에 자기를 가둔 사람들이 여기에 해당한다. 이들은 불편한 진실이나 정확한 사실을 전하는 사람을 밀어내고, 대신 자신과 생각이 비슷한 사람들과만 관계를 맺으려 한다. 그 결과 관계는 유지되는 듯 보이지만 시야는 점점 좁아지고 고립은 더 깊어진다.

한편 우호성이 지나치게 낮은 상태 역시 바람직하지 않다. 적절한 우호성을 지닌 사람이라면 옆집에 새로 이사 온 이웃에게 "왜 여기로 이사 왔어요?"라고 시비 걸듯 말하지는 않을 것이다. 물론 모든 사람과 다 잘 지낼 수는 없다. 그 사실은 인정해야 한다. 다만 여기서 말하는 적절한 우호성이란, 마음속에만 머무는 호감이 아니라 내가 실천할 수 있는 범위에서 행농으로 드러나는 친절을 뜻한다. 이는 '마음이나 감정을 약속하지 말고 서로의 행동을 약속하라'는 니체의 조언과도 맞닿아 있다.

새로운 이웃이 옆집으로 이사 왔다고 가정해보자. 나는 그를 마음속으로는 반갑게 여기고 호감을 느꼈다. 하지만 그 마음을 표현하는 행동은 아무것도 하지 않았다. 그렇다면 그 이웃이 내 진심을 알 방법은 없다. 누군가 "옆집 사는 김경일 교수는 어떤 사람이에요?"라고 묻는다면 그는 "잘 모르겠어요"라고 답할 수밖에 없다. 아마 나는 속으로 '내 진심을 몰라준다'며 서운

해할지도 모른다. 우호성이 감정에만 머물고 행동으로 이어지지 않을 때 벌어지는 전형적인 상황이다.

• **불편한 진실을 외면하지 말아야 할 이유:** 흥미로운 점은 우호성을 적절하게 유지하면서 동시에 개방성이 높은 사람들이 음모론이나 가짜뉴스에 상대적으로 덜 흔들린다는 사실이다. 이들은 그 이야기의 내용을 살피기 전에, 그것을 주로 소비하고 확산시키는 사람들이 누구인지를 먼저 살핀다. 그리고 그 과정에서 해당 이야기가 개방성이 낮은 사람들 사이에서 반복 소비되고 강화된다는 점을 알아차린다.

인간은 가치 있어 보이는 것을 따르지만, 별로라고 느낀 사람들이 열광하는 대상에 거리를 두기도 한다. 개방성과 적절한 우호성을 함께 갖춘 사람들은 바로 이 지점에서 한발 물러선다. 그 결과 헛소리와 음모론, 가짜뉴스는 그들에게 매력적인 선택지가 되지 못한다.

직장에서도 비슷한 상황을 자주 본다. 조직에서 평가가 좋지 않은, 이른바 못된 사람들이 유독 싫어하는 사람이 있다. 그런데 가만히 보면 그들이 미워하는 대상 가운데는 꽤 괜찮은 사람이 섞여 있다. 그래서 나는 직장인 대상 강연에서 이런 말을 자주 한다.

"못된 사람에게 욕먹는 건 두려워하지 마세요. 대신 착한 사람들에게 욕먹는 건 경계해야 합니다."

이 조언 역시 결국 '적절한 우호성'을 가지라는 말과 다르지 않다. 착한 사람에게 욕먹지 않을 선택을 하고, 필요하다면 나쁜 사람에게는 욕먹을 각오를 하라는 뜻이다. 더불어 불편한 진실을 말해주는 사람을 밀어내지 않고 곁에 두어야 한다. 이것이야말로 한 개인이 음모론과 가짜뉴스에 빠져 스스로를 고립시키는 위험을 피하는 데 있어 가장 중요한 자세다.

여기에 한 가지를 덧붙이고 싶다. "입에 쓴 약이 몸에 좋은 법이야"라며 불편한 진실을 굳이 더 불편하게 말하는 사람들도 분명 존재한다. 하지만 진실을 전하기 위해 굳이 날 선 말로 독설에 가까운 이야기를 할 필요는 없다. 어른이 된다는 것은 불편한 진실을 말할 때조차 덜 불편한 언어로 전할 수 있는 사람이 되는 일이다. 공격적인 언어로 진실을 던지는 건 어렵지 않다. 그에 비해 자극이나 선동 없이, 상대가 받아들일 수 있는 정제된 언어로 반복해서 설명하는 일은 훨씬 어렵다.

자극적이지 않은 언어, 선동하지 않는 언어, 공격하지 않는 언어. 그런 언어로 불편한 이야기를 건넬 수 있는 사람들이 더 많아지길 바란다. 우리는 그런 어른을 본보기로 삼아야 한다. 그런 어른이 많아질수록 음모론과 가짜뉴스가 설 자리는 자연스럽게 좁아질 것이다.

사회의 노력: 인간의 존엄을 지키고 불안을 관리해야 한다

음모론이나 가짜뉴스가 확산되는 사회가 가진 심리적 토양에는 공통된 정서가 있다. 불안과 소외감이다. 사회에서 밀려났다고 느끼는 사람들은 자신의 불안을 설명해줄 명확한 원인과 책임자를 찾으려 한다. 그러다 보니 복잡하고 모호한 현실보다는 선악이 분명하고 이해하기 쉬운 이야기에 끌린다. 음모론과 가짜뉴스는 사실 여부와는 상관없이 이런 감정을 빠르게 정리해주는 서사로 기능하며 사람들의 마음속을 파고든다. 허황된 말이 희망의 대체제가 되는 것이다.

이런 상태에 이르면 개인의 판단력만으로 문제를 해결하기는 어렵다. 음모론과 가짜뉴스의 영향력을 약화시키려면 개인의 노력만으로는 역부족이다. 사회적 조건에 대한 성찰이 동반되어야 한다. 출발점은 분명하다. 경제적·사회적 불안이 개인에게 고스란히 전가되지 않도록 하는 환경이다. 실업이나 실패가 곧바로 추락과 배제로 이어지지 않도록, 다시 시도할 수 있는 기회가 제도적으로 보장될 때 사람들은 극단적인 설명에 덜 매달린다.

실패해도 인간의 존엄이 유지되는 사회가 되어야 한다. 이는 단순히 복지를 늘리는 사회를 뜻하지 않는다. 불안이 걷잡을 수 없이 커지지 않도록 감정을 완충해주는 구조를 갖춘 사회를 말한다. 사회에 안전망이 존재한다는 믿음은 현실을 왜곡해 마음을 달랠 필요도 줄여준다. 반대로 이 믿음이 무너질수록 사람들은 불편한 진실보다 달콤한 거짓에 더 쉽게 기대게 된다.

불안과 소외가 일상이 된 사회에서는 사실조차 위협으로 느껴진다. 반대로 안정과 존엄이 보장된 사회에서는 불편한 진실도 견딜 수 있다. 가짜뉴스와 음모론에 대한 가장 근본적인 대응은 검열이나 차단이 아니다. 사람들이 진짜 뉴스와 불편한 진실을 감당할 수 있는 사회적 조건을 만들어주는 일이다. 결국 문제는 정보의 질이 아니라 그 정보를 감당할 수 있는 사회의 상태에 있다.

MIND TRACKING

이분법의 함정

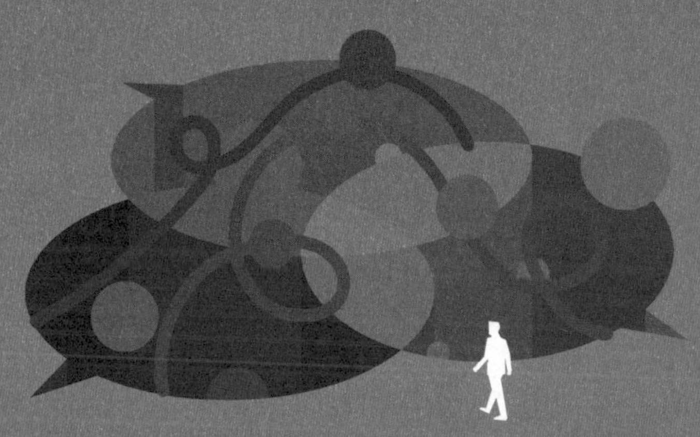

가부장제가 만든
편견

"젠더 문제는 여성에게 경력 단절과 돌봄 부담의 형태로,
남성에게 감정과 역할을 제한하는 규범의 형태로
서로 다른 압박을 동시에 제공해왔다."

"여자니까 안 되고,
남자라서 괜찮다고?"

'가부장제'라는 말은 낡은 시대를 상징하는 고리타분한 말처럼 들린다. 하지만 그 사고방식은 변형된 모습으로 여전히 우리 사회 곳곳에 잔존해 있다. 이 문제가 앞으로 어떤 모습으로 남을지는 아직 분명하지 않다. 10년, 20년쯤 지나 지금을 돌이켜 보면 '그때는 이런 걸로도 고민했었지' 하며 가볍게 회상할 수 있는 과거가 될 수도 있다. 반면 속은 그대로인 채 겉모습의 형태만 계속 바꿔가며 마주해야 할 과제로 남을 가능성 역시 적지 않다.

요즘 '젠더 갈등'이라는 말이 곳곳에서 자주 등장한다. 그러나 내가 젊었을 때만 해도 '젠더'라는 단어가 성性을 의미한다는 사실조차 또렷이 인식하지 못했다. 일상에서는 남성, 여성이라는 표현이 훨씬 익숙했다. 영어 역시 맨man, 우먼woman을 자연스럽게 사용했을 뿐이다. 대학원에 진학한 뒤에야 메일male, 피메일female 같은 학술적 표현을 접했다. 그만큼 젠더라는 개념은 우리 일상 언어와 사고의 중심에 자리하지 못했다.

그 이유는 비교적 분명하다. 젠더 문제를 사회적 논의의 전면에 올려놓지 않았기 때문이다. 굳이 말하지 않아도 되는 문제, 애써 건드릴 필요가 없는 주제로 취급해온 것이다. 갈등을 드러내기보다 덮어두는 쪽을 택해온 사회적 분위기가 오래 지속된 탓이다.

물론 책임이 사회에만 있는 것은 아니다. 개인의 책임 또한 분명하며 이를 피할 수 없다. 나 역시 이 문제에 대해 무지했다. 나는 남성이었고 1970년에 태어나 비교적 오랜 시간 사회적 주도권을 쥔 성별의 위치에 있었다. 다시 말해 젠더 문제로 불편을 느끼거나 그것을 내 삶의 문제로 인식해야 할 필요를 절실히 체감하지 못했다.

돌이켜보면 그 '불편하지 않음'이 문제의 핵심이었을지도 모르겠다. 불편을 느끼지 않아도 되는 위치에 있었다는 사실 자체가 이미 젠더 문제의 구조를 보여주고 있으니 말이다. 문제를 고민하지 않아도 되었던 이유는 개인의 안락함과 그 안락함을 허락한 사회가 만들어낸 침묵의 결과이기도 했다.

　　　　　　　　　　　　　　

최근에는 젠더와 관련된 단어들이 일상에서 흔히 쓰인다. '에겐남', '테토녀'처럼 학술 용어에서 변형된 대중어가 자연스럽게 회자될 정도다. 이런 표현들이 널리 쓰인다는 것은, 그만큼 관련 이슈가 우리 고민 한가운데에 들어와 있으며 사회적 관심 역시 커졌다는 뜻이다. 그 결과 그동안 당연하게 여겨졌던 '남자의 일'과 '여자의 일'을 구분하는 관행 자체가 문제로 인식되기 시작했고, 이제는 공개적인 논쟁의 대상이 되었다.

한동안 사회적으로 자주 언급되었던 단어 가운데 하나로 '경단녀'가 있다. 결혼과 출산, 육아를 거치며 여성의 경력이 단절되는 현상을 가리키는 말이다. 이 현상은 단지 개인의 선택으로 설명될 수 있는 문제가 아니었다. 임신과 출산을 직접 겪는 주체가 여성이라는 생물학적 조건 위에, 돌봄의 책임을 주로 여성에게 맡겨온 사회적 관행이 겹치며 반복적으로 나타난 결과였기 때문이다. 과거의 노동 시장은 출산과 육아를 삶의 일부로 전제하지 않은 채 작동했고, 경력이 끊기는 쪽은 거의 예외 없이 여성이었다.

최근에는 인구 감소로 노동력이 부족해지면서 상황이 조금씩 달라지고 있다. 출산과 육아 이후에도 일을 이어가는 여성이 늘어나며, 경력 단절을 겪는 여성의 비율 역시 과거에 비해 완만하게 줄어드는 흐름이다. 그렇다고 해서 이 문제가 해소되었다고 보기는 어렵다. 다만 젠더를 둘러싼 압박의 방식이 이전과는 다른 형태로 바뀌고 있을 뿐이다.

여기서 시야를 조금 넓혀볼 필요가 있다. 젠더 문제는 처음부터 여성에게만 영향을 미쳐온 것이 아니기 때문이다. 여성에게는 경력 단절과 돌봄 부담의 형태로, 남성에게는 감정과 역할을 제한하는 규범의 형태로 서로 다른 압박이 동시에 작동해왔다. 최근 주목받는 '맨박스man box'라는 개념이 이 점을 잘 보여준다.

맨박스란 남성은 강해야 하고 흔들리지 말아야 하며, 감정을 드러내서는 안 된다는 보이지 않는 규범의 틀을 가리킨다. 이는 젠더 문제가 새롭게 등장했다는 뜻이 아니다. 기존의 젠더 규범이 남성의 삶과 정신건강에 어떤 방식으로 작동해왔는지를 다른 각도에서 드러낸 사례에 가깝다. 다시 말해 젠더 이슈는 사라진 적이 없다. 다만 한쪽에서는 경력과 돌봄의 문제로, 다른 한쪽에서는 감정과 역할의 억압으로, 서로 다른 얼굴을 하고 계속해서 존재해왔다.

물론 이런 문제들을 일시에 모두 해결하는 이상적인 사회는 앞으로도 쉽게 오지 않을 것이다. 서로 다른 젠더에 속한 사람들이 상대방의 경험과 감각을 온전히 이해하는 데는 본질적인 한계가 있기 때문이다. 그렇다고 해서 이 문제를 피하는 것이 답이 될 수는 없다.

매번, 기꺼이, 그때그때 고민해보는 사회야말로 성숙한 사회다. 그런 사회는 지혜를 축적하고 직관과 철학을 차근차근 쌓아간다. 명확한 해답이 당장 보이지 않더라도 외면하지 않고 답을 찾으려 애쓰는 과정 자체가 무엇보다 중요하다.

갈등은 접촉이 있을 때 그리고 그 접촉이 일방이 아닐 때 생긴다. 그렇다면 '갈등'이란 무엇일까? 갈등이라는 말은 기본적으로 양쪽 모두가 일정한 힘과 발언권을 가질 때 성립하는 개념이다. 한쪽만 말할 수 있고 다른 한쪽은 침묵해야 하는 상황은 갈등이라기보다 억압이나 통제에 가깝다.

이와 관련해 떠오르는 기억이 있다. 대학교 1학년 시절 '고부 간의 갈등'이라는 표현을 처음 들었을 때다. 그 자리에 있던 한 어르신이 그 말을 듣고는 이렇게 말했다.

"아니, 며느리가 그렇게 힘이 세졌어? 이제는 시어머니한테 구박만 받는 게 아니라 서로 갈등을 겪는다고?"

이 말은 상황의 본질을 정확히 짚고 있다. 며느리가 일방적으로 구박을 받는 관계는 '고부 갈등'이 아니다. 그것은 말 그대로 '고부 구박'이다. 갈등이라는 표현이 가능해지려면 양쪽 모두가 어느 정도의 힘과 발언권을 가져야 한다.

이렇게 보면 젠더 갈등 역시 마찬가지다. 어느 한쪽이 절대적으로 약한 상태에서는 갈등이라는 말 자체가 성립하기 어렵다. 젠더 갈등이라는 개념이 등장했다는 사실은, 양쪽 젠더가 이전보다 훨씬 가까운 위치에서 서로를 마주하고 있다는 신호다. 물론 이것을 '여성의 지위가 높아졌으니 모든 문제가 해결됐다'는 식으로 단순화해서 받아들여서는 안 된다.

내가 말하고 싶은 핵심은 분명하다. 이제야 갈등과 대립이 본격적으로 무대 위에 올라왔다는 사실이다. 그렇다면 이제 해야 할 일도 명확하다. 회피하지 않고 본격적으로 고민을 시작하는 것. 젠더 문제 역시 더 이상 외면할 일이 아니라 함께 답을 찾아가야 할 질문이 되었다.

맨박스가 주목받지 못한 이유

앞서 말한 '맨박스'는 이론이나 개념에 머무는 추상적인 틀이 아니다. 그것은 많은 남성의 삶 속에서 오랜 시간 구체적인 행동 규칙으로 작동해왔다. 특히 감정을 드러내는 순간마다 그 영향력은 더욱 분명해진다.

어릴 적 울고 있으면 어머니가 다가와 이렇게 말하셨다.

"야, 남자애는 우는 거 아니야. 울면 ×× 떨어져."

내 또래 남성이라면 익히 들어봤을 말이다. 나 역시 그 말을 별다른 의심 없이 받아들였다. 남자는 울면 안 되고, 울면 약해 보이며, 약해 보이는 것은 남자답지 못한 일이라고 믿었다. 그 래서 어떻게든 울지 않으려 애썼다. 이제와 돌이켜 보니 바로 그 '울지 않으려는 노력'이 내 삶에서 적지 않은 문제를 만들어냈 다. 슬플 때 슬프다고 말하지 못했고, 아플 때조차 아프다고 표 현하지 못했다. 감정을 눌러두면 언젠가는 사라지리라 생각했 지만 실은 정반대였다. 표현되지 않은 감정은 사라지지 않은 채 내 안에서 천천히 굳어갔다.

그나마 내가 비교적 잘 버틸 수 있었던 데는 나름의 이유가 있다. 바로 아버지의 존재다. 아버지는 정말 잘 우시는 분이다. 어머니는 농담처럼 아버지를 '울보 같은 할아범'이라고 부른다. 나는 그런 모습을 보며 자랐고, 적어도 집 안에서는 남자가 울 어도 괜찮다는 것을 자연스럽게 배웠다.

그 경험 덕분에 내 안에는 작은 균열이 생겼다. '남자는 울 면 안 된다'는 규범과 '울어도 괜찮다'는 현실이 동시에 자리 잡 은 것이다. 그 틈 사이에서 나는 숨을 쉴 수 있었다. 만약 아버 지마저 감정을 철저히 숨기는 사람이었다면, 나는 감정을 표현 할 통로를 거의 잃었을지도 모른다. 어찌 보면 참으로 다행이다. 하지만 내 또래 대부분의 남성은 그런 균열조차 경험하지 못했 을 가능성이 크다. 그 시대를 살아온 많은 남성은 감정을 드러 내지 말아야 한다는 믿음을 의심 없이 받아들이며 살아왔을 테니 말이다.

사람들은 이런 상태를 두고 '남성성의 위기'라고 부른다. 중요한 점은 이 위기가 최근 들어 갑자기 생긴 문제가 아니라는 사실이다. 오래전부터 존재했지만 누구도 말하지 않았고 말할 언어조차 허락되지 않았다. 그런 이유로 이제야 비로소 그 문제들이 조금씩 모습을 드러내기 시작했다. 반면 여성의 위기는 훨씬 이른 시기부터 사회의 언어가 되었다. 중년 여성의 상실감과 정체성의 흔들림은 1980년대 후반부터 이미 드라마와 대중문화 속에서 반복적으로 다뤄졌다. 사회는 비교적 오래전부터 여성의 위기를 바라보고 말해왔다.

그렇다면 왜 '중년 남성의 위기', 더 나아가 '남성성의 위기'는 이제서야 입에 오르내리기 시작한 것일까? 이 문제가 여성의 문제보다 훨씬 늦게 다뤄졌다는 사실은, 그만큼 오랫동안 의도적으로 혹은 무의식적으로 외면해왔다는 뜻일지도 모른다.

하나뿐인 척도는 모두를 적으로 만든다

남성들 역시 위기를 겪고 있음에도 이 문제가 오랫동안 제대로 논의되지 않은 데는 몇 가지 이유가 있다.

첫째, 감정을 드러내지 않는 태도가 오랫동안 미덕으로 여겨져 온 탓이다. 흔들리지 않고 버티는 자세가 곧 성숙함의 기

　　　　　10장 : 이분법의 함정

준처럼 받아들여졌고, 이런 인식이 오랜 시간 사회 전반을 지배했다.

둘째, 남성이 겪는 어려움은 좀처럼 공적 의제가 되지 못했다. 상대적으로 주도권을 가진 집단이라는 이유로, 남성의 불안과 상실감은 구조의 문제가 아니라 개인의 문제로 환원되기 쉬웠다. 힘을 가진 쪽이 힘들다고 말하는 순간, 그 호소는 '엄살'이나 '투정'으로 오해받기 쉬웠던 탓이다.

여기에 또 하나의 이유가 있다. 남성성의 위기가 사회가 유지해온 질서 자체를 흔들 수 있는 문제로 인식돼왔다는 점이다. 남성이 약함을 드러내고 흔들리며, 도움을 요청하는 순간 기존의 역할 분담과 권력 구조 역시 재검토해야 한다. 그래서 이 문제는 말하지 않고 덮어두는 편이 사회 전체로서는 더 쉬운 선택이었을지도 모른다.

그 결과 말하지 못했던 감정들은 개인 안에만 쌓였다. 공개적으로 다뤄지지 않은 감정은 해결되지 않았고 표현되지 못한 감정은 억울함과 불안의 형태로 남았다. 문제는 그렇게 눌러둔 감정이 저절로 사라지지 않는다는 데 있다. 오히려 그것은 시간이 지나며 뒤틀리고 왜곡되며, 때로는 가장 서툴고 못난 방식으로 튀어나온다.

심리학자들이 말하는 '못난 태도'의 대표적인 예가 바로 질투다. 부러움의 태도가 '나도 가질래'라면 질투의 태도는 '너도

가지지 마'다. 부러움과 질투는 둘 다 결핍에서 출발하지만 나아가는 방향은 정반대다. 전자는 나를 성장시키는 쪽으로 이끄는 반면 후자는 타인을 끌어내리는 쪽으로 향한다. 심리학자들이 이 두 태도를 분명히 구분하는 이유다.

'왜 저쪽에만 혜택을 주느냐, 우리도 받아야 한다'는 주장은 그나마 건설적이다. 하지만 '왜 저쪽에만 혜택을 주느냐, 저쪽의 혜택을 없애라'는 주장으로 방향이 바뀌는 순간, 문제는 전혀 다른 국면으로 들어선다. 지금 우리가 보고 있는 상당수의 젠더 이슈가 바로 이 지점에서 몸살을 앓고 있다.

조금만 더 생각해보자. 이런 반응은 결국 우리가 모든 자원과 기회를 하나의 파이로 상상하기 때문에 생겨난다. 누군가 더 가지면 반드시 나는 덜 가질 수밖에 없다는 사고방식이다. 하지만 현실의 자원과 기회는 그렇게 단일한 접시 위에 놓인 하나의 파이가 아니다. 분야도 다르고, 필요한 것도 다르며 시간의 흐름에 따라 새로 만들어지는 몫도 많다. 실제로는 같은 파이를 두고 벌이는 제로섬 게임이 아니라 각기 다른 여러 개의 파이가 존재하는 상황에 가깝다.

정년을 연장한다고 해서 청년의 일자리가 자동으로 사라지지 않는다. 여성에게 어떤 기회를 더 준다고 해서 남성이 치명적인 손해를 보는 일도 드물다. 그런데도 우리는 이런 사안을 곧잘 '제로섬의 문제'로 받아들인다. 그러다 보니 논의는 쉽게 사

　　　　　　　　　　　　10장 : 이분법의 함정

실을 떠나 감정의 언어로 흘러가기 십상이다. '저쪽도 주지 마라', '저쪽도 가지지 마라' 같은 구호에 금세 휩쓸리는 것이다.

그 결과 우리는 결국 누구도 제대로 가지지 못하는 게임을 반복한다. 서로를 견제하느라 에너지를 소모하고 문제의 본질은 그대로 둔 채 감정만 증폭시킨다. 이런 갈등이 적대의 방식으로 굳어지는 이유는 분명하다. 우리가 모든 문제를 하나의 차원, 즉 단일한 척도로 놓고 이해하려 하기 때문이다.

한 축의 왼쪽에는 여성, 오른쪽에는 남성을 놓고, 다른 축의 위에는 윗세대, 아래에는 젊은 세대를 놓는다. 하나의 축, 하나의 기준으로만 비교하니 모든 것이 경쟁과 대립의 형태로 보인다. 그러나 이들은 사실 질적으로 다른 존재들이다. 아이러니하게도 '질적으로 다르다'고 인식할 때 오히려 더 수평적이고, 더 평등한 대우가 가능해진다.

예를 하나 들어보자. 1만 원짜리 지폐와 1000원짜리 지폐가 있다. 이것은 같은 척도 안에서는 우열이 분명한 관계다. 두 장의 지폐가 물에 빠졌고 하나만 건질 수 있다면 선택은 명확하다. 누구나 만 원짜리를 건질 것이다. 왜냐하면 우열이 확실하기 때문이다. 그렇다면 짜장면과 돈가스는 어떨까? 무엇이 더 우월하고 무엇이 더 열등한지 쉽게 판단하기 어렵다. 질적으로 다르기 때문에 어느 것이 더 우위에 있다고 말하기 힘들다.

문제는 우리가 이런 질적 차이를 인정하지 않고 모든 것을 하나의 척도 안에서 우열의 문제로만 바라본다는 데 있다. 그 결과 '다 같이 가지지 말자', '다 같이 누리지 말자', '이미 준 것을 뺏자'는 생각이 쉽게 등장한다. 누군가가 배려받는 모습을 보면 곧바로 '나는 차별받고 있다'고 느낀다. 누군가가 무언가를 얻는 장면을 보면 '그만큼 내 몫이 줄어들었다'고 인지한다. 하지만 앞서도 말했듯 세상은 그렇게 단순하게 작동하지 않는다. 많은 문제가 하나의 축으로 설명할 수 없는 구조를 지니고 있다. 젠더 문제도 그렇고 세대 문제도 마찬가지다.

이 차이를 가장 쉽게 확인할 수 있는 관계가 바로 가족이다. 심지어 형제 관계조차도 질적으로 매우 다른 두 존재의 관계다. 출생 서열은 분명히 다르며 과거에는 그 서열이 성격 형성에 큰 영향을 미쳤다. 그러나 최근 들어 출생 서열이 사람의 성격을 결정짓는 영향력은 점점 약해지고 있다. 더 흥미로운 점은 부모가 현명하고 지혜로울수록 출생 서열이나 순위에 따라 성격이 극단적으로 갈라지지 않는다는 사실이다. 부모가 아이들을 하나의 기준으로 비교하지 않고, 각각을 독립적인 개체이자 질적으로 다른 존재로 바라보기 때문이다.

갈등을 줄이는 출발점이 여기에 있다. 같은 잣대 위에 세워 우열을 가르려는 태도를 내려놓고, 다름을 다름으로 인정하는 태도가 필요하다. 그래야 비교가 줄고 경쟁이 완화되며, 비로소 공존의 가능성이 열린다.

　　　　　　　　　　10장 : 이분법의 함정

세상에는 사람을 분류하는 방법이 얼마든지 있음에도 우리는 유독 이분법적 범주로 되돌아간다. 이유는 단순하다. 그것이 가장 편해서다.

누군가와 의견이 맞지 않을 때 복잡한 맥락을 살피기보다 원인을 빠르게 분류하고 싶어진다. 내가 남성이라서, 저 사람이 여성이라서, 자란 지역이 달라서, 국가가 달라서, 학교가 달라서 등. 이 많은 요소를 두고도 이분법적 구조가 가장 자주 쓰이는 이유도 여기에 있다. 대안을 빠르게 만들 수 있고, 적수를 손쉽게 설정할 수 있으며, 대척점을 명확하게 그릴 수 있다.

이런 사고방식은 성 고정관념이나 젠더 이슈가 반복해서 불거지는 상황에서도 그대로 드러난다. 우리는 오랫동안 단순한 잣대로 상대를 이해해왔고, 그 과정에서 어느 한쪽만이 아니라 양쪽 모두가 소모되는 구조를 만들어왔다. 과거에 우리기 '가부장제'라고 불렀던 시스템은 바로 이런 사고방식이 사회 전반에 굳어지며 나타난 구조 형태 중 하나였다.

◆ 가해자는 없고 피해자만 남은 '가부장제'

가부장제는 흔히 남성이 여성 위에 군림하는 구조로 이해된다. 그러나 조금만 들여다보면 이야기가 그리 단순하지 않다.

가부장제는 힘의 위계를 노골적으로 드러내려는 시스템이 아니다. 최적의 효율과 최소한의 자본으로 사회가 돌아갈 수 있도록, 신체적 특징에 따라 분류하고 역할을 배정한 뒤 이를 수행하게끔 만든 암묵적 틀에 가깝다. 이 틀 안에서는 누가 책임을 져야 하는지, 누가 돌봐야 하는지, 감정은 어디까지 허용되는지가 이미 정해져 있다.

이 구조에서 남성과 여성은 서로 다른 위치와 역할을 맡고 있지만, 하나의 공통점을 가지고 있다. 맡은 역할 바깥의 일들을 수행하기 어렵다는 점이다. 사회는 이 틀에서 벗어난 이들에게 눈치를 주고, 공동체에서 소외시키고, 기존 역할에서 배제하기까지 한다. 육아 휴직을 내겠다는 남성을 진급에서 누락시키는 경우가 이에 해당한다. 또한 국가 가족 정책이 여성의 출산 의사를 고양하기는커녕 오히려 비혼·비출산 여성에게 불리한 구조로 편성되는 경우도 마찬가지다.

그래서 가부장제는 어느 한쪽만 억압하는 구조라기보다 모두를 정해진 역할에 맞춰 배치하고 가두어온 구조로 읽을 수 있다. 남성과 여성은 다른 방식으로 제약을 받았고, 그 제약은 개인의 선택이 아니라 사회의 기본 질서로 받아들여지며 고정되었다.

가부장제라는 시스템이 흥미로운 이유는 명확한 가해자가 없다는 데 있다. 실상 이 구조의 최대 피해자는 남성이면서 동시에 여성이다. 이 시스템에는 가해자는 없고 피해자만 존재한다. 더 정확히 말하면 모든 피해자가 서로에게 다시 가해자가 되는 구조다. 나는 이런 사회를 '단순한 사회'라고 부른다. 단순한 사고가 지배하고 피아를 가르며 사람을 이분법으로 나누는 데 익숙한 사회다. 이런 사회나 시스템, 조직은 결국 모두를 불행하게 만든다.

예를 하나 들어보자. 가부장제는 남성이 중심이 되는 구조다. 남성이 주도하고 책임도 남성이 진다. 칭찬도 남성이 받고, 비난 역시 남성이 감당한다. 모든 대표성이 남성에게 집중된다. 문제는 여기서 끝나지 않는다. 대표성의 기준 자체가 남성 중심으로 굳어지면 대표 역할을 수행하는 방식 역시 남성의 규범을 따른다. 그래서 남성이라는 이유로 대표가 되고, 대표가 되면 다시 남성의 규범을 수행한다. 이 구조에서는 대표가 된 여성조차 남성처럼 말하고 행동하기를 요구받는다. 우리는 과거 정치 조직이나 기업의 대표가 된 뛰어난 능력의 여성들이 남성적인 방식으로 말하고 행동하는 장면을 반복해서 목격해왔다. 이른바 '남성 코스프레'라는 기묘한 현상이다.

이 모든 것은 단순한 사고가 지배하는 사회가 만들어낸 결과다. 사람을 하나의 기준으로만 재단하는 사회가 스스로를 얼마나 비효율적이고 폭력적인 구조로 몰아넣는지를 보여주는 사례다. 문제의 핵심은 예외성을 인정하지 않았다는 데 있다. 대표자가 늘 남성이어야 했던 구조가 문제였던 셈이다.

그렇다면 대안적 가능성과 장점을 지닌 여성들을 우리는 왜 계속 보지 못했던 것일까? 인류사를 돌아보면 답은 의외로 단순하다. 기록하지 않았기 때문이다. 문화적으로 남기지 않았고, 전승하지도 않았다. 젠더의 역할과 차이, 괴리만을 과도하게 부각하는 사고방식은 대부분 사회의 필요에 따라 만들어졌다.

이 같은 구조는 역사 속에서도 반복되어왔다. 제2차 세계대전 이전에는 여성이 생리 기간에 일을 하지 못한다고 여겨졌다. 전쟁이 시작되고 노동력이 부족해지자 상황은 달라졌다. 오히려 집중력이 높아 일을 더 잘한다는 연구들이 등장했다. 그러나 전쟁이 끝나고 남성들이 다시 일터로 돌아오자 이야기는 편의에 따라 또 바뀌었다. 다시 생리 기간에는 일을 하기 어렵다는 주장으로 회귀한 것이다.

이 이야기가 의미하는 바는 분명하다. 우리가 당연하게 여겨온 젠더에 대한 믿음, 문화적 규범, 윤리에 가까운 행동 덕목들조차 실제로는 그 시대의 편의와 기득권의 필요에 따라 만들어진 경우가 많다는 것이다. 명확한 근거를 지닌 경우는 오히려 드물다.

이런 사고방식은 우리가 일상에서 아무렇지 않게 사용하는 말들 속에도 스며 있다.

"이런 건 여자가 해야지."

                                                    10장 : 이분법의 함정

"남자는 울면 안 돼."

"어디서 여자가 화를 내."

"남자라면 이런 정도는 거뜬히 이겨낼 줄 알아야지."

이 문장들에서 '여자'와 '남자'를 '사람'으로 바꿔보자. 그러면 흥미로운 차이가 드러난다. 여전히 말이 되는 문장도 있고, 전혀 말이 되지 않는 문장도 있다.

"여자라면 이런 일에서는 상대를 먼저 신경 써야지"를 "사람이라면 이런 정도는 상대를 먼저 신경 써야지"로 바꾸면 훨씬 자연스럽다. 반면 "남자는 우는 게 아니야"를 "사람은 우는 게 아니야"로 바꾸는 순간 문장은 완전히 어색해진다.

이 지점이 중요하다. 우리는 종종 남자와 여자라는 구분부터 하며 말을 시작한다. 하지만 젠더를 먼저 호출하는 순간 사람은 개별 존재자가 아니라 하나의 유형 혹은 하나의 범주로 취급된다. *그*가 어떤 사람인지, 어떤 선택을 해왔는지, 또 어떤 성향과 맥락을 지녔는지는 사라지고 미리 규정해놓은 역할만 남는다.

이런 문제를 해결하려면 순서를 바꿀 필요가 있다. 먼저 사람을 중심에 놓고, 그렇게 해도 설명되지 않는 점이 있을 때에만 조심스럽게 젠더를 살펴보는 것이다. 젠더는 본질을 대신하는 기준이 아니라 상황을 보완하기 위한 하나의 보조 정보여야 한다.

이렇게 관점을 바꾸면 질문도 자연스럽게 달라진다. 누가 더 피해자인가를 따지기보다 왜 같은 구조가 반복해서 사람들을 피해자의 자리에 세우는지를 묻게 된다. 이런 질문들 앞에서 가부장제는 더 이상 개인의 태도 문제가 아니라 우리가 너무 익숙해진 나머지 문제의식조차 갖지 못했던 구조의 문제임이 드러난다.

갈등과 대립의 언어 대신 협력과 포용의 언어로

문제의 원인이 구조에 있다는 점은 이제 분명해졌다. 그런데 이런 구조적 문제는 제도나 관행에만 남아 있는 것이 아니다. 우리가 무심코 사용하는 언어에도 반복되어 나타나 대립과 갈등을 강화한다.

나는 '성평등'이라는 표현보다 '성 협동'이나 '시너지'라는 말을 더 선호한다. 평등이라는 말이 틀렸다는 뜻은 아니다. 다만 그 단어가 현실에서는 종종 '누가 더 가졌는가', '누가 덜 가졌는가'를 따지는 프레임으로 소비되는 점이 아쉽다. 잘못을 지적하거나 금지하는 언어보다 무엇을 함께 만들어갈 수 있는지를 묻는 언어가 관계를 발전적으로 움직인다고 믿기 때문이다.

우리는 젠더를 이야기할 때 유독 '평등', '예방', '보완' 같은 표현을 자주 사용한다. 대체로 문제를 막아내는 데 초점이 맞춰

　　　　　　　　　　　　　　10장 : 이분법의 함정

진 언어들이다. 물론 그 언어를 없애버릴 수는 없지만 지금 이 상태로는 관계를 발전시키기 어렵다. 갈등을 멈추게 할 수는 있어도 새로운 협력의 방향까지 제시해주지는 못하기 때문이다. 반면 '협동'이나 '시너지'처럼 함께 만들어갈 것을 제안하는 언어는 상대적으로 사용 빈도가 낮다. 이 언어 선택의 차이가 대립의 구도를 만드는 이유일 수 있다.

젠더 관계를 서로의 강점을 더 잘 발휘하게 만드는 관계로 바라본다면 무엇이 달라질까? 변화는 추상적인 '사회 분위기'에서 끝나지 않는다. 가장 먼저 체감되는 이득은 의외로 개인, 바로 '나' 자신에게 돌아온다. 내 장점을 더 분명히 드러내고 내 역량을 더 널리 펼치게 돕는 협동의 상대는 대개 나와 다른 사람이기 때문이다. 마찬가지로 젠더는 누군가를 견제하기 위해 존재하는 방어막이 아니라 함께 잘되기 위한 조건으로 작동할 때 비로소 의미를 갖는다.

우리는 여전히 젠더를 피해자와 가해자의 구도로 바라보는 데 익숙하다. 익숙하다는 것은 편하다는 뜻이기도 하다. 피해자, 가해자 구도로 보면 책임을 특정 집단에 돌릴 수 있고 분노의 방향도 분명해진다. 하지만 그만큼 사고는 단순해진다. 이제는 단편적 시선에서 한 걸음 벗어날 필요가 있다. 젠더를 이야기할 때 '긍정의 언어'를 사용해보자고 제안하는 것도 그런 이유에서다.

서 있는 자리를 바꾸고 관점을 새로이 하면 그동안 보이지 않던 것들이 드러난다. 상대방이 나를 위해 애써온 일들, 눈에 띄지 않지만 분명히 작동해온 기여들이 보이는 것이다. 젠더를 협동의 관점에서 바라볼 때 갈등보다 훨씬 많은 가능성이 보이는 이유도 여기에 있다.

"돌봄과 가사의 심리적 가치가 저평가되어왔다"는 말을 접해봤을 것이다. 왜 저평가되어왔을까? 단순히 여성의 일이었기 때문만은 아니다. 그 역할이 만들어내는 2차적 효과와 시너지를 제대로 인식하지 못했기 때문이다. 무언가를 직접 해내는 일은 결과가 분명히 보이지만, 어떤 일이 벌어지지 않게 막는 역할은 평가가 박하다.

갈등이 생기지 않게 조율하고, 누군가 무너지지 않도록 받쳐주며, 일상을 단단히 유지하는 일들은 수치로 환산하기 어렵다. 협동이 중요한 이유 중 하나는 본래 함께 감당해야 할 일을 누군가 대신 감당해주는 것이다. 그 덕분에 나는 내 몫의 역할에 더 집중할 수 있고, 역량 역시 훨씬 자유롭게 발휘된다.

이 구조는 젠더 문제에만 국한되지 않는다. 우리가 살아가는 일상 전반이 그렇다. 한 사람이 지금 이 순간 어떤 일을 하고 무언가를 성취하려면 수없이 많은 조건이 동시에 맞물려야 한다. 나와 다른 사람들, 나와 다른 역할을 맡은 이들이 함께 존재하며 서로 영향을 주고받기에 지금의 내가 있을 수 있다.

우리 사회는 어느 순간부터 성취를 지나치게 개인의 능력으로만 설명하려 들기 시작했다. 개인의 실력이 특별했다거나, 치열한 노력이 있었기에 지금의 자리에 올 수 있었다는 식이다. 이를 흔히 메리토크라시meritocracy라고 부른다. 개인의 성취를 능력과 노력의 결과로 해석하고, 그 성과 역시 온전히 개인의 몫으로 귀속시키는 사고방식이다. 얼핏 보면 공정해 보이지만 이 관점에는 중요한 전제가 빠져 있다. 개인의 능력이 발휘될 수 있도록 떠받쳐온 조건들, 다시 말해 사회적 기반과 타인의 역할은 좀처럼 고려하지 않는 것이다.

이 점을 가장 쉽게 보여주는 것이 우리가 매일 마주하는 밥 한 그릇이다. 지금 우리가 먹는 밥 한 그릇조차 수백, 수천 가시 역할이 동시에 움직인 결과다. 누군가는 씨를 뿌리고, 누군가는 수확하며, 누군가는 그것을 운반하고 조리한다. 우리가 누리는 삶의 조건 전체를 놓고 본다면 완전히 혼자 힘으로 이뤄낸 성취란 사실상 존재하기 어렵다. 그러나 오로지 자기 힘으로 여기까지 왔고, 지금의 위치와 권세가 전부 자기만의 것이라고 믿는 인식이 반복되고 있다. 이 인식은 종종 세상이 마땅히 자기중심으로 돌아가야 한다는 태도로까지 확장된다.

이러한 사고방식은 일정한 방향으로 작동한다. 세상을 단순한 구도로 나누고 필연적으로 분열과 갈등을 만들어낸다. 우리 편과 남의 편, 좌와 우, 남성과 여성. 지나치게 익숙해진 이 구도들 뒤에는 성취를 전적으로 개인의 능력으로 환원하려는 인식이 자리하고 있다. 이 인식은 개인의 성취를 넘어 사회를 바라보는 기준 자체를 단순화한다. 문제는 특정 개인이 아니라 성취를 지나치게 개인의 능력으로만 해석하려는 사고방식이다. 성취가 복합적인 조건과 다양한 관계에서 비롯된 결과라는 사실이 지워질수록 타인의 기여는 보이지 않게 되고, 사회는 경쟁과 대립 쪽으로 기울어진다.

여기서 문제는 성취 그 자체가 아니다. 문제는 성취를 해석하는 방식이다. 우리는 성취를 어떻게 더 다면적으로 사고할 수 있을지, 어떻게 더 넓은 맥락 속에서 자기 자리를 인식할 수 있을지 고민해야 한다. 그 고민의 실마리는 다양한 경험에 있다. 성장 과정과 그 이후의 삶에서 내가 해보지 않았던 일을 직접 해보는 경험은 사고의 틀을 흔들고 시야를 넓혀준다. 그래야 비로소 내가 서 있던 자리와 그동안 보지 못했던 세계를 함께 인식할 수 있다.

그러나 현실은 이와 정반대로 흐른다. 사람들은 자신이 하던 일을 계속하도록 요구받고, 사회는 그 요구를 성별이나 역할이라는 이름으로 정당화한다. 남자는 그런 일을 할 필요가 없다고, 여자는 그런 일을 할 이유가 없다고 말하면서 말이다. 이렇게 고정된 경계를 넘어 울타리 밖의 일을 직접 경험하는 순간, 우리는 전혀 다른 깨달음에 이르게 된다. 새로운 기술을 익혀서 가 아니라 세상을 바라보는 기준 자체가 달라지는 경험을 하기 때문이다.

나 역시 그런 경험을 한 적이 있다. 내가 국민학교에 다니던 시절에는 '실과'라는 교과목이 있었는데, 이 시간에는 역할이 분명하게 나뉘어 있었다. 남자아이들은 불을 피우고, 여자아이 들은 옷감을 다듬었다. 어느 날 나는 선생님 몰래 여자아이들 틈에 섞여 바느질을 해봤다. 손끝에서 무언가가 만들어지는 일 은 예상보다 훨씬 섬세한 작업이었고, 묘하게 즐거웠다. 그 감각 은 지금까지도 또렷하게 남아 있다.

그 일을 계기로 타인의 노동과 역할을 바라보는 시선도 달 라졌다. 이후로 나는 반도체를 만드는 사람들만큼이나 옷을 만 드는 사람들 역시 위대하다고 생각하게 됐다. 반도체는 같은 공 정을 반복해 만들 수 있지만, 옷은 단 하나라도 완전히 똑같이 만들어서는 안 된다. 사람마다 몸이 다르고 감각이 다르기 때 문이다.

자기가 하던 일만 반복하고, 사안을 단편적으로 이해하며, 감사하는 마음을 잃어버린 사회는 고정관념을 끊임없이 되풀이 한다. 그 고정관념은 곧 자기와 다른 누군가가 누려온 것, 혹은 배려받아야 할 몫까지 빼앗아도 된다는 생각으로 이어진다. 젠더를 둘러싼 갈등 역시 이런 사고의 연장선 위에 있다. 젠더라는 주제를 통해 그동안 너무 익숙해진 이 단순한 사고의 경로를 다시 들여다봐야 한다.

그렇다면 어디서부터 달라져야 할까? 거창한 제도보다 우리가 가장 자주 쓰는 언어에 그 답이 있다.

경계 짓거나 분별하지 말고, 다 같은 사람으로

다양한 젠더로 구성된 사회에서 가장 작지만 동시에 가장 핵심적인 단위는 가족이다. 변화는 결국 가족에서 시작된다. 특히 가족 안에서 오가는 언어부터 달라질 필요가 있다.

젠더와 관련된 차별적 언어, 의식적이든 무의식적이든 관습처럼 굳어진 표현을 사람 중심의 언어로 옮겨가야 한다. 거창할 필요 없다. 아주 기본적인 문장을 바꾸는 것으로도 충분하다. 이를테면 이런 식이다.

'좋은 사람은 이렇게 해야 한다.'

'훌륭한 사람이라면 이 정도 배려는 할 수 있어야 한다.'

'건강한 사람은 이런 태도를 갖는다.'

남자 또는 여자라서 요구되는 기준이 아니라 '어떤 사람인가'를 묻는 언어로 방향을 틀자고 제안하는 것이다. 그러다 보면 간혹 난감한 일이 생긴다. 젠더 문제에 조심스럽게 접근해야 한다는 인식이 퍼지면서 언어를 바꾸기보다 아예 말을 아끼는 쪽을 선택하는 경우가 늘어난 것이다. 실수해서 오해를 사느니 아예 침묵을 택한다.

이와 관련된 유명한 사례도 있다. 과거 미국의 한 정치인은 직장 내 성희롱 문제를 어떻게 다뤄야 할지 모르겠다는 이유로 아무것도 하지 않는 전략을 택했고 그것을 원칙처럼 내세웠다. 아내 이외의 어떤 여성과도 점심을 먹지 않는다는 말은, 문제 해결이 아니라 회피에 가깝다. 부정적인 언어가 대립을 만든다고 해서 언어 자체를 지워버리거나, 남녀를 구분하는 표현이 부담스럽다는 이유로 침묵을 택하는 것이 해법이 될 리 없잖은가. 지금 필요한 것은 회피나 침묵이 아니라 더 정교하고 책임 있는 언어의 사용이며, 그러기 위한 의식적 노력이다.

말이 달라지면 정말 많은 것이 달라질까? 이 질문은 사고와 언어가 맺는 관계로 자연스럽게 이어진다. 인지심리학에서는 사고와 언어가 서로 영향을 주고받는 관계라고 이해해왔다. 우리가 반복해서 사용하는 표현이 인식의 틀을 만들고, 그 틀 안에서 사물을 해석하는 방식과 판단의 방향이 조금씩 굳어진다는 것이다.

말은 단순한 전달 수단이 아니라 사고가 작동하는 조건에 가깝다. 그래서 어떤 언어를 쓰느냐에 따라 같은 상황도 전혀 다르게 인식되고, 그에 따른 선택과 행동 역시 달라진다. 이런 관점에서 보면 젠더 문제 역시 '언어를 바꾸는 일'에서 중요한 실마리를 찾을 수 있다.

이제 필요한 것은 더 나은 언어의 선택이다. 한국 사회는 기본적으로 생산적이고 역동적인 편이다. 문제가 생기면 물러서기보다 부딪쳐 해결하려는 에너지가 강하다. 이런 특성은 분명 장점이지만 이 에너지가 언어로 드러날 때는 종종 거칠어진다. 속도와 직설이 앞서면서 말의 힘을 조절하기보다 밀어붙이는 방식이 익숙해졌기 때문이다.

우리는 오랫동안 에너지를 과격함과 동일시했고, 힘 있는 말은 강한 어조와 거친 표현에서 나온다고 믿었다. 그러나 이는 에너지와 공격성을 구분하지 못한 데서 비롯한 오해다. 에너지가 커질수록 오히려 더 섬세한 조율이 필요하다. 바로 이 지점에서 사회의 성숙도가 드러난다. 성숙한 사회일수록 같은 에너지는 더 정교하게, 언어 역시 더 신중하게 다룬다. 활기와 폭력성을 가려내고 직설과 무례를 구분할 수 있을 때 언어는 관계를 소모하지 않으면서도 힘을 지닌다.

우리도 이런 시도를 해볼 수 있지 않을까. 생산적이면서도 예의 바르게 말할 줄 아는 사람, 힘 있는 언어를 사용하되 상대를 배려할 줄 아는 사람이 되는 것. 이것은 젠더 구별 이전에 한 사람으로 살아가는 태도에 관한 이야기다.

지금 우리 사회는 어떤 언어를 쓰는 사람을 선택하고 있을까? 어떤 태도와 어떤 말이 관계를 지속시키고, 공동체 안에서 신뢰를 쌓아가고 있을까? 이 질문 앞에 서면 우리가 가야 할 방향이 한층 또렷해진다.

다양하고 복잡한 사회가
살아남는다

한쪽 젠더만 강요받을 때 맞게 되는 불균형

한쪽 젠더의 모습, 혹은 내가 속한 젠더의 전형적인 행동만을 반복하며 살아가다 보면 인간은 결국 불균형 상태에 놓인다. 어느 시점까지는 사회가 요구하는 역할을 수행하며 그럭저럭 버텨낼 수도 있다. 하지만 중년을 지나 장년, 노년으로 접어들수록 그 균열은 점점 선명해진다. 내가 좋아할 수도 있었고, 추구할 수도 있었던 삶의 절반을 스스로 접어두고 살아왔다는 사실을 뒤늦게 마주하기 때문이다. 그 깨달음은 박탈감으로 남고, 박탈감은 무기력으로 이어지며, 무기력은 다시 우울감으로 굳어진다. 내 친구의 이야기를 통해 이를 더 구체적으로 들여다보자.

'남자는 항상 똑똑해야 하고, 분명하게 말해야 하며, 활기차게 행동해야 한다'는 기준 속에서 살아온 고등학교 동창이 있다. 그는 본래 사려 깊고 세심했으며 감각 또한 뛰어난 사람이었다. 그러나 오랫동안 '남자다움'이라는 틀 안에서 자신을 유지하려 애썼고, 그 과정에서 자신이 지닌 풍부한 감수성과 무언가를 섬세하게 만들어내는 능력을 충분히 펼쳐볼 기회를 갖지 못했다. 그렇게 누적된 상실감은 어느새 그의 삶 깊숙한 곳에 자리 잡았다. 지금 그는 대상이 또렷하지 않은 원망감 속에서 만성적인 우울을 견디며 살아가고 있다.

사람은 하고 싶은 것을 오래도록 하지 못한 채 살아갈 때 조금씩 소진된다. 심리학에서는 이를 자기실현 욕구가 지속적으로 좌절된 상태라 설명한다. 인간은 하나의 성향으로 환원될 수 없는 존재로, 매우 넓은 정서적·행동적 스펙트럼을 타고난 채 살아간다. 그런데 성 고정관념에 묶여 그 스펙트럼의 상당 부분을 사용하지 못하면 그 영향은 종종 우울감의 형태로 나타난다. 이는 개인의 의지가 약해서 생기는 문제라기보다 자신의 내부에 자리한 욕망과 잠재력, 가능성을 오랜 시간 덮어둔 데서 비롯한 문제다.

이 우울감이 해소되지 않은 채 오래 쌓이고, 한국 사회 특유의 방식으로 굳어질 때 이를 '한'이라고 부르곤 한다. 한국 문화에서 말하는 한은 단순히 슬픔만을 뜻하지 않는다. 풀리지 않은 억울함, 표현되지 못한 분노, 끝내 말로 꺼내지지 못한 감정들이 오랜 시간 응결된 상태에 가깝다. 특히 감정을 절제하는 태도를 미덕으로 배워온 문화 속에서 이 감정은 응어리져 더 깊고 단단하게 자리 잡아왔다.

그래서 중년 이후에 유독 한이 어려 있는 얼굴들을 마주하게 되는지도 모른다. 그 감정을 어떻게 풀어야 할지 알지 못한 채 욕구 불만으로 남은 탓이다. 그리고 그 불만이 말투와 표정, 태도의 틈으로 조금씩 새어 나온다. 이미 자신과는 다른 삶을 살아온 상대 젠더를 곱지 않은 시선으로 바라보는 사람도 있다. 물론 그들 역시 각자의 자리에서 성실하게 살아왔음을 부정할 수는 없다. 다만 누리지 못한 삶의 가능성이 너무 컸을 뿐이다. 내가 누리지 못한 것을 누리며 살아온 상대를 향해 복잡한 감정이 쌓여가는 아저씨와 아줌마들. 그 마음속에는 그렇게 오래된 억울함이 남아 있다.

이처럼 한 개인의 삶에서 생긴 균열은 거기서 멈추지 않는다. 한쪽 젠더의 삶만을 정상으로 상정하는 사회는 구성원 각자의 가능성을 계속 소진시키고, 그 피로는 결국 사회 전체의 취약성으로 되돌아온다. 개인이 한 방향으로만 살아가다 균형을 잃듯, 사회 역시 단일한 기준 위에 세워질수록 흔들리기 쉬워진다.

다양하게 태어나야 멸종하지 않는다

사람의 종류를 단 두 가지로만 나누는 순간 사고는 급격히 단순해진다. 남자와 여자, 강함과 부드러움, 이성과 감성처럼 분명한 구분은 이해를 빠르게 돕지만 그 사이에 존재하는 수많은 가능성은 쉽게 지워버린다. 반대로 사람의 유형을 열여섯 가지, 스물네 가지, 서른두 가지로 바라보기 시작하면 전혀 다른 풍경이 펼쳐진다. 각자가 감당할 수 있는 역할과 기여의 범위가 또렷해지고 사회가 활용할 가능성의 총량 역시 자연스럽게 넓어진다.

그러나 아직도 우리는 '여성성이 많은 남성'이라는 표현을 아무렇지 않게 쓴다. 감정에 섬세하고 관계를 잘 살피며 공감 능력이 뛰어난 남성을 설명할 때 흔히 사용되는 말이다. 이 표현에는 하나의 전제가 숨어 있다. 그런 성향은 본래 남성의 기본값이 아니며 기준에서 벗어난 예외라는 인식이다. 다시 말해 남성에게 기대되는 표준적인 역할과는 어딘가 어긋난 성향이라는 판단이 깔려 있다.

그러나 현실은 이 전제와는 다르게 흘러왔다. 사회가 실제로 필요로 했던 역할 가운데 상당수는 오히려 이런 성향을 지닌 사람들이 비교적 안정적으로 맡아왔다. 갈등이 생기면 중간에서 조율하고, 말로 표현되지 않은 감정을 읽어내며, 관계가 쉽게 무너지지 않도록 온도를 맞추는 일들 말이다. 이런 역할은 어느 한쪽 젠더의 전유물이라기보다 공동체가 유지되기 위해 꾸준히 작동해온 사회적 역량에 가깝다.

문제는 젠더를 지나치게 양극단으로 나누어 이해하는 것이다. 남성은 이렇고 여성은 저렇다는 식으로 역할을 단순화하면, 그 사이에 있는 수많은 능력과 성향은 자연스럽게 가려진다. 그 결과 어느 쪽에도 완전히 들어맞지 않는 사람들은 자신의 장점을 충분히 쓰지 못한 채 주변으로 밀려나기 쉽다. 개인의 손실은 그렇게 서서히 사회의 손실로 이어진다.

자연은 애초에 이런 방식으로 작동하지 않는다. 같은 부모 밑에서 자란 형제자매들조차 성격과 기질이 제각각인 이유도 여기에 있다. 다양한 성향이 공존할수록 생존 가능성이 높아지는 게 자연의 섭리다. 어떤 상황에서는 대담한 성향이 집단을 살리고 다른 상황에서는 신중한 성향이 위기를 막는다. 한 방향으로만 진화하는 종이 오래 살아남기 어렵다는 사실은 이미 여러 차례 확인되었다.

위기 상황에서 모두가 같은 판단을 하고 같은 방식으로 움직이는 집단은 겉으로는 단단해 보일지 모르지만, 실제로는 예상치 못한 변화에 가장 취약하다. 일치단결은 분명 힘이 될 수 있다. 다만 다양성이 빠진 일치는 상황에 따라 위험으로 전환되기도 한다. 건강히 살아남은 사회는 대체로 서로 다르게 생각하고 다르게 반응하는 사람들을 내부에 품어왔다.

다시 말해 개인의 차원에서 다양성은 삶이 한쪽으로 기울지 않도록 붙들어주는 안전장치에 가깝고, 사회의 차원에서는 위기 앞에서 쉽게 붕괴되지 않도록 하는 구조적 조건이 된다. 문제는 우리가 여전히 이런 변화를 충분히 반영하지 못한 언어와 기준을 사용하고 있다는 데 있다. 다양성이 생존의 조건이 된 시대에 언어만은 여전히 과거의 질서에 머물러 있는 셈이다.

회복과 생존을 위해 바꾸어야 할 '화법'

지금 우리가 쓰는 젠더 관련 언어는 인구가 많던 시절, 한 해에 100만 명씩 태어나던 시대에 맞춰 만들어졌다. 그 시절에는 사람이 충분했기 때문에 역할을 단순하게 나누어도 사회가 돌아갔다. '남자는 이 일', '여자는 저 일'이라고 구분해도 각 역할을 채울 사람이 있었고 시스템은 큰 무리 없이 유지됐다.

하지만 지금의 상황은 그때와 다르다. 2024년 기준 우리나라의 출생아 수는 약 23만 명 수준으로, 한때 연간 100만 명 이상이 태어나던 시기와 비교하면 4분의 1에도 미치지 못한다. 이제 우리는 더 적은 수의 사람으로 훨씬 다양한 역할을 감당해야 하는 사회에 들어섰다. 이런 조건에서는 과거처럼 고정된 젠더 역할을 그대로 유지하는 방식이 현실과 점점 어긋나 보이기 시작한다.

이런 맥락에서 보면 "남자니까 못 해", "여자니까 안 돼"라는 말은 개인의 가능성을 제한하는 동시에 사회 전체의 선택지를 줄이는 언어가 된다. 인구가 줄어든 사회에서는 한 사람 한 사람이 지닌 다양한 능력이 이전보다 더 중요해진다. 이런 상황에서 성별을 이유로 가능성의 일부를 미리 배제해버리면 어떻게 될까? 개인에게는 삶의 폭이 좁아지고 사회에는 적응력과 회복력이 줄어드는 결과로 이어질 수 있다.

심리학자의 시선에서 보면 이 문제는 개인의 정신건강 문제인 동시에 사회의 적응력 문제이기도 하다. 젠더 고정관념에 기대어 만들어진 언어는 이미 달라진 현실과 점점 맞지 않게 작동하고 있다. 그래서 중요한 것은 선택의 방향이다. 사람보다 젠더를 앞세우는 언어는 개인의 가능성을 소모시키기 쉽고, 그 소모는 결국 사회 전체의 부담으로 돌아온다. 반대로 사람을 중심에 두는 언어는 각자의 역량을 드러내게 하고 그 축적은 사회의 회복력을 키우는 쪽으로 작동한다.

언어는 한 사회가 어떤 기준으로 움직이고, 무엇을 중심에 놓고 있는지를 드러내는 지표에 가깝다. 젠더를 앞세우는 언어가 점점 설득력을 잃어가는 이유도 여기에 있다. 이미 사회는 사람을 먼저 보려는 방향으로 조금씩 이동하고 있기 때문이다.

KI신서 16181

김경일의 마음 트래킹

1판 1쇄 발행 2026년 3월 27일
1판 3쇄 발행 2026년 5월 4일

지은이 김경일
펴낸이 김영곤
펴낸곳 ㈜북이십일 21세기북스

출판부문 출판1본부장 장미희
카이로스팀 이정미
표지 디자인 굿베러베스트 **본문 디자인** 푸른나무디자인
출판1본부 마케팅팀 남정한 김윤
마케팅영업부문 본부장 정지은
영업팀 김지윤 강경남 김도연
이커머스팀 장철용 명인수 황성진
제작팀 이영민 권경민
출판등록 2000년 5월 6일 제406-2003-061호
주소 (10881) 경기도 파주시 회동길 201(문발동)
대표전화 031-955-2100 **팩스** 031-955-2151 **이메일** book21@book21.co.kr

ⓒ 김경일 · 사피엔스아일랜드, 2026
ISBN 979-11-7357-881-6 03180

(주)북이십일 경계를 허무는 콘텐츠 리더

21세기북스 채널에서 도서 정보와 다양한 영상자료, 이벤트를 만나세요!

페이스북 facebook.com/jiinpill21 **블로그** blog.naver.com/21c_editors
인스타그램 instagram.com/jiinpill21 **홈페이지** www.book21.com
유튜브 youtube.com/book21pub